SEM VOCÊ, É SÓ
SAUDADE

AMÉRICO SIMÕES
GARRIDO FILHO
DITADO POR CLARA

SEM VOCÊ, É SÓ
SAUDADE

Barbara

Revisão: Sumico Yamada Okada
Revisão de conteúdo: Antonina Barbosa
Capa e diagramação: Meco Simões Garrido

Foto capa: Getty Images

Dados Internacionais de Catalogação na Publicação (CIP)
(Câmara Brasileira do Livro, SP, Brasil)

Garrido Filho, Américo Simões
Sem você, é só saudade/ Américo Simões. - São Paulo: Barbara Editora, 2016.
ISBN: 978-85-99039-83-0
1. Espiritismo 2. Romance espírita I.Título.
16-0616   CDD-133.93

Índices para catálogo sistemático:
1. Romances espíritas: Espiritismo   133.93

BARBARA EDITORA
Rua Primeiro de Janeiro, 396 – 81
Vila Clementino – São Paulo – SP – CEP 04044-060
Tel.: (11) 26158082/ (11) 9 92084999
E-mail: **editorabarbara@gmail.com**
www.barbaraeditora.com.br

Todos os direitos reservados.
Nenhuma parte desta obra pode ser reproduzida ou transmitida por qualquer forma e/ou quaisquer meios (eletrônico ou mecânico, incluindo fotocópia e gravação) ou arquivada em qualquer sistema de banco de dados sem permissão expressa da Editora (lei nº 5.988, de 14/12/73).

Compre em lugar de fotocopiar. Cada real que você dá por um livro recompensa seus autores e os convida a produzir mais sobre o tema; incentiva seus editores a encomendar, traduzir e publicar outras obras sobre o assunto; e paga aos livreiros por estocar e levar até você livros para a sua informação e o seu entretenimento. Cada real que você dá pela fotocópia não autorizada de um livro financia um crime e ajuda a matar a produção intelectual em todo o mundo.
O direito autoral deste livro e dos demais do autor, patrocina projetos sociais e artísticos em prol do crescimento artístico e cultural de cada semelhante. Em nome de todos que são agraciados por tudo isso, o nosso muito obrigado.

O SHOW DA VIDA
NÃO PODE PARAR

Capítulo 1
A melhor solução para todos

1942

O tempo continuava perfeito, claro e ensolarado, Alba Marinelli sentia prazer em olhar a paisagem através da janela do trem em que viajava com o marido para o norte do Estado em que moravam.

No minuto seguinte, ela fechou os olhos e se esqueceu dele, sentado ao seu lado, e dos demais companheiros de viagem. Suspirou, e novamente se mexeu na poltrona.

"Bem", pensou ela, "O meu maior sonho está prestes a se realizar".

Um sorriso bonito, cheio de realização, floriu em seus lábios. Ela tornou a abrir os olhos e voltou a olhar para a paisagem através da janela. Um ponto no horizonte chamou sua atenção, era uma nuvem que para ela tinha o formato de um bebê. A visão a deixou arrepiada. Aquilo era sinal de que ela estava fazendo o que era certo, o bebê que estava indo buscar no orfanato, era realmente para ser seu. Seus olhos encheram-se d'água mais uma vez. Logo, o rosto todo era riscado por lágrimas.

Voltou a sua lembrança a aflição que viveu por querer ter um filho e não conseguir. Tentara, tentara e nada. Acreditava ter feito toda espécie de tratamento e, mesmo assim, não conseguira engravidar.

Da última vez, quando pensou que finalmente a gravidez teria êxito, acordou no meio da sesta, sentindo algo úmido e pegajoso por entre suas pernas. Ao examiná-las, avistou uma mancha vermelha sobre o lençol, fazendo com que gritasse forte e aflita. A empregada, que estava na cozinha, foi correndo atendê-la.

"Dona Alba, o que houve?!"

Não foi preciso dizer nada. Ao avistar a mancha de sangue sobre o lençol e o horror, transparecendo na face da patroa, a funcionária compreendeu, muito bem, o que havia acontecido.

"Acalme-se, Dona Alba", aconselhou a mulher, também procurando se manter calma. "Vou ligar para o seu marido, agora mesmo!"

"O médico, Carmosina", interrompeu Alba, desesperada. "Chame meu médico, por favor, rápido! Não posso perder meu filho. Não posso!"

Ao notar que a patroa ia cair num choro profundo, Carmosina foi até ela e a consolou. Depois, ligou para o médico e voltou para o quarto, perguntando-se, repetidas vezes, o que deveria fazer pela patroa naquele estado. A pergunta só serviu para deixá-la ainda mais agitada e ansiosa.

"Ai meus nervos", desabafou, com um suspiro pesado.

Alba permanecia chorando copiosamente e repetindo, incansavelmente:

"Meu filho... meu filho... Não posso perdê-lo. Não, de novo."

"Dona Alba, a senhora vai superar tudo isso. Não se apavore! Deus há de ampará-la numa hora tão difícil como essa", encorajou Carmosina, cada vez mais penalizada com o estado da mulher.

Levou meia hora até que o médico chegasse a casa, mas para Alba Marinelli foi como se ele tivesse levado o dia todo para aparecer.

"Doutor, ela me parece tão sem vida... Quase morta...", comentou Carmosina, coçando a nuca sem parar.

"Ela ficará bem...", respondeu o médico com eficiência.

Mas seu jeito calmo em nada aplacou os temores da funcionária.

"O senhor tem certeza de que ela vai...".

"Sou médico, sei do que falo."

A empregada suspirou fundo. Nunca as horas se arrastaram tão lentas e tensas como naquele dia. Horas que culminaram em mais um desfecho triste e difícil de ser suportado por Alba Marinelli.

Ela novamente perdera o bebê.

Quando o marido chegou a casa e soube de tudo o que havia acontecido, Alba estava totalmente desolada. A visão o fez sentir um aperto ainda maior na garganta.

Com os braços trêmulos de nervoso, Dorival Marinelli disse:

"Alba, meu amor, estou aqui."

Ao notar que o patrão tremia por inteiro, Carmosina procurou também acalmá-lo.

"Ela vai ficar boa, Senhor Dorival. O senhor vai ver."

Seu jeito entusiástico não convenceu o homem que, para alegrar a esposa, falou:

"Teremos outro filho, Alba. Não somente um, mas dois, três."

Suas palavras fizeram a esposa chorar ainda mais forte. Para ela, aquilo não mais seria possível, a descrença tomara conta dela por inteira.

Nos meses que se seguiram, Alba e Dorival tentaram nova concepção, mas em vão, nunca obtinham êxito. Aquilo foi deixando Alba cada vez mais desolada e infeliz.

"Não se entristeça, Alba. Não perca as esperanças."

"Eu já perdi, Dorival. Não resta mais nenhuma."

"Oh, meu amor."

O fato de não conseguir engravidar devastou Alba Marinelli por dentro e por fora. Jamais, em toda a vida, pensou que não poderia ter filhos. Sonhava com pelo menos dois, um casal.

Foi então que as amigas e parentes lhe aconselharam:

"Adote uma criança!".

Ao que ela respondeu:

"Não posso. Não foi isso que sonhei para mim. Quero ter um filho gerado no meu próprio ventre. É muito pedir isso a Deus? Se toda mulher, a maioria, pelo menos, nasce com a habilidade de procriar, por que Deus me furtou a esse direito? Tem de haver um modo de eu gerar o meu próprio bebê."

Alba chegou a se revoltar contra as pessoas que lhe davam tal conselho. Foi assim até não encontrar mais forças dentro de si para se opor à ideia, a única solução para a realização de seu maior sonho.

"A vida quis assim, Alba, não se lamente mais", disse para si mesma. "A adoção é a única alternativa que a vida lhe oferece para ter um filho. Vamos! Pare de ser teimosa, ponha a arrogância e a vaidade de lado. Chega de sofrer! Não há outro jeito... Você há de convir que muitos dos nossos sonhos têm grande possibilidade de não se realizarem. A vida é assim. É preciso compreender que devemos e podemos substituir nossos sonhos por outros."

Dorival também não queria ter um filho adotado, mas diante do desespero da esposa, acabou aceitando a alternativa.

Ainda assim, Alba resistia à ideia, chorando, calada, muitas vezes, de ódio por não poder gerar uma criança em seu próprio ventre. Uma conhecida sua, espírita, então, lhe aconselhou:

"Desprenda-se, por instantes, daquilo que acha certo. Não siga seus achares. Observe se realmente, dentro de si, importa-se em ter um filho adotado. Sinta seu coração, peça a Deus que a inspire, mostrando o que será melhor para você. Depois, observe. Estou certa de que em determinado momento você saberá o que fazer."

Assim fez Alba, e a resposta que obteve a surpreendeu. Um filho, por meio da adoção, seria bem-vindo, sim! Muito bem-vindo!

Toda a sua resistência tornou-se passado e desde então, estava decidida a adotar uma criança e nada a faria voltar atrás.

Alba despertou de suas reflexões, ao soar o apito do trem. A locomotiva estava chegando à estação da cidade onde ela e o marido iriam apanhar o menino que seria adotado. Da estação, o casal pegou um carro de praça que os levou até o orfanato "Vitória". Quando lá, foram muito bem atendidos pela recepcionista que, após colher seus dados, pediu a ambos que aguardassem um minuto.

Alba então se dirigiu a uma sala onde havia uma bonita imagem de Nossa Senhora das Dores, fez o sinal da cruz e se pôs a orar, em silêncio, enquanto aguardava.

Uma senhora grandalhona, com um sorriso largo, apareceu um minuto depois e lhes deu as boas-vindas.

– Venham ver o bebê.

Alba mordeu os lábios para não chorar. Visto que não se movia, Dorival foi até ela, pegou no seu ombro e delicadamente a levou à frente, até a funcionária que segurava o garotinho no colo.

– Ele não é adorável? – indagou a simpática funcionária do

local.

Alba, queixo trêmulo, respondeu, balançando a cabeça:

– É, sim.

De fato, o bebê era muito bonitinho. Um menino gracioso, de cor branca, como ela fizera questão. Não era de se espantar que não quisesse, em hipótese alguma, uma criança negra ou mulata, crescera numa família preconceituosa e racista. O marido também.

A agradável senhora voltou-se para ela e falou, seriamente:

– A senhora e o seu marido foram escolhidos por Deus para terem a guarda desta criança. Devem honrar essa escolha.

– Nós sabemos.

Admirando o garoto, Alba pensou no quanto ela gostaria de poder amamentá-lo, desejo que teria de ser substituído por outro gesto amoroso.

– E quanto aos pais? – perguntou Alba a seguir.

– Os pais?

– Os pais do menino. Quem são eles?

– Quer mesmo saber?

– Sim. É importante que eu saiba, não?

– Talvez... Só sei que são pessoas muito pobres... Sem condição alguma para criarem o menino.

– Não seria melhor... Esqueça... Pensei em conhecê-los, mas, é bobagem minha.

– Sim, minha querida. Uma vez adotado o menino, ele é seu como um filho que deu à luz com muito esforço e amor.

– É verdade.

Alba Marinelli sorriu emocionada e voltou à atenção para o garotinho acolhido em seus braços.

– É uma graça. Já tem nome? – perguntou.

– Cirilo... – respondeu a funcionária, prontamente.

– Cirilo... Cirilo Marinelli, esse será o seu nome.

– Doravante, sim.

– É bem melhor do que Silva, Santos, Pereira... Nomes tão populares, não são mesmo?

– Talvez...

O desejo de ser mãe, de poder criar um filho e usufruir dessa emoção, finalmente havia se realizado. Alba Marinelli mal cabia em si de tanta felicidade.

Dorival, contemplando a alegria da esposa, comentou:
– Estou muito feliz por vê-la feliz, Alba.

Ela derramou mais algumas lágrimas enquanto ele beijava sua bochecha, e fez um carinho no menino que se tornara seu filho.

Desde então, o casal Marinelli tinha bem mais motivos para serem alegres do que no passado. Cirilo era definitivamente a alegria da casa. Havia também algo em torno dele que despertava seus pais adotivos para uma realidade mais feliz, um carisma nato, presente de Deus.

Tanto Dorival quanto Alba chegavam a se comover diante da criança que crescia cada dia mais viçosa e esperta.

– Fomos abençoados, Alba, por termos pegado para criar um menino tão meigo e carismático quanto o Cirilo.

– Penso nisso todo dia, Dorival. Cirilo foi mesmo uma bênção em nossa vida.

O marido abraçou a esposa, externando todo o seu carinho.

As trocas das fraldas do garoto eram feitas com entusiasmo, nunca envoltas de reclamação. Os banhinhos, a troca das roupinhas, tudo, enfim, era feito também com muito amor. Até a papinha, quando o garoto fazia careta, porque não queria, era motivo de riso. O primeiro aninho de Cirilo foi comemorado com grande alegria.

Dorival já imaginava o filho, jogando futebol com ele, num futuro próximo, e vibrando por seu time favorito. Por isso, o incentivava a brincar com a bola todos os dias.

Ele, que no começo se opusera à ideia de adotar uma criança, agradeceu a Deus por ter mudado de ideia. Se não tivesse, não estaria desfrutando das alegrias que tinha agora ao lado do garoto. A adoção fora realmente uma bênção para ele e a esposa, transformara, definitivamente suas vidas, para melhor, como toda criança é capaz de fazer, seja ela de origem biológica ou adotada.

Capítulo 2
A chegada de Giovanna

Foi numa tarde, um ano e meio depois da adoção de Cirilo que Alba passou mal. Teve uma tontura forte e um embrulho no estômago que a fez vomitar, repentinamente.

– A senhora está bem? – questionou Carmosina, prestativa como sempre.

– Não, não estou, Carmosina. Chame meu médico, por favor.

Assim que o profissional chegou, Alba desabafou:

– Tive uma sensação muito estranha, doutor.

– Calma, Dona Alba, vou examiná-la.

Nessa época, 1943, era muito comum os médicos irem à casa das pessoas e também serem chamados de "médicos da família".

Assim que o profissional terminou de examinar a mulher, foi claro e certeiro no seu diagnóstico:

– Não há com o que se preocupar.

– Nada de grave, doutor?

– Não. Em absoluto.

– Benza Deus.

– A senhora está grávida.

As pálpebras de Alba se arquearam, tamanho o espanto.

– O quê?!

– É isso mesmo o que a senhora ouviu, Dona Alba. A senhora está grávida!

— Grávida, eu?! Não pode ser!
— Dona Alba — exclamou Carmosina —, que notícia mais maravilhosa!
A alegria de Alba não durou por muito tempo:
— Já fiquei grávida antes e... bem vocês sabem.
— Dessa vez pode ser diferente, Dona Alba — lembrou-lhe o médico.
— Diferente?! Será mesmo?
— Sim. Muitas mulheres, depois de uma gravidez frustrada, engravidam sem planejar e acabam tendo êxito nessa nova concepção.
— Sofri tanto na última vez que engravidei, que nem sei se há motivos para eu me alegrar desta vez.
— Sejamos otimistas. Não custa nada.
— O senhor tem razão. Realmente não custa nada.
E o invencível otimismo do espírito humano raiou mais forte dessa vez dentro de Alba Marinelli.

Dorival estava no escritório quando a esposa ligou.
— Meu bem!
— Alba?! O que houve?
Ela não conseguiu responder, chorou de emoção.
— O que houve? Aconteceu alguma coisa com o Cirilo?
— Não, ele está bem. É comigo, algo de muito bom aconteceu comigo.
— Calma, estou indo para aí.
Ao se ver diante da esposa, Dorival se surpreendeu com a sua alegria.
— Alba...
— Oh, Dorival, tenho uma notícia maravilhosa para lhe dar.
— Uma notícia maravilhosa? Pensei que houvesse acontecido algo de grave. Você começou a chorar ao telefone e...
— Foi de emoção, Dorival.
Ele sentou-se ao lado dela e perguntou, amavelmente.
— O quer houve?
— Estou grávida.
— C-como?

– Grávida, meu bem.
– Você tem certeza?
– Sim, Dorival. O doutor esteve aqui e me examinou. Passei mal de manhã e tive de chamá-lo.
– Que notícia mais maravilhosa!
– É, não é?
– Sem dúvida. Precisamos comemorar.
O marido envolveu a esposa em seus braços e lhe deu um beijo, carinhoso.
– Estou tão feliz por nós, Alba.
– Jura?
– Sim, meu amor. Muito feliz.
Dorival voltou os olhos para Cirilo e o pegou no colo.
– Cirilo, meu querido, você vai ter um irmãozinho. Ou uma irmãzinha.
– Irmãozinho... – murmurou o garoto.
– Sim, meu filho. Isso significa que você não mais brincará sozinho nesta casa.
– Só... – balbuciou o garoto.
A criança não compreendia ao certo o que estava por vir, de qualquer modo, alegrou-se, contagiada pela alegria dos pais.

Meses depois, a futura mamãe acordou com o bebê se movimentando dentro dela. Seu coração se acelerou em alegre excitação quando se deu conta do fato. Imediatamente ela vestiu o penhoar e correu para a cozinha, na esperança de ainda encontrar o marido ali, tomando o café da manhã, para que ele também presenciasse o fato. Por sorte, Dorival ainda não havia partido e ao vê-la feliz, seu rosto também se iluminou.
– Alba?! – espantou-se ele, ao vê-la, entrando no aposento. – Acordada a essa hora?! Não é cedo demais para se levantar?
– Sim e não.
– Sim e não?
Ela riu.
– Acordei, sentindo o nosso bebê se mexendo na minha barriga. Quero que você testemunhe este momento.
Dorival, emocionado, deixou a esposa guiar sua mão até

tocá-la na altura do ventre, para que ele também pudesse sentir o bebê, agitando-se ali dentro. Não levou muito tempo para que isso acontecesse.

– Eu senti! – exclamou ele, alegre. – Parece até que deu um chute.

– Exatamente!

Os dois riram e o marido, então, encostou o lado esquerdo de sua face na barriga da esposa e fechou os olhos, deliciando-se com a quentura gostosa que havia ali, a mesma que certamente envolvia o filho, que muito em breve, nasceria. Foi um começo de dia muito diferente dos demais, inesquecível tanto para Dorival quanto para Alba.

O homem partiu, deixando a esposa, admirando o dia maravilhoso e reluzente, com novos botões, florescendo por toda parte. Vida nova em todo canto, sob o sol esplendoroso dos primeiros dias da primavera de 1943.

Naquele dia, Dorival trabalhou com entusiasmo redobrado na madeireira que herdara de seu pai e fizera prosperar muito além de suas metas.

Seu ânimo redobrado vinha da alegria de que em breve, muito em breve, ele estaria tendo seu primeiro filho biológico, o filho tão sonhado e almejado por ele e a esposa, há tanto tempo. Um filho para alegrar a vida do casal, dar-lhes netos e continuidade à história de sua família.

Alba se empolgou tanto com sua nova gravidez que não mais teve medo de perder seu bebê. Não mais deixou ser atormentada pelas perdas anteriores. O otimismo triunfara finalmente em seu interior.

Como o médico previu, a gravidez correu sem maiores problemas e quando a bolsa estourou (meados de 1944), Alba estava pronta para dar à luz pela primeira vez.

– Respire fundo, Dona Alba – aconselhou-lhe o médico, preparado para ajudá-la no parto.

Alba, suando em profusão, atendeu ao seu pedido, esforçando-se ao máximo. Chegava a grunhir, feito um animal sendo abatido, tamanho o esforço e a dor que sentia para fazer a criança nascer.

Um processo doloroso, mas vitorioso no final. Assim nasceu Giovanna Marinelli, uma linda garotinha, cabeludinha, de rostinho rosado e mimoso.

Com os seios fartos de leite, Alba pôde finalmente realizar seu desejo de amamentar uma criança. A menininha sempre mamava com vontade e determinação.

Nos meses que se seguiram, Dorival tornou-se um pai dedicado aos dois filhos. Toda noite, sempre que possível, contava uma historinha para Cirilo e para Giovanna que embalava em seu braço até adormecer. Alba, por sua vez, passou a ter olhos somente para a filha, porque nascera do seu ventre, por isso, significava mais para ela.

Um ano depois do nascimento de Giovanna (meados de 1945), Cirilo, ao correr para sala, esbarrou sem querer no console e derrubou o vaso que havia ali.

– Cirilo! – berrou Alba, impaciente.

O menino se assustou e a mulher, mais uma vez, não teve dó, deu-lhe umas palmadas e o prendeu em seu quarto de castigo.

– Este moleque está impossível – reclamou, em voz alta.

Ao ouvir Giovanna, chorando, ela correu para acudi-la.

– Aquele destrambelhado assustou minha pobrezinha?

Alba pegou a menina no colo e a confortou.

– Calma, meu amor, calma. Mamãe está aqui.

A menina logo parou de resmungar e, assim, a mãe pôde devolver a filha ao berço. Alba então voltou os pensamentos para Cirilo. Há tempos que vinha implicando com ele, não havia um dia em que não o deixava de castigo.

– Não suporto mais esse garoto – desabafou consigo mesma, sem esperar que fosse ouvida por Carmosina.

A funcionária, preocupada com a relação da mãe com o menino, achou melhor ter uma palavrinha em particular com o patrão. Dorival se surpreendeu com a informação e foi conversar com a esposa.

– Alba, tenho notado que você anda impaciente com o Cirilo, o que há?

– O menino está se tornando cada vez mais impossível, Dorival.

– É natural que seja assim, Alba, afinal, ele é uma criança. Crianças nessa idade são, como você mesma diz, "impossíveis".
– Dorival, não sei se fizemos certo em adotar esse menino.
– Mas, Alba, até bem pouco tempo atrás, o Cirilo era a alegria desta casa.
– Disse bem, Dorival. Ele "era" a alegria dessa casa, deixou de ser após...
– A chegada de Giovanna, é isso?
– É isso, sim! Se eu soubesse que poderia gerar nossa querida Giovanna, tempos depois da adoção do Cirilo, eu não o teria adotado.
– Alba, não diga isso.
– Digo, porque é verdade. Eu só o adotei porque queria muito ter um filho. Agora que tenho uma menina, nascida do meu próprio ventre, não vejo razão para manter, dentro da nossa casa, uma criança que não é nossa. Filho de uma mulher, abominável, com certeza, caso contrário não teria deixado o filho num orfanato.
– A mãe e o pai só deram o menino para a adoção, porque eram paupérrimos. Foi a própria funcionária do orfanato quem nos contou. Lembra?
– E você acreditou, Dorival?
– Alba, sugiro que vá conversar com o médico a respeito dessa sua implicância com o Cirilo. Talvez ele possa ajudá-la.
– Está bem. Farei o que me pede.

Nas semanas que se seguiram, Alba tentou rever Cirilo com os mesmos olhos que o via antes de Giovanna nascer. Não conseguiu. Continuou implicando com tudo o que ele fazia, porque tudo o que ele fazia a incomodava profundamente.
Para seu desespero, Dorival pegou hepatite e, por isso, foi levado para um local distante para não contagiar ninguém até que se restabelecesse.
Alba, desesperada, vagava pela casa, de um cômodo para outro, nervosa e irritada.
– Calma, Dona Alba – pedia Carmosina, sempre disposta e gentil com a patroa.

17

— Como ter calma, mulher?! Meu marido, com essa doença grave... Só de pensar que posso pegá-la. Que minha filha pode ser contagiada, chego a me arrepiar.

— Mamãe! — chamou Cirilo, carinhosamente.

— Agora, não, Cirilo! — respondeu ela, secamente.

— Mamãe! — tornou a criança, parecendo ansiosa para lhe falar.

— Você não me ouviu, Cirilo?

— O papai...

— O papai está doente, Cirilo. Muito doente.

O menino chorou e Carmosina foi consolá-lo, sendo repreendida por Alba no mesmo instante.

— Você não é paga para consolar crianças, Carmosina! É paga para manter esta casa limpa e organizada. Vá cuidar dos seus afazeres.

Voltando-se para o menino, Alba lhe foi enérgica mais uma vez:

— E quanto a você, Cirilo, vá para o seu quarto e deixe-me em paz!

O menino, obediente como sempre, atendeu de prontidão ao pedido da mãe.

O que ele tanto queria dizer para ela é que estava com fome. Que seu estômago roncava de fome. Sua sorte foi Carmosina ter levado para ele, em seu quarto, um copo de leite e um pedaço de pão com manteiga, que ele devorou com muita vontade.

— Pobre Cirilo... — murmurou a mulher —, você estava mesmo faminto, como eu imaginava.

A funcionária deixou o quarto, ao ouvir a patroa chamando por ela, com um berro. Cirilo procurou então se entreter com um carrinho de madeira, seu melhor companheiro desde que passara a ser ignorado pela mãe. Brinquedo com o qual, conversava como se fosse um ser vivo.

Dias depois, duas mulheres chegavam à casa dos Marinelli.

— Queiram se sentar, por favor — pediu Alba e assim que ambas se acomodaram, foi direta ao assunto:

— Eu e meu marido não temos mais condições de acolher

nessa casa, o menino que adotamos no orfanato de vocês. Por isso tomamos a decisão de devolvê-lo para o local de onde veio.
– Mas...
– Desculpe-me por ser direta, é que...
– Tem certeza de que é isso mesmo o que a senhora quer?
– Absoluta!
– E quanto ao seu marido?
– Meu marido está muito doente. Com hepatite e...
– Sentimos muito.
– Em todo caso – sugeriu uma das mulheres –, aguardem um pouco mais. Essa decisão de devolverem a criança pode estar sendo precipitada.

A sugestão deixou Alba temporariamente em conflito. Estaria ela sendo mesmo precipitada? Nem bem a pergunta ecoou em seu interior, ela se livrou dela e disse:

– Não há mais o que pensar. Eu e meu marido estamos mesmo decididos a devolver o menino ao orfanato. Se ele teve sorte de encontrar pais tão bons quanto nós, há de ter novamente.

Com essas palavras encerrou-se a visita.

No dia em que Cirilo foi levado de volta para o local de onde veio, Alba sentiu uma terrível dor no peito. Por um minuto, pensou em voltar atrás na sua decisão, mas a filha, em seus braços, nascida de seu próprio ventre, fez com que ela se lembrasse de que o menino só havia ido parar ali, por ela não ter conseguido, até a ocasião, dar à luz a um filho biológico.

– Mamãe! – berrou o garotinho, esticando os bracinhos, ao atravessar a porta.

Alba ignorou seus apelos e abraçando forte Giovanna, dirigiu-se para o seu quarto. Carmosina juntou as mãos e orou pelo pequenino. Sentia-se devastada com a situação. Nunca vira algo tão triste em toda vida.

– O Senhor Dorival, coitado... – murmurou ela, entre lágrimas –, vai ter um choque, ao voltar para a casa e descobrir que o garoto, que tanto ama, foi devolvido para o orfanato.

Nos dias que se seguiram, Alba Marinelli acordava no meio da noite, assustada, por ter sonhado mais uma vez com o pequeno Cirilo.

— Será que me precipitei na minha decisão de devolvê-lo ao orfanato? – perguntava-se, repetidas vezes, toda vez que sonhava com ele.

Nos minutos seguintes tentava se conscientizar de que havia feito o que era certo.

Quando Dorival voltou para a casa e descobriu o que a esposa havia feito, por pouco não enfartou. Chorou feito uma criança e decidiu, urgentemente, trazer o menino de volta para casa.

— Mas Dorival...

— Alba você não tinha o direito de ter feito o que fez. Não tinha! – esbravejou o homem.

— Falando assim até parece que você gosta mais daquele menino do que de sua própria filha, sua verdadeira filha!

— Você não percebe o quanto esse menino deve ter sofrido ao ter sido tirado daqui, de uma hora para outra?

— Ele é criança, logo se acostuma com sua nova vida.

— De qualquer modo irei buscá-lo no orfanato.

Assim fez Dorival e quando voltou para casa, Alba se surpreendeu ao vê-lo, chegando sozinho.

— Cadê o menino, Dorival?

Ele demorou a responder:

— Foi adotado por outro casal.

— Jura?!

Alba se alegrou.

— Como pode se alegrar com a notícia, Alba?

— Mas, Dorival, essa é uma notícia maravilhosa! O garoto não está mais sozinho. Tem novos pais e isso é, em minha opinião, maravilhoso!

— Eu gostava do menino, acostumei-me a ele... Criei laços afetivos.

— Dorival, se ele foi adotado por outro casal é porque assim tinha de ser.

— Será que é tão simples assim, Alba?

– Talvez você possa visitá-lo. Os novos pais do menino não vão se opor à ideia.

– Duvido muito, ainda mais se souberem que o adotamos e o devolvemos para o orfanato. Ou melhor, você o devolveu, sem o meu consentimento, aproveitando-se de um momento em que eu estava ausente por motivos de doença.

– Não pense assim... Se forem gente de bem, não se importarão com esse pormenor.

– Pormenor, você diz?

– E não é?

Dorival suspirou.

– De qualquer modo os novos pais adotivos não moram tão perto, na verdade, não moram em lugar algum.

– São ciganos, por acaso?

– Não, Alba, são de circo. Vivem num circo.

– Num circo?!

– Sim. Trabalham num circo como palhaços.

Os olhos da mulher brilharam.

– Que interessante, não? Digo, ir morar num circo, não acha?

– Penso que Cirilo seria mais feliz, vivendo conosco. Teria bem mais condições de se estabilizar na vida, crescendo ao nosso lado.

– O destino é imprevisível, Dorival.

– Eu sei. Ainda mais quando ele acontece com a sua ajuda, Alba.

– Até quando você vai ficar me recriminando pelo que fiz?

Ele bufou, enquanto ela, pensativa, rememorando suas idas a um circo, comentou:

– Um circo... Como será que é crescer num?

A pergunta flutuou na quietude do aposento e se perdeu no tempo que seguiu seu curso, incansavelmente.

Capítulo 3

1962 (17 anos depois dos últimos relatos)

Com o passar dos anos, Giovanna Marinelli tornou-se uma jovem de inegável charme e magnetismo, exercidos de forma aparentemente natural. Sua voz, cálida e vibrante, agradável ao ouvido, e o magnetismo de sua personalidade despertavam a atenção de todos que estivessem a sua volta. De estatura mediana, seus cabelos combinavam com o marrom das folhas de outono. Os olhos de um verde excepcional, ao sol, tornavam-se luminosos, como se duas luzes houvessem sido acessas dentro deles.

Evaristo Orciolo, três anos mais velho do que ela, era seu namorado. Um rapaz simpático, de cabelos num tom louro avermelhado, olhos azuis penetrantes e expressivos, num rosto agradável de queixo quadrado com um furinho ao meio. Sob os belos e delicados contornos da carne parecia haver bom senso e determinação.

Havia conhecido Giovanna na escola onde cursaram o primário e o colegial. Por Evaristo ter repetido dois anos, ambos acabaram caindo na mesma classe e, desde então, nunca mais se separaram. O calor da afeição do rapaz pela jovem e da afeição dela por ele era visto por todos com admiração. Eles simplesmente se adoravam. Aquele típico casal que se percebe, de imediato, terem nascidos mesmo um para o outro. Almas gêmeas.

No dia em questão, ambos estavam mais uma vez juntos, namorando. Cruzaram os muros da casa da moça, pelo portão da frente, e se dirigiram para a rua, tomada de árvores verdejantes pela primavera. A luz do sol, revigorante, e a suavidade do ar lhes provocavam uma súbita paz interior.

Então, na praça, os dois se sentaram num dos bancos de alvenaria e ficaram de mãos dadas, algo tranquilizador e confortante.

Ambos se admiravam, apaixonadamente, quando o sino da matriz badalou.

– Ora essa, o sino bateu na hora errada – comentou Evaristo, verificando as horas em seu relógio de pulso.

– O responsável deve ter se equivocado – respondeu Giovanna, voltando os olhos para a torre da igreja.

– Sim... – o rapaz suspendeu o que ia dizer, ao avistar um enterro, saindo da matriz. – Ah, isso explica as badaladas fora de hora.

É que nessa época, velavam-se os mortos em suas próprias casas, e, depois, eram levados para a igreja matriz da cidade, onde recebiam a bênção do padre. Tanto na chegada quanto na saída do local, o sino era tocado em respeito ao morto.

– Vamos sair daqui – pediu Giovanna, pondo-se de pé. – Detesto enterros.

O namorado prontamente atendeu ao seu pedido. Saíram antes de o cortejo fúnebre passar por eles em direção ao cemitério, chamando a atenção de todos por onde passava.

Nesse ínterim, na casa dos Marinelli, Alba se via novamente em maus dias. Os últimos anos haviam servido para humanizá-la, colaborando para que se tornasse uma mulher mais madura e consciente do que é certo e errado diante dos olhos de Deus. Quando uma nova onda de remorsos atingiu seu peito, telefonou para sua comadre de confiança e se abriu com ela:

– Selma, querida, sinto que meu fim se aproxima.

– Não diga isso, Alba.

– Digo, sim, comadre. Não gostaria, mas tenho de ser realista.

A mulher assentiu e Alba foi em frente:

– Só que antes de eu morrer, eu preciso me redimir do meu maior pecado, Selma.

23

– Pecado?!
– Sim! Lembra-se do garoto que adotamos e eu o devolvi para o orfanato, após o nascimento de Giovanna?
– Sim, e segundo você me disse, ele teve a sorte de ter sido adotado por novos pais.
– Sim. Mas Dorival nunca me perdoou pelo que fiz.
– Dorival lhe perdoou, sim, Alba, ele mesmo me disse.
– Perdoou, nada, Selma. Foi só da boca pra fora.
– E você, Alba, perdoou-se?
Ela desabou a chorar.
– Eu nunca me perdoei. Esta é a verdade.
– Eu sinto muito.
– Fui precipitada. Dorival estava certo. E agora, antes de eu morrer, quero me redimir. Preciso pedir perdão ao menino.
– Ele já deve ser um homem a essas alturas, não?
– Para mim será sempre um menino.
– Eu compreendo.
– Como vai localizá-lo? Segundo você me disse, ele foi adotado por um casal que fazia parte de um circo.
– Sim. Foi o que me disseram no orfanato. Não teriam por que mentir, não é mesmo?
– Verdade.
– Preciso localizá-lo. Localizá-lo enquanto é tempo.

Naquele mesmo dia, assim que voltou para casa, Giovanna foi ver a mãe. Surpreendeu-se ao encontrá-la corada e com os olhos brilhando, revelando certa euforia.
– Olá, mamãe. A senhora me parece bem melhor hoje.
Giovanna beijou-lhe a testa e sentou-se ao seu lado.
– Meu fim se aproxima, Giovanna – explicou Alba, seriamente.
A moça arrepiou-se.
– Não diga isso, mamãe.
A jovem ia prosseguir, mas a mãe a interrompeu:
– Filha, tenho algo muito importante a lhe pedir.
Giovanna assustou-se e novo arrepio percorreu-lhe a espinha.

Foi então que Alba lhe expôs todo o seu drama, tudo o que oprimia o seu coração. Ao terminar, Giovanna franziu a testa, analisando, meticulosamente a face da mãe. Estaria ela delirando?, perguntou-se, intimamente, e foi como se Alba tivesse ouvido seus pensamentos.

– Não, Giovanna, não estou delirando.

Por um instante, um segundo ou dois, o espanto transpareceu tanto na expressão da jovem quanto na sua voz:

– Um garoto... Adotado. Devolvido para o orfanato... Ora, mamãe, a senhora só pode estar brincando.

Diante da expressão de seriedade no rosto da mãe, Giovanna logo percebeu que ela falava sério.

– Quer dizer então que houve realmente um menino que a senhora e o papai adotaram.

– Sim, Giovanna, e eu o devolvi para o orfanato depois do seu nascimento.

Giovanna, ainda olhando com espanto para a mãe, opinou:

– Por que mexer nesse passado, agora, mamãe? Isso já aconteceu há tanto tempo. Esse menino, moço, atualmente, não deve sequer lembrar-se mais da senhora.

– Ainda assim eu preciso revê-lo, para lhe pedir perdão. Pelo seu pai, especialmente.

– Papai se importava tanto assim com ele?

– Sim, Giovanna. Seu pai morreu de desgosto pelo que fiz.

– É exagero da senhora.

– Não, Giovanna, não é.

Uma longa pausa se estendeu até que a jovem, ressurgindo para a realidade, dissesse:

– Está bem, mamãe. Vou tentar localizar esse sujeito, como a senhora tanto deseja.

Os olhos de Alba brilharam.

– Obrigada, filha. Obrigada por me compreender.

No dia seguinte, Evaristo Orciolo encontrou a namorada diferente. Giovanna retirava algumas flores mortas de um vaso quando ele chegou.

– Você me parece preocupada, o que houve?

– É minha mãe, ela insiste em...

Ela relatou toda a história que envolvera Cirilo e seus pais no passado.

– Nossa! – espantou-se Evaristo. – Jamais pensei que alguém pudesse devolver uma criança adotada a um orfanato.

– Acontece. Pelo menos aconteceu com a minha mãe. O sonho dela era ter um filho, jamais pensou que poderia me gerar depois de ter adotado o menino, e quando eu vim, bem...

– Foi por sua causa, então, que ela devolveu o garoto para o orfanato.

– De certo modo, sim!

– E você não se sente mal por isso?

– Sinceramente? Não.

– Como pretende encontrá-lo?

– O orfanato deve ter os dados do casal que o adotou. O problema é que eram de circo.

– Circo? Jura? Nossa... Então vai ser difícil localizá-los, não acha? Um circo muda de cidade pelo menos uma vez a cada mês. Em alguns lugares a cada semana.

– Eu sei. Mas tenho de tentar, pela minha mãe. Ela não me dará sossego se eu não fizer isso.

No dia seguinte, como prometera a Alba, Giovanna foi até a cidade onde ficava o orfanato pedir informações detalhadas sobre Cirilo. Ali confirmou o que já sabia: ele de fato havia sido adotado por um casal que fazia parte da trupe de um circo. O circo Esputinique.

– Deus meu – murmurou a jovem. – Como vou localizá-los agora? Podem estar se apresentando em qualquer parte do país.

Evaristo teve uma ideia. Visto que os circos costumavam chegar às cidades por intermédio das prefeituras, mediante autorização, alguma da região ou do estado, por onde o circo houveste passado, poderia lhes fornecer alguma informação. Foi preciso ligar para dez prefeituras até que conseguissem obter a informação desejada. Bastava agora somente chegar até o circo.

Capítulo 4
Respeitável público!

Numa cidadezinha aconchegante do interior do Estado de Minas Gerais, o Circo Esputinique fazia mais uma de suas apresentações. As luzes sobre a plateia se apagaram e somente o palco ficou iluminado.

– Respeitável público! – falou Savério Constanzo, o dono e apresentador do circo. – Como é que é, criançada? Boa noite!

As crianças aplaudiram e urraram.

– Está fraco! Boa noite! – tornou o apresentador, impondo mais força à voz.

Os aplausos e urros se repetiram, desta vez, mais fortes.

– Sejam bem-vindos ao maravilhoso Circo Esputinique, que tem a honra de lhes apresentar o maior espetáculo da Terra!

Mais vibração e mais palmas.

– Esta noite teremos Zandor, o grande malabarista e trapezista, Waldick Giordano, o mágico de mil e um truques, Nilvan, o atirador de facas e também o domador dos nossos leões ferozes; os formidáveis anões Lúqueo e Lucinda, além dos palhaços mais engraçados do mundo. Para encerrar o magnífico espetáculo, teremos o assustador e desafiador Globo da Morte. E para começar, um número performático com a surpreendente Malena, a mulher barbada!

E assim o espetáculo teve início e a cada atração apresentada, mais e mais o público delirava. Na vez dos palhaços, a plateia foi abaixo.

– Criançada, com vocês, os melhores palhaços do mundo! Os

palhaços Esputinique! – anunciou Savério Constanzo a toda voz.

A criançada vibrou quando o trio de palhaços, formado por João Balão, Fofureza e Palerma, invadiu o picadeiro, andando desengonçadamente.

– Hoje tem marmelada? – perguntou João Balão, um dos palhaços mais carismáticos do Brasil na época.

– Tem, sim senhor! – respondeu o circo em coro.

– Hoje tem goiabada?

– Tem, sim senhor!

– E o palhaço, o que é?

– É ladrão de mulher!

Palmas, muitas palmas.

O número final ficou mesmo para o desafiador e assustador Globo da Morte. Ovação total. Algumas pessoas taparam os ouvidos por causa do barulho, mas ninguém conseguiu deixar de olhar para os três motoqueiros dentro da esfera de metal, rodando e fazendo aquele barulho irritante e ensurdecedor. Foi como sempre um dos pontos mais marcantes do espetáculo, que terminou com toda a trupe do circo, de mãos dadas, no picadeiro, agradecendo os inúmeros aplausos do público.

Foi ali, em meio a todos esses artistas que Cirilo cresceu. Adotado por Norma e Jofre Salamandro, um casal de palhaços, Cirilo, por momento algum, pensou que um dia se tornaria um palhaço, tal qual seus pais adotivos, ainda mais um tão carismático.

A princípio cogitou a possibilidade de vir a ser um malabarista, depois, um mágico, mais tarde, um domador de leões... Um palhaço, nunca! Tudo aconteceu por acaso, quando teve de substituir seu pai, adoentado, que todos ali e ele próprio perceberam que ele nascera mesmo para ser do ramo.

Seu carisma contagiava não somente o público, mas seus colegas de trabalho. Todos no circo o adoravam e o admiravam também como ser humano. Vivia distribuindo sorrisos para todos e sendo sempre prestativo, o que o tornava humano, cativante e querido por qualquer um.

Foi ali, no próprio circo, que Cirilo se educou e se tornou um moço de fé. Todo dia, ao acordar, elevava os pensamentos a Deus e lhe agradecia intimamente por tudo que tinha. Para ele, Deus sempre lhe fazia ver lados que antes não via, o que lhe permitia ser sempre generoso e bondoso para com todos. Rezava todas as noites para que Ele abençoasse o seu caminho, o circo e todos que dele dependiam.

A princípio, Savério Constanzo, dono do circo, tivera Cirilo como um filho, o filho que sonhou ter e não pôde. Todavia, quando o rapaz completou seus quinze anos, Savério passou a tratá-lo com indiferença.

Muitos achavam que sua mudança de comportamento se dera por ciúme do talento do rapaz, por ele não suportar quem pudesse aparecer mais do que ele durante o espetáculo. O fato se deu, no entanto, porque Savério Constanzo percebeu que tanto Cirilo quanto sua filha, Wanderleia, estavam começando a se interessar um pelo outro.

Ele sonhava um futuro bem melhor para ela, a única filha que teve com a esposa que morrera ainda cedo, por súbita e misteriosa doença.

Comentava-se também, por entre os integrantes do circo, que Savério só mantinha Cirilo empregado ali por ser um excelente palhaço, caso não fosse, já o teria dispensado há tempos.

Cirilo, por sua vez, procurava se manter o mesmo diante do patrão, sendo-lhe sempre prestativo e gentil, apesar de seus maltratos.

Savério Constanzo lutara muito para construir o circo dos seus sonhos. O pai o aconselhou a ter outra profissão, mas ele quis porque quis perseguir seu maior sonho, todavia, por muitas vezes, chegou a se arrepender por não ter ouvido os conselhos do pai. A vida de circo não fora nada fácil como pensou que seria, especialmente depois de conseguir uma estrutura impecável e uma equipe de artistas circenses de primeira. A chegada da TV no Brasil, tornando-se cada dia mais popular entre os brasileiros, afastava cada vez mais o público dos circos.

Por isso, ansiava um futuro longe dali para sua querida Wanderleia. Moça que jamais cometera um engano na vida, com rosto de princesa, cabelos e olhos num tom castanho escuro, sempre olhando para todos, o universo em si, com o mesmo interesse e fascínio. Amava os animais, mas o pai não a deixava se aproximar deles, por receio de que lhe fizessem algum mal.

Para Savério Constanzo, a filha, cujos olhos dançavam cheios de vida e esperança, precisava ser protegida como se fosse um órgão vital de seu corpo. Daí o ciúme e a preocupação excessiva para com ela e o desejo infindável de fazê-la ter um futuro completamente diferente daquele que conhecera no circo até então.

Para ele, Wanderleia haveria de se casar com um moço de família abastada, que pudesse lhe permitir ter uma vida farta e tranquila, numa cidade agradável, longe, bem longe da vida de cigano que todos levavam, vivendo num circo.

Mas o coração de Wanderleia batia mesmo mais forte era por Cirilo, da mesma forma que o dele por ela. Toda vez que ambos se viam, uma surpreendente e inegável admiração espalhava-se pelo rosto franco dos dois. Para Cirilo, a jovem era realmente perfeita. Nada nela destoava ou constrangia. Era agradável olhar para ela, interessante conversar com ela, em todos os sentidos, a mais encantadora das companhias.

Na noite em questão, depois do término do espetáculo, quando Cirilo já havia tirado a maquiagem de palhaço e agradecido a Deus pela apresentação maravilhosa daquela noite, ele avistou Wanderleia, sentada nas imediações do circo, onde podia ser banhada inteiramente pela luz do luar.

– Wanderleia – chamou ele, surpreendendo a jovem com sua aparição repentina.

– Cirilo – os olhos dela brilharam.

– Falei de você hoje novamente com Deus.

– Oh, Cirilo... Você e Deus parecem tão íntimos.

– Somos e você também pode ser, Wanderleia.

– Será?

– Sim, Deus ouve todos, Deus está para todos.

– Você fala de Deus de uma forma tão bonita, Cirilo.

– Porque tudo em torno de Deus é bonito, Wanderleia.

– Toda vez que o ouço falando assim, você não faz ideia do

quanto eu me sinto bem. Suas palavras, ditas com tanto amor, parecem fazer acender uma fogueira em meu coração. Posso até sentir o calor.

– Eu também sinto o mesmo calor em meu coração toda vez que converso com Deus, Wanderleia.

Os dois se silenciaram e quando ela se sentiu constrangida diante do olhar do rapaz, abaixou a cabeça, sentindo o rubor se espalhar por sua face.

– Você é sempre tão tímida diante de mim, Wanderleia. Somos tal como irmãos. Crescemos juntos, lembra?

– Como eu poderia me esquecer, Cirilo? Como?

Ele deu um passo à frente, mirando seus olhos e pediu, carinhosamente:

– Pode me olhar nos olhos, sem timidez, se achar que não consegue, tente pelo menos uma vez.

Ela novamente se ruborizou e quando conseguiu atender ao seu pedido, ele se aproximou dela, ainda mais, e quando estava prestes a beijá-la, algo que há muito desejava, foi interrompido pelo chamado de Fofureza, seu parceiro no número dos palhaços.

– Cirilo!

– Fofureza?!

– Não se esqueça do nosso ensaio amanhã – lembrou-lhe o palhaço, fazendo-lhe um sinal com a cabeça.

– Ah, sim, pode deixar.

Ao avistar Savério Constanzo, vindo naquela direção, Cirilo logo compreendeu o que o amigo estava querendo lhe dizer. Sorrindo para Wanderleia, partiu, acenando de forma engraçada, afastando-se de fininho, antes que o pai da moça os visse juntos ali.

Ao se juntar a Fofureza, cujo nome verdadeiro era Ariovaldo Bertazo, o colega seriamente lhe disse:

– Cirilo, meu chapa, você está cutucando a onça com vara curta.

– Fofureza, do que é que você está falando, homem de Deus?

– Se o Seu Savério pega você em vias de dar um beijo na filha dele, ele o mata!

31

– Que nada!
– Cirilo não abuse da sua fé.
– Seu Savério é um bom homem, tem a mim como a um filho.
– Mexer com a filha dele é o mesmo que mexer com uma cachopa de abelhas. Ouça o meu alerta.
– Fofureza, você é sempre muito apavorado.
– Quem avisa, amigo é.

Naquela noite Cirilo dormiu, pensando em Wanderleia e ela nele. Tão profundo era o sentimento que unia os dois, que suas almas se desgrudaram do corpo adormecido, para se encontrarem noutro plano, um dos muitos do universo aos quais somente as almas têm acesso.

Lá estava ela, linda, iluminada por uma luz mágica e mística ao mesmo tempo. Ele ficou, com seus olhos lindos e sonhadores, admirando seu rosto, belo e angelical, até ela dizer:

– Gosto da sua companhia, Cirilo... Gosto muito!
– E eu da sua, Wanderleia.
– Na alegria e na tristeza?

Ele, rindo, concordou:

– E também na saúde e na doença.

Para os dois, tudo não passou de um sonho. Um sonho semelhante que coincidentemente ambos tiveram. Todavia, tudo acontecera de fato, por meio do desmembramento da alma do físico, durante o período em que o corpo físico repousa.

No dia seguinte, por volta do meio dia, logo depois do café da manhã tardio, Cirilo se reuniu com seus dois parceiros de palco, os palhaços Fofureza e Palerma, para ensaiarem um novo quadro, esperançosos de agradar a plateia, provocando-lhes boas gargalhadas. Os três já estavam maquiados para a matinê que começaria às quinze horas e o ensaio aconteceu no próprio picadeiro que, àquela hora, estava silencioso, permitindo-lhes total liberdade de expressão. Terminavam o ensaio quando Giovanna Marinelli apareceu.

– Olá, boa tarde.

– Boa tarde – respondeu o palhaço Fofureza.

– Eu procuro por um moço chamado Cirilo – explicou ela. – Disseram-me que eu poderia encontrá-lo aqui. É um de vocês?

Os colegas de Cirilo olharam imediatamente para ele.

– Sou eu – adiantou-se o rapaz. – Cirilo, a seu dispor.

Ele deu um passo à frente e ficou a admirar os olhos esverdeados de Giovanna, da mesma forma que ela parecia admirar os seus, por trás da maquiagem pesada de palhaço.

– Em que posso ajudá-la? – perguntou Cirilo a seguir, tão admirado com a beleza da moça quanto os colegas ao seu lado.

Ela, olhando com certa curiosidade para ele, para saber como seria seu rosto por trás da pintura de palhaço, respondeu:

– Meu nome é Giovanna Marinelli. Sou filha de Alba e Dorival Marinelli. Esses nomes significam algo para você?

Os olhos de Cirilo se encheram d'água.

– Significam, sim! Eles foram meus pais adotivos por um tempo.

– Então você ainda se lembra disso? Pensei que por ter ficado tão pouco tempo com eles, já houvesse se esquecido.

– Certas coisas, uma criança jamais esquece. Concorda?

– Talvez...

Novamente ela sentiu vontade de saber como era o rosto dele por trás da maquiagem de palhaço. Os olhos eram bonitos, intensamente bonitos... Seria seu rosto tão bonito quanto eles?, perguntou-se Giovanna, sentindo-se inquieta desde então.

– Trago um recado de Dona Alba Marinelli para você.

– Pois não?

– Ela está muito doente, receia não viver por muito tempo.

– Eu sinto muito.

Lágrimas rolaram pelo rosto dos dois.

– Ela quer vê-lo – continuou Giovanna com certa dificuldade.

– Ela quer me ver? – o queixo dele tremeu de emoção.

– Sim. É como se fosse seu último desejo.

Novas lágrimas romperam os olhos dos dois.

– E então, você irá até ela?

— Irei, sim, diga a ela – respondeu Cirilo prontamente.

— Pois bem, o endereço ainda é o mesmo, em todo caso, sendo você um menino quando partiu de lá, não deve ser recordar, certo? Por isso o anotei aqui.

Ele deu mais um passo à frente e timidamente pegou o pedaço de papel da mão dela.

— Obrigado.

Os olhos esverdeados de Giovanna novamente se concentraram nos dele, estudando-os atentamente, tal como ele parecia fazer com os dela.

Sem mais delongas, ela partiu, deixando Cirilo parado no meio do picadeiro, acompanhado sua retirada com o olhar.

— Quem era a moça, Cirilo? – quis saber Malena, a mulher barbada, achegando-se a ele.

— Filha do casal que me adotou antes de eu vir morar no circo.

— Por que ela o procurou depois de tantos anos?

Ele explicou.

— Você irá vê-la?

— Vou sim, Malena. Eles foram bons para mim e...

— Foram bons, mas o devolveram ao orfanato.

— Não sou de guardar rancor, Malena. Você sabe disso.

— Sim, eu sei. Ela é uma moça bonita, hein?

— Eu também achei. Extremamente bonita.

— Bonita e pedante. Esnobe e irritante.

— Malena...

— Eu sinceramente não me simpatizei com ela, Cirilo. Sei que não deveria falar assim, que é pecado, mas...

Cirilo, pensativo, comentou:

— Eu jamais me envolveria com uma moça como ela, Malena. Meu coração já é de... você sabe de quem.

— Você vive um amor impossível, Cirilo.

— Você continua acreditando nisso?

— Sim. O Sr. Savério nunca há de permitir seu casamento com a Wanderleia.

— Por que não? Não sou má pessoa.

– Sei que não é, mas ele deseja um futuro diferente para a filha. Ao lado de um homem que possa lhe dar uma vida mais farta, menos sofrida do que a nossa.

– A vida de todos é sofrida, Malena. Faz parte da vida ser assim.

– Cirilo, eu gosto muito de você, você sabe. Não quero vê-lo sofrer.

– Eu sei, obrigado por se preocupar comigo.

Ela procurou sorrir.

Cirilo voltava para sua barraca, para apanhar seus apetrechos para a matinê da tarde, quando avistou Wanderleia, olhando tristemente na sua direção. Ele imediatamente incorporou a personalidade do palhaço, fazendo uma careta engraçada para vê-la sorrir. Saltitou até ela, fez micagens, mas, dessa vez, nada a alegrou.

– O que houve?

– A moça bonita, Cirilo. Quem era?

– O nome dela é Giovanna, filha legítima da mulher que me adotou antes de eu vir morar aqui.

– O quê?! Você teve outra mãe antes de ser adotado pela Norma e o Jofre?

– Sim, tive. Vou lhe contar tudo.

Cirilo não foi muito além, suas palavras foram interrompidas pelo berro de Savério Constanzo.

– Wanderleia!

Ela imediatamente correu na direção do pai.

– Não quero você de prosa com o Cirilo! – trovejou ele, ríspido como sempre. – Não fica bem para uma mocinha como você ficar tão próxima assim de um... Não quero também que alimente esperanças no rapaz.

– Quer dizer que eu nunca vou poder me casar, papai?

– Vai sim, filha, mas com um homem de berço, com um diploma nas mãos, que possa lhe dar um futuro digno e promissor.

– Mas, papai, eu sou feliz aqui no circo. Nada me falta.

– No começo, Wanderleia, eu amava tudo isso aqui. Dei minha

vida por esse lugar, mas foram tantos altos e baixos, tantas vacas magras, que cheguei à conclusão de que não valeu a pena.

– Oh, papai.

– Sim, filha. Batalhei tanto, tanto e o que tenho hoje? Nada além de um circo velho e alguns caminhões velhos.

– Eu não me importo.

– Mas eu me importo com você, Wanderleia. Prometi a sua mãe, em seu leito de morte, que cuidaria de você e lhe daria um futuro promissor. Promessa é dívida e eu hei de cumprir.

Voltando os olhos na direção de Cirilo, que permanecia parado no mesmo lugar, olhando para os dois, com a tristeza disfarçada pelo sorriso de palhaço, Savério Constanzo concluiu:

– Cirilo é um bom moço, mas não para você, filha. Não, mesmo!

Sem mais, ele enlaçou a jovem, encaminhando-a para o trailer onde residiam.

Malena, que havia presenciado tudo de longe, aproximou-se de Cirilo e ao ver as lágrimas, rolando por sua face, maquiada de palhaço, procurou aconselhá-lo mais uma vez:

– Tire-a do seu coração, Cirilo. Da sua mente e do seu coração. Não sofra mais por isso.

Ele engoliu em seco e procurou sorrir:

– Está tudo bem, Malena.

– Não, Cirilo, não está, e você sabe muito bem disso. Não tente mascarar a realidade como faz um palhaço de vida sofrida e de coração partido.

– Não diga isso, Malena.

– É melhor você sofrer agora do que mais tarde, ao perceber que jogou sua vida fora, por causa de um amor impossível.

– Se eu gosto da Wanderleia e ela gosta de mim, por que o nosso amor haveria de ser impossível? Não pode ser. Não haverá de ser. Você verá!

Com um meio sorriso, Cirilo se despediu e, cada qual, seguiu para suas obrigações, pois em menos de uma hora, o circo abriria as portas para a matinê de sábado.

Mais alguém ali presenciara tudo às escondidas. Lucinda, a anã de cabelos armados e alaranjados, olhos vivos e expressivos, movendo-se sempre intensos de curiosidade, ouvira tudo, como sempre, sem se deixar notar.

A maioria ali, a amava e a odiava ao mesmo tempo, por ela estar sempre ouvindo conversas às escondidas, e pondo o bedelho onde não era chamada, apontando defeitos em todos os números do circo para que todos pudessem fazer dele o melhor do país.

Lúqueo, o anão, era quem mais se irritava com ela, e ela o enfrentava sem temer sua ira. Mal sabia ele o quanto ela o adorava, há anos, sonhando em se casar e ter filhos com ele, filhos que um dia se tornariam artistas como os dois.

Lúqueo, o anão de beleza exótica, que muito lembrava a de um duende irlandês, por sua vez só desejava uma mulher em todo o mundo e seu nome era Wanderleia. Era com ela que desejava se casar, ter filhos e viver até o fim da vida. Uma paixão que nascera há muito, muito tempo, por ela lhe ser sempre muito gentil e carinhosa. Mas Wanderleia amava Cirilo e Cirilo a amava tanto quanto. Isso, o anão ainda não havia percebido. Se tivesse, perderia a paz e seria capaz de tudo para afastar Cirilo da moça, até mesmo matá-lo, pelo ciúme doentio que sentia da linda jovem.

Capítulo 5
Regresso ao passado

No dia de folga do circo, logo pela manhã, após receber o consentimento de Savério Constanzo para viajar, Cirilo partiu para a cidade onde residia Alba Marinelli. Pelo caminho foi rememorando o pouco que se lembrava do que viveu ao seu lado, até ser rejeitado por ela e devolvido para o orfanato.

A voz de Giovanna, com seus brilhantes e sensuais olhos esverdeados reapareceram na sua mente.

"Procuro um moço chamado Cirilo. É um de vocês, não? Meu nome é Giovanna Marinelli, sou filha de Alba e Dorival Marinelli. Esses nomes significam algo para você?".

"Significam, sim", respondera ele. "Eles foram meus pais adotivos por um tempo."

"Então você ainda se lembra disso? Pensei que por ter ficado tão pouco tempo com eles, já houvesse se esquecido."

"Certas coisas uma criança jamais esquece...", foi o que ele respondeu e aquilo era a mais pura verdade. As lembranças trouxeram novas lágrimas aos seus olhos.

— Estou indo, mamãe... Estou indo... — murmurou, emocionado.

Recordou-se então do que Malena havia lhe dito assim que Giovana partiu.

"Ela é uma moça bonita, hein? Bonita e pedante. Esnobe e irritante. Eu sinceramente não me simpatizei com ela... Sei que não deveria falar assim, que é pecado, mas...".

Ao que ele respondeu:

"Eu jamais me envolveria com uma moça como ela, Malena.

38

Meu coração já é de... Você sabe de quem..."

A imagem de Wanderleia ocupou sua tela mental a seguir, provocando um calor intenso em seu coração. Um calor que só a paixão pode causar no físico e na alma humana.

Wanderleia, ele a amava, era simplesmente louco por ela e capaz de tudo para viver ao seu lado: na alegria e na tristeza, na saúde e na doença, e pela eternidade.

A voz de Malena voltou a ecoar em sua mente:

"Você vive um amor impossível, Cirilo... O Sr. Savério nunca vai permitir seu casamento com Wanderleia... Tire-a do seu coração... Não sofra mais por isso... Não tente mascarar a realidade como faz um palhaço de vida sofrida e de coração partido."

Emergindo de suas lembranças, Cirilo prometeu a si mesmo:

– Por Deus, Wanderleia há de ser minha... Não vou perder a fé na nossa união, jamais!

Voltando a sorrir para a imagem da linda jovem em sua mente, ele se sentiu novamente feliz por amá-la e querer se casar com ela. Foi então que, subitamente, o rosto dela se transformou no de Giovanna Marinelli com seus olhos verdes, lindos, compenetrados nos dele. Foi o suficiente para fazê-lo sentir um arrepio na espinha, um mal-estar no coração, um tormento que nunca sentira antes em toda vida.

Ao chegar à casa dos Marinelli, Cirilo teve um instante de dúvida se deveria ou não entrar. Naquele momento, diversas imagens cruzaram desordenadamente seu espírito. Lembranças confusas de um passado adorado e roubado pelo destino. Um destino comandado pela própria Alba, incomodando-o como uma pedrinha minúscula dentro de um sapato. Por fim, ele apertou a campainha, sem se dar conta do que fazia. Quando a nova empregada da casa, abriu a porta da frente e o viu, ali, parado, com o pensamento longe, permaneceu por alguns segundos, olhando curiosamente para sua fisionomia bonita e jovial.

– Você está bem? – perguntou ela, finalmente, chegando ao portão.

– S-sim, sim... – respondeu ele, emocionado. – É que, de repente, me desliguei...

– Acontece.

– Meu nome é Cirilo, procuro por Dona Alba Marinelli...

– Ah, sim, queira entrar. A filha dela vai recebê-lo.

Giovanna levantou-se, ao vê-lo, chegando. Tanto ele quanto ela tiveram a impressão de que o tempo deu uma pausa para que pudessem se admirar melhor.

– Então você veio – suspirou ela, atenta à fisionomia do rapaz.

– Eu tinha de vir. Sua mãe queria me ver, não queria? Eu também gostaria muito de revê-la.

– S-sim, sim. Entre, por favor.

Cirilo adiantou-se um ou dois passos, enquanto os músculos do canto de sua boca tremeram, involuntariamente.

– Seja bem-vindo.

– Obrigado. – Girando o pescoço ao redor, ele comentou: – Eu era ainda muito criança, mesmo assim, ainda me recordo daqui.

– Consegue mesmo se lembrar de alguma coisa de quando morou aqui?

– Lembro-me, sim. A casa pouco mudou nesses anos, não é mesmo?

– Fizemos uma ou duas pequenas reformas. Pintura e algumas pequenas mudanças. Você não notou?

– Não, acho que não poderia.

Ela passou a fitá-lo com certa suspeita até dizer:

– Acompanhe-me.

Assim ele a seguiu até o quarto onde Alba Marinelli estava acamada, recostada em travesseiros, cuidadosamente arrumados. Respirava pesado e seus olhos, ainda de um verde profundo, como os de uma folha recém-nascida na primavera, fixavam o teto. Seu rosto denotava desalento e tristeza.

– Mamãe, ele chegou... Cirilo – anunciou Giovanna.

Demorou alguns segundos até que Alba se desse conta realmente do que a filha havia dito. Quando fez, seus grandes olhos baços automaticamente se verteram em lágrimas de saudade e arrependimento.

– Cirilo... – ela murmurou chorosa.

Ele sorriu para ela com ternura, enquanto Giovanna se retirou do recinto para deixá-los mais à vontade.

– Que bom que você veio. Cheguei a pensar que não viria – continuou Alba, cada vez mais emocionada pelo reencontro.

– Eu disse a sua filha que viria. Não poderia deixar de atender ao seu pedido, afinal, a senhora foi minha segunda mãe, lembra-se?

– Você disse... Segunda mãe?

– Sim, segunda mãe. A primeira foi minha mãe biológica, a segunda a senhora e a terceira a que me criou no circo onde fui morar. O nome dela era Norma e de meu terceiro pai, Jofre. Jofre Salamandro.

Alba, hipnotizada por aquelas palavras, balbuciou:

– Mesmo depois de eu tê-lo devolvido para o orfanato, você ainda me considera sua mãe?

– Sim. Por que, não?

– Porque... – ela não conseguiu terminar a frase, um choro repentino a impediu.

Pegando suas mãos, com delicadeza, ele, muito amorosamente, falou:

– Acalme-se, por favor. Aproveitemos este nosso reencontro para vivermos mais alegrias do que tristezas.

– Sim... Você tem razão. Desculpe.

– Não há o que desculpar.

Ele, sorrindo lindamente, beijou-lhe a testa, fazendo com que a mulher acamada respirasse um pouco mais aliviada. Assim, ela conseguiu ir direto ao assunto, para o qual o chamara ali:

– Chamei-o aqui, Cirilo, para lhe pedir perdão.

– Perdão? Não há o que perdoar.

– Há, sim! Fui má para você, muito má.

– Não encaro o que a senhora me fez como maldade.

– Você diz isso porque tem bom coração. – Alba, movendo-se, desassossegadamente, continuou: – Seu pai... Digo, meu marido, não me perdoou pelo que fiz a você. Ele morreu de desgosto, sabe?

– Não diga isso.

– É verdade. Ele o adorava. Você foi querido por ele e por mim desde que chegou a esta casa.

– Tenho a senhora e seu marido em alta conta.

Alba prosseguiu, falando mais consigo mesma do que propriamente com o moço a seu lado:

– Algo me dizia, intimamente, que um belo dia nós nos reencontraríamos.

– E aqui estamos nós, com a graça de Deus. Agradeçamos a Ele, por esta oportunidade tão linda.

– Percebo que você se tornou um moço muito devotado a Deus.

– Sim, sem Ele não somos nada, não é mesmo?

– S-sim... sim... – Alba Marinelli não sabia exatamente se concordava ou não, pois nunca fora muito íntima do Criador. Ainda mais depois das dificuldades que enfrentou para engravidar. Foram praticamente dez anos de luta. Algo desesperador.

– Como a senhora deve saber – continuou Cirilo, calmamente –, o casal que me adotou depois da senhora e de seu marido, eram integrantes de um circo. O famoso circo Esputinique. Os dois eram os palhaços principais do espetáculo quando lá cheguei e, foi assim, até meu pai falecer. Quando isso aconteceu, minha mãe não mais quis continuar tomando parte do número. Não sentia mais o entusiasmo e a alegria de antes para continuá-lo, não sem meu pai. Então a função foi passada de vez para mim e eu, que desde garoto sonhava ser um malabarista, ou trapezista, ou mágico ou, até mesmo um integrante do Globo da Morte, acabei mesmo me tornando um palhaço. A última coisa que pensei ser na vida.

– E você é bom no que faz?

– Acho que sim. O público pelo menos me adora.

– Então você é maravilhoso! – ela o elogiou, sorrindo pela primeira vez mais descontraída. A seguir, perguntou: – Diga-me. O que é mais difícil? Fazer os outros rirem ou chorarem?

– Eu diria que para mim, pelo menos para mim, é mais fácil fazer rir, pois faço isso com a maior naturalidade do mundo. O que me leva a crer que nasci mesmo para ser palhaço. Mas segundo meus pais e colegas de trabalho, fazer rir é uma das artes mais difíceis.

– Compreendo.

Fez-se um minuto de silêncio até ela comentar:

– Deus meu, uma vida num circo... Quão diferente e quão sofrida deve ser.

– De fato, é preciso muita disposição para encarar uma vida, pingando de cidade em cidade, mudando constantemente de uma para outra, erguendo e abaixando lona.

– E as tempestades? O que fazem quando elas vêm? Uma forte pode fazer um circo desmoronar, não pode?

– Sim, mas tomamos providências assim que elas se aproximam. Por isso a estrutura de um circo tem de ser muito bem montada, para que não haja problemas. E nessas horas, os animais também devem ser paparicados para que não fiquem nervosos. Um dos nossos leões, um dos três, pois não temos muitos, é difícil e dispendioso mantê-los, morre de medo de raios e trovões. O nome dele é Zé Bolha, o pobre coitado chega a tremer feito vara verde de tão apavorado que fica nessas horas.

– Coitadinho. Agora diga-me, como vocês podem viver em meio a animais selvagens e perigosos?

– São bem fechados em jaulas e bem alimentados, até hoje nunca tivemos um acidente com eles.

– Benza Deus.

– Benza Deus!

Novo sorriso de um para o outro e, prestando mais atenção a ele, Alba foi sincera mais uma vez:

– Posso lhe fazer mais um elogio?

– É lógico que sim. Por favor!

– Você se tornou um moço muito bonito. Já deve ter muitas pretendentes, não? Por onde passa deve tirar suspiros das garotas, não é mesmo?

– Alguns eu tiro, sim, certamente. Talvez mais se eu me apresentasse sem a maquiagem de palhaço. Com ela, pouco de mim pode ser visto.

– A maquiagem... Ah, sim, esqueci-me desse detalhe. Quer dizer que você fica, praticamente o tempo todo, com o rosto maquiado?

– Sim e com aquela bola vermelha na ponta do meu nariz.

– Pobrezinho.

– Eu não me importo e também não me importo que eu tenha

de viver com meu rosto escondido por uma maquiagem. Nenhuma garota me interessa mais do que Wanderleia. Ela é a filha do proprietário do circo. Crescemos juntos e tanto eu quanto ela nos adoramos.

— Interessante.

— Sim e vamos nos casar dentro em breve, apesar de todos afirmarem que o nosso amor é impossível. É que o pai dela não me quer como genro. Deseja alguém de fora do circo para se casar com a filha, para que ela possa ter uma vida mais tranquila e farta do que leva ali. Mas Wanderleia não se importa com a vida que leva, morando no circo; na verdade, ela adora viver ali tanto quanto eu e muitos mais da trupe circense.

— Vou torcer para que o pai dela mude de ideia.

— Ele há de mudar. E eu farei de Wanderleia a mulher mais feliz do mundo, estando sempre ao seu lado, na alegria e na tristeza, na saúde e na doença.

— É mesmo um moço apaixonado. O que me faz recordar do Dorival, quando nos conhecemos.

A seguir, Alba Marinelli contou um pouco de seu passado, quando conheceu aquele que viria ser seu marido, o homem que amou fielmente até a morte os separar, três anos antes daquela data, aos 55 anos de idade, em consequência de um infarto.

Sem talento para administrar seus negócios, Alba vendeu tudo e aplicou parte do dinheiro em imóveis e o restante deixou no banco para render juros.

Enquanto isso, do lado de fora da casa, Giovanna recebia Evaristo Orcilo, seu namorado.

— Ele veio — disse ela, logo depois de trocarem um beijo. — Chegou há pouco.

— O tal rapaz do circo?

— O próprio. Está lá no quarto, conversando com a mamãe.

— Então Dona Alba deve estar muito feliz.

— Sem dúvida. Pobre mamãe, temi que morresse sem realizar o que mais queria.

— Mas sua mãe é ainda muito moça para morrer, Giovanna, não acha?

— Sim, mas os médicos me disseram que o estado de saúde dela é muito delicado. Quiseram me deixar preparada para o pior e eu não os recrimino. Detesto surpresas. Sempre odiei.

Novamente eles se beijaram e ele sugeriu que fossem até a padaria comprar pães e frios para o café da tarde.

— Vamos sim, a empregada está aí, qualquer coisa que a mamãe precisar, nesse ínterim, ela a acode.

— Mas será que é certo deixar sua mãe sozinha na presença desse sujeito?

— Não vejo por que não. Ele não me parece mau.

— Então, vamos!

Ao voltarem para a casa, Alba Marinelli mandou chamar a filha no quarto e diante dela e de Cirilo, falou em meio a forte emoção:

— Era para vocês dois terem crescido juntos, feito dois irmãos que se amam e se completam. Por uma estupidez da minha parte, eu os separei. Perdão.

Ela arquejou ainda mais forte.

— Calma, mamãe, não se emocione demais — pediu Giovanna subitamente alarmada com o seu estado.

A mulher, tremendo por inteira, respondeu:

— Sim, Giovanna, é emoção demais poder ver você e Cirilo juntos novamente. Agora posso morrer em paz.

— Mamãe... — alarmou-se Giovanna ainda mais.

— Dona Alba... — chamou Cirilo, procurando ser gentil.

A mulher fechou os olhos e desencarnou, com quase 53 anos completos, tendo ao seu lado, Giovanna, segurando sua mão direita e Cirilo a esquerda.

Cirilo imediatamente confortou Giovanna em seus braços. Ela chorou muito, ele também, enquanto se abraçavam forte, querendo muito encontrar apoio um no outro. Diante de um momento tão difícil como aquele, só mesmo o calor humano para apaziguar o caos interior.

— Minha mãe foi muito boa para mim — confessou Giovanna, entre lágrimas.

— Pelo pouco que me recordo dela, sei o quanto era generosa e amorosa — afirmou Cirilo também choroso.

Giovanna então se desfez do abraço, afastou-se da cama, jogou a cabeça para trás e falou, furiosa:

— A morte... a morte é mesmo abominável.
— Ela agora está com Deus, Giovanna.
— Às vezes Deus me revolta, sabia? Por deixar que tanta coisa de ruim aconteça. Os bons morrem cedo e os demônios permanecem vivos. Você acha isso certo? Acha?
— Não, não acho. Prefiro acreditar que Deus tem um propósito maior para agir como age.
A opinião dele mexeu com ela, fazendo abrandar sua raiva.
— Talvez você tenha razão... — disse, parecendo mais calma.
— Faz bem em pensar assim.

Horas depois, olhando para o caixão, Cirilo sentiu novamente um aperto na garganta, como se houvesse um nó ali. Ter novamente de experimentar uma dor tão forte quanto aquela, em tão pouco tempo, era dolorido demais. Nos últimos três anos ele perdera Jofre e Norma, seus pais adotivos, queridos, e agora Alba, aquela que ainda considerava sua segunda mãe, apesar de tê-lo devolvido para o orfanato, após o nascimento de sua filha.
Giovanna também se mantinha ao lado do caixão, abraçada a Evaristo, chorando copiosamente. Trajava um vestido preto de muito bom gosto, do nível que sempre estivera acostumada a usar.
— Você tem de ser forte, meu amor. Muito forte nessa hora — aconselhou-lhe o namorado.
— Com você ao meu lado, Evaristo, tudo se torna mais fácil.
Ele a abraçou, beijou-lhe a testa e afirmou ao seu ouvido:
— Estou e sempre estarei ao seu lado, Giovanna. Porque a amo.
E novamente ela se sentiu protegida por estar ao seu lado.
O enterro de Alba deixou a igreja matriz da cidade sob as fortes badaladas dos sinos da torre, que também serviam para anunciar as horas das missas. O cortejo até o cemitério seguiu pela rua principal da cidade, com a maioria dos acompanhantes enlutados como era de praxe na época. Os mais próximos da família se revezavam no transporte do caixão.
Diante do sepultamento, Cirilo fez um pedido muito sério a Deus:
— Deus, adorado Deus, cuide bem do espírito de minha mãezinha, por favor.
E aquilo era realmente o que ele mais desejava na vida, naquele instante.

Capítulo 6
O testamento

Depois do funeral, Cirilo permaneceu na companhia de Giovanna e Evaristo. Queria ser solidário a ela, que estava visivelmente arrasada, dando a impressão a todos de que poderia morrer a qualquer instante, de tanta tristeza pela morte da mãe.

– Bem – falou Cirilo, rompendo o silêncio. – Preciso ir... O circo depende de mim. Sou o palhaço mais carismático segundo meus colegas de trabalho e, portanto...

– Um palhaço... – surpreendeu-se Evaristo, olhando com certo fascínio para o moço.

– Com muito orgulho.

– Obrigada, muito obrigada por ter vindo – agradeceu Giovanna, parecendo muito sincera.

– Fique com Deus.

– Quer que eu o leve até a estação?

– Não é preciso, é perto, mesmo que não fosse, andar faz bem.

– Obrigada mais uma vez por ter vindo.

Ele assentiu, acenou e partiu, admirando a rua de paralelepípedos por onde passava. Seus olhos novamente se encheram d'água e logo, lágrimas escorriam ao vento repentino que soprou, levantando também as folhas miúdas caídas ao chão.

Na estação de trem, Cirilo sentiu novamente um arrepio esquisito. Deveria ser por causa da morte de Alba; sim, só podia. O abalo emocional pela perda da mulher que um dia fora sua mãe, ainda que temporariamente, só podia ser o responsável por aquilo. Para aquecer a alma e o coração, ele decidiu voltar seus pensamentos para Wanderleia, imaginando o futuro brilhante que teria ao seu lado, assim que se casassem.

Nesse ínterim, na casa de Giovanna...
– Oh, Evaristo... Não consigo deixar de pensar em minha mãe.
– Pense nela como se ela estivesse viajando – aconselhou o moço.
– Não consigo.
– Tente, repetidas vezes.
– Vou tentar.
Nisso a campainha tocou e a empregada foi atender.
– Dona Giovanna – disse a mulher assim que voltou a sala. – É o Doutor Clementino.
– O advogado? – espantou-se Giovanna. – Mande-o entrar. Que estranho, ele aqui a uma hora dessas.
O sujeito alto, corado e de maneiras afáveis, assim que adentrou o recinto, disse:
– Desculpe vir assim, numa hora dessas, mas tenho algo importante a tratar com o rapaz. O que veio de longe visitar sua mãe.
– Cirilo?
– O próprio.
– Ele acabou de sair, foi pegar o trem...
– Se eu correr, talvez eu o ainda alcance. Até logo!
– Doutor Clementino?! – chamou Giovanna, mas o advogado não respondeu, continuou apressado.
Voltando-se para o namorado, ela indagou:
– O que deu nele?
Evaristo não soube o que responder.

O apito do trem, anunciando sua chegada à estação, despertou Cirilo de seus pensamentos. Ele estava prestes a subir no vagão quando a mão do advogado o segurou pelo braço.
– Cirilo?
– Sim.
– Ainda bem que cheguei a tempo.
– A tempo? A tempo de quê, meu senhor?
– De encontrá-lo. Antes de sua partida.

48

— Ah?... — respondeu Cirilo ainda achando tudo aquilo muito estranho.

Estendendo a mão para o rapaz, o Dr. Clementino se mostrou simpático:

— Como vai?

— O senhor é...

O homem respondeu, como quem se desculpa:

— Que indelicadeza da minha parte... Sou o advogado do senhor e da senhora Marinelli. Estou aqui para falar do testamento do casal.

— Testamento?

— Sim. O senhor e a senhora Marinelli deixaram boa parte de suas heranças para você.

— O que foi que o senhor disse?

— O senhor e a senhora Marinelli deixaram boa parte de suas heranças para você.

— Para mim, por quê?

— Bem, essa resposta eu não posso lhe dar. Não, com precisão. Só mesmo você pode encontrá-la em seu coração.

As sobrancelhas de Cirilo voltaram a se arquear, denotando espanto.

— Vim avisá-lo para que não parta da cidade, não antes de receber o que é seu por direito.

— Não sei se devo. Deixei de ser filho do casal assim que eles me... O senhor sabe de toda história, não sabe?

— Sim, eu sei. Todavia, penso que deveria aceitar o que lhe foi deixado. Foi um desejo mútuo de Dorival e Alba Marinelli.

Diante daquilo, Cirilo não soube mais o que responder.

Não demorou muito para que Giovanna ficasse a par do que estava se passando. Levantou-se como que movida por uma mola, ao tomar conhecimento do testamento. Apanhou o documento, leu-o, atentamente, franziu o sobrolho em desagrado e recolocou o papel sobre a mesa.

— Isso não pode ser verdade — murmurou, enfurecida.

Evaristo, ao encontrá-la naquele estado, perguntou:

— O que houve?!

Ela respondeu numa exclamação aguda e enojada:

— Meus pais deixaram boa parte da herança que me cabia por

inteira, para o tal do Cirilo.

Evaristo franziu a testa.

– Jura?!

– É o que diz o testamento.

Seu olhar foi novamente atraído para o documento sobre a mesa.

– Se não me acredita, leia você mesmo!

Assim fez o rapaz, boquiaberto, vindo a comentar, minutos depois o seguinte:

– Inacreditável...

– Injusto, eu diria. Mas isso não vai ficar assim. Não permitirei! Não é seu pai que tem um advogado tão bom quanto o Dr. Clementino? Pois bem, vamos agora mesmo até ele, quero lhe falar.

– Por que não conversa com o Dr. Clementino?

– Ora, Evaristo, porque ele vai se opor às minhas ideias. Vamos logo. Não quero perder tempo.

Horas depois, de volta a sua casa, Giovanna recebia Cirilo mais uma vez ali. Mandara chamá-lo no hotel em que o Dr. Clementino o deixara hospedado até que pudesse definir os procedimentos para o seu recebimento da herança. Ao se ver diante de Giovanna, Cirilo, por um instante, pensou que ela estava feliz por revê-lo, mas logo percebeu que se tratava de uma emoção muito diferente da que pensou, e isso foi o que mais o impressionou. Era raiva. Ela se controlava, escondendo a raiva por trás de uma máscara de calma e suavidade. Mas o sentimento estava lá e se escancarou assim que ela voltou a lhe falar:

– Se você pensa que tem direito a essa herança que meus pais lhe deixaram, está muito enganado.

O comentário o surpreendeu.

– Eu não sabia... Fui pego tão de surpresa quanto você.

Giovanna, deixando mais uma vez a polidez de lado, espezinhou o rapaz com novas palavras:

– Foi por isso que veio vê-la, não foi? Porque achou que poderia lucrar alguma coisa com sua visita, não é mesmo? Uma mulher fragilizada por um sentimento de culpa e...

– Não! É óbvio que não! Vim porque sua mãe queria muito me ver. Você me disse, você me procurou, lembra-se?

Ela nada respondeu, apenas voltou os olhos para o papel sobre a mesa, ao lado de uma caneta e disse, secamente:

– Está vendo esse documento?

Cirilo relanceou os olhos para o objeto.

– Quero que assine! – concluiu ela, autoritária.

– Diz respeito a quê?

– A sua parte na herança. Assinando, você estará abrindo mão dela. Do que lhe foi deixado por meus pais num momento, a meu ver, de total deslize emocional. Deslize, sim! Porque vou lhe dizer uma verdade: apesar da minha mãe tê-lo chamado aqui, ela nunca gostou de você, só o adotou por não ter outra escolha. Se gostasse, realmente, não o teria devolvido ao orfanato como fez. E se fez, foi bem feito, a meu ver, porque ninguém merece criar o filho dos outros. Não, não e não! Minha mãe só o chamou aqui por medo de ser punida após a morte, por tê-lo adotado e mais tarde, devolvido você ao orfanato. Medo de Deus. De não ser bem recebida no céu. Mas não acho que Deus se revolte contra isso. Afinal, as pessoas têm o direito de mudar de ideia, não? Até mesmo em relação a uma adoção. Cada um que arque com a responsabilidade dos filhos que gera.

Cirilo tentou, mas foi inevitável que lágrimas transpassassem seus olhos, diante daquelas palavras que mais pareciam um punhal, cravando suas costas. Ainda mais severa, Giovanna continuou:

– Se você veio até aqui, ver minha mãe, sem ter nenhum interesse financeiro, assine este documento, agora mesmo!

Cirilo, por fim, sacudindo a cabeça em sinal de aprovação, respondeu:

– Eu não quero nada do que é seu, Giovanna. Nenhum bem de seus pais é meu por direito, eles me devolveram para o orfanato, você bem sabe e, portanto...

Sem mais, ele assinou onde devia.

– Bom rapaz – elogiou Giovanna como se falasse com um cão. Sem mais, ela caminhou até a porta, abriu e o convidou a se retirar.

– Volte para o seu circo, o quanto antes, é o melhor que tem a fazer da sua vida.

Ele pensou em lhe dizer pelo menos "adeus", mas assim que atravessou a porta, ela a fechou sem lhe dizer mais nada.

Seguindo pela rua de paralelepípedos, as palavras que Giovanna havia dito a ele, com tanta acidez, ainda ecoavam pela sua cabeça. Jamais pensou que ela, tão jovem e aparentando tanta delicadeza, pudesse se transformar numa mocinha tão autoritária e agressiva como aquela que vira há pouco.

Ao contar tudo o que se passou para o advogado, o Dr. Clementino se rebelou no mesmo instante:

— Você não deveria ter feito isso, Cirilo. O que deu em você? A herança era sua por direito. Foi um desejo de Dorival e Alba Marinelli. Um desejo mútuo, acredite! De qualquer modo, você ainda pode entrar na justiça e recorrer, dizer que foi coagido a assinar o termo de desistência e, com isso, voltar a receber a herança que é sua por direito.

— Dr. Clementino, tudo o que Giovanna disse é a mais pura verdade – retrucou Cirilo, seriamente. – Além de ela ser a filha legítima de Dorival e Alba Marinelli, ela viveu muito mais tempo ao lado dos dois do que eu, portanto...

O advogado ficou mais uma vez impressionado com a atitude do rapaz.

Assim que Evaristo chegou à casa da namorada, Giovanna, entre lágrimas, desabafou:

— Tolo, muito tolo da parte do Cirilo pensar que ia tirar de mim o que era meu por direito.

— Calma, meu amor.

— Não seria justo, Evaristo. Não, mesmo! O que é meu é meu, foi ganho pelo suor do meu pai, não pelo suor do pai dele, que ele nem sabe quem é. Eu tenho o mesmo sangue do meu pai, ele não!

— Você tem toda razão, Giovanna.

— Obrigada por me apoiar.

— Vou apoiá-la sempre, meu amor. Sempre, sempre, sempre!

— Eu também.

Depois de um beijo, ela respirou mais aliviada.

Capítulo 7
Amores difíceis

Ao voltar para o circo, Malena notou de imediato que Cirilo estava triste e abatido. Não fora somente a viagem e o reencontro com a mãe adotiva que o deixara naquele estado, algo de mais grave havia lhe acontecido.

– Como foi tudo por lá, Cirilo? – perguntou ela quando achou conveniente.

Voltando para ela seus olhos bonitos, cercados de cílios pretos, longos e viçosos que tanto destacavam o seu olhar, ele respondeu:

– Dona Alba faleceu, Malena.

– Eu sinto muito.

Ela o abraçou e chorou com ele. Só então ele lhe contou, mais detalhadamente, o que se passou por lá, e sua desistência da herança.

– Você fez o que achou que era certo, Cirilo.

– Fiz sim, Malena, sei que fiz! Aquilo não me pertencia. Giovanna tinha toda razão, ao afirmar que tudo pertencia a ela. Somente a ela!

– Você é um moço de caráter, um dentre poucos, muito poucos.

Nisso ouviu-se a voz estridente de Lucinda, intrometendo-se na conversa dos dois. A anã, como de hábito, aproximara-se discretamente de onde eles estavam, para ouvir o que falavam,

53

sem ser notada.

— Você é mesmo um bobo, Cirilo. Um bobão! — admitiu ela.

— Lucinda! — exclamou ele, surpreso com sua aparição repentina.

Ela sempre dava a impressão a todos, de estar em todos os lugares, ao mesmo tempo, pronta a pôr o bedelho em tudo.

— Você foi um tolo ao ter recusado a parte na herança que lhe cabia — continuou a pequenina, estridente como nunca.

— Você não sabe o que diz, Lucinda.

— Você é que não sabe, Cirilo! O dinheiro poderia tê-lo deixado rico, senão rico, bem melhor de situação financeira. Poderia comprar uma casa e...

— Eu gosto de morar no circo, Lucinda — retrucou Cirilo, com sinceridade. — Isso aqui é minha vida, cresci e vou morrer aqui!

— Não me interrompa! — agitou-se a anã, de voz ardida. — Eu ainda não terminei!

— Pois então fale!

— Com uma casa própria e uma situação financeira mais estabilizada, o nosso querido, amado e idolatrado patrão chatonildo, Savério Constanzo, permitiria que você se casasse com sua amada, adorada e também chatonilda, Wanderleia Constanzo.

— O quê?!

— Não se faça de sonso, Cirilo. Sei muito bem que você é caidinho pela jovem.

O rosto do rapaz mudou de uma expressão de surpresa para uma divertida.

— Não ria, seu bobo! — continuou a anãzinha, enfurecida. — Não é caso pra rir e, sim, pra chorar.

— Lucinda...

A anã o impediu novamente de falar, impostando sua voz aguda:

— Você é mesmo tão bobo que sequer percebeu o que a herança poderia ter feito por você e sua amada. Agora é tarde demais!

— Fiz o que era certo, Lucinda. O dinheiro não me pertencia.

— Mas o tal casal achou que sim, e se acharam que sim, você

deveria ter aceitado.

– Agradeço por se preocupar comigo.

Para quebrar a carranca da anã, Cirilo a pegou nos braços e brincou com ela, erguendo-a e girando de forma divertida. Ela se avermelhou tanto quanto riu.

– Pare, Cirilo, pare!!!

Risos.

Quando ele a pôs no chão, ela imediatamente ajeitou suas roupas e o cabelo cor de abóbora.

– Como estou? Como estou? – perguntou, aflita, receosa de ter ficado desarrumada.

– Linda – respondeu ele com sinceridade.

Ouviu-se então uma risada debochada, vinda não muito longe dali. Ao voltarem os olhos naquela direção, Cirilo e Lucinda avistaram Lúqueo, o anão, vermelho de tanto gargalhar.

– Linda?! – repetiu ele, debochado. – Por favor, Cirilo!...

Ao gargalhar outra vez, Lucinda, empinando o rosto para frente, bramiu:

– Lúqueo, seu anão ressequido feito uva passa, se eu ponho as minhas mãos em você...

Ela saiu correndo atrás dele, enquanto ele ziguezagueava como um bom artilheiro em campo. Ele adorava torturá-la com seus comentários inapropriados e ofensivos, sem desconfiar que ela, veladamente, morria de amores por ele. Lucinda correu tanto, tanto que em certo momento se viu obrigada a parar, para tomar ar, pois tinha a impressão de que o coração ia saltar pela boca.

Malena, ao vê-la naquele estado, providenciou imediatamente um copo d'água e levou até ela.

– Tome e respire – aconselhou-a.

Ela arquejava.

– Obrigada.

A mulher barbada ficou prestando atenção à anã que transpirava forte e bufafa também de irritação:

– Ah, se eu pego aquele anão uva passa. Sou capaz de torcer seu pescoço!

— É nada! – respondeu Malena, rindo dela.
— Sou, sim!
— Quem ama, não mata!
— Amar? Eu odeio aquele anão!
— Odeia, nada.
— Odeio, sim!
— Quem desdenha, quer comprar.
Lucinda voltou a bufar e disse, em tom de desabafo:
— De que adianta eu gostar dele? Ele nunca vai gostar de mim! Ele só tem olhos para as grandonas.
Malena nada opinou, pois sabia o quanto aquilo era verdade. Meio minuto depois, Lucinda, mais calma, perguntou a ela:
— E você, Malena, quem você ama?
A mulher, muito tristemente, respondeu:
— Que homem vai se interessar por uma mulher barbada, Lucinda?
— Arranque fora a sua barba, querida, e você terá pelo menos um homem interessado em você.
— E eu serei a mulher desbarbada, é isso?
Risos.
— Sem minha barba não tenho emprego.
— E também não pode ter um homem.
— A vida quis assim, Lucinda... A minha barba é o meu ganha-pão. Ou eu garanto o meu pão de cada dia, ou o amor de cada dia. Meu destino é jamais ter os dois ao mesmo tempo.
— É... Para alguns nunca é tudo. Nunca mesmo!
— Infelizmente.
E as duas voltaram seus olhos entristecidos para o nada, tão vazio quanto a esperança que vibrava em seus corações.

Não tardou para que todos no circo soubessem da herança que Cirilo recebeu e abriu mão. Ao encontrá-lo, Wanderleia tentou colocar em palavras o que sentira com sua breve ausência.
— É bom ter você de volta, Cirilo.
Ele, querendo muito lhe dar um abraço, respondeu:

– Ainda que tenha sido por tão pouco tempo, Wanderleia, senti sua falta.

Ela também queria abraçá-lo, entretanto, conteve-se por medo de ser vista pelo pai que poderia encarar o gesto como algo descabido e indecoroso.

– Todos me acham um tolo por eu ter desistido da herança – o rapaz comentou a seguir. – Você também me considera um tolo, Wanderleia?

– Não, Cirilo. É óbvio que não. Você fez o que achou ser o certo. Sinto orgulho de você, acredite.

– Mesmo?

– Juro. Eu jamais mentiria para você.

– Eu também, Wanderleia. Jamais mentiria para você. Porque a amo, amo demais.

– V-você me ama?!

– Sim, Wanderleia, eu a amo. E isso já faz muito tempo. Tempo a se perder de vista. Só não tinha coragem de lhe contar.

– No fundo eu sempre soube... Porque via estampado nos seus olhos o mesmo amor que sinto por você em meu coração. Eu também o amo, Cirilo. Desde pequenininha, eu acho. Acho, não, tenho certeza!

– Nós vamos ficar juntos, Wanderleia. Haja o que houver, nós iremos ficar juntos.

Ao saber da desistência da herança por parte de Cirilo, Savério Constanzo concluiu que estava mesmo certo em afastar sua filha do tal rapaz.

– Cirilo nasceu mesmo para ser pobre – confidenciou com seus botões. – Para ter uma vida de limitações e sacrifícios. Gente assim nunca constrói nada na vida. Preciso fazer com que minha Wanderleia conheça um rapaz digno e de família nobre, o quanto antes. Um que possa lhe garantir um futuro promissor.

E ele estava determinado àquilo, mais do que nunca.

Capítulo 8
O noivado de Giovanna e Evaristo

Enquanto o sol lançava seu mar de raios sobre a cidade de Laranjeiras, Giovanna e Evaristo desciam em zigue-zague o caminho íngreme que findava perto do rio que passava nas proximidades da cidade em que moravam. A vista dali era estupidamente linda.

Foi ali, em meio àquela extraordinária paisagem que ambos decidiram finalmente se casar, por não terem dúvida alguma de que nasceram mesmo para ser marido e mulher.

— Não há por que esperar mais – disse ela. – Minha mãe era tudo o que eu tinha, sem ela...

— Você tem toda razão, Giovanna – concordou ele, emocionado. – Este é de fato o momento certo para nos casarmos.

— Não quero forçá-lo a nada.

— Eu a amo, Giovanna. Casar-me com você é o que mais quero na vida.

Evaristo, de fato, a amava. Em tudo ao seu redor, estava Giovanna. Até mesmo no ar que respirava, ele podia senti-la. Giovanna se tornara parte de sua carne, parte de sua alma. Sem ela, era como se sua vida ficasse pela metade.

Naquela mesma noite foi feito um jantar em celebração ao noivado dos dois, que naquele mesmo dia marcaram a data do casamento. Silvina Orciolo, mãe de Evaristo, fez questão de preparar os comes e bebes com a ajuda de Ludmila, sua filha. A família dele inteira estava reunida para celebrar o grande acontecimento.

— Um amor como o de vocês merece ser vivido plenamente – declarou Silvina. – Um amor que gerou um relacionamento bonito e decente. Um relacionamento feliz.

    Todos aplaudiram e Evaristo pôs a aliança de noivado no dedo de Giovanna que, chorando, beijou-o emocionada. Palavras de amor foram ditas por ela, a seguir, que foi aplaudida quando terminou.

    Mais tarde, ao acompanhar a noiva até sua casa, Giovanna perguntou a Evaristo:

    – Qual nome daremos ao nosso primeiro bebê, Evaristo? Já pensou?

    – Não. Mas qualquer um que você escolher estará bom para mim. Qualquer um que a faça feliz.

    Emocionada, ela novamente o beijou, expressando todo o seu amor.

    – Obrigada por esta noite esplêndida. Foi um noivado e tanto.

    – Foi, não foi? Dentro em breve estaremos nos casando, desfrutando da nossa lua de mel e de uma vida feliz a dois...

    – Feliz, sim...

    Eles novamente se beijaram e ele partiu, esboçando um belo sorriso e um olhar de quem diz: "Eu a amo, eu realmente a amo!".

    No circo, enquanto isso, todos trabalhavam com empenho para garantir sempre o melhor espetáculo para o público, quando um dos leões fugiu de sua jaula.

    – O leão fugiu, o leão fugiu! – gritou, apavorado, um dos funcionários do lugar.

    Ao avistarem o animal, correndo para fora das dependências do circo, Lucinda também gritou, histérica:

    – Zé Bolha!!!

    Ela adorava aquele leão que nunca metera medo a ninguém por ter perdido os dentes muito cedo, por causa de uma doença rara. Obviamente que todos ali guardavam segredo disso. Se a plateia soubesse que o animal não tinha dentes, não se apavoraria tanto.

    Imediatamente os homens do circo: Zandor, Waldick, Nilvan, Ariovaldo, Palerma, Cirilo e Savério Constanzo, dentre outros, partiram atrás do animal. O domador seguiu munido de uma espingarda com dardos embebidos de sonífero na esperança de fazê-lo dormir para que pudessem levá-lo de volta para o circo, são e salvo. Antes de Cirilo partir, Lucinda correu até ele e lhe pediu, suplicante:

– Não os deixe matá-lo, Cirilo, por favor!

– Farei o que puder, Lucinda. Mas alguém da cidade, um morador ou um policial, desesperado, pode fazer uso de um revólver ou de uma espingarda para se defender.

– Não permita isso, Cirilo. Pelo amor de Deus!

Sem dizer mais nada, o rapaz partiu com os demais, enquanto Zé Bolha seguia, despretensiosamente, por uma das ruas da cidade, causando pânico nos moradores, ao vê-lo. Logo a polícia da cidade foi acionada e se mobilizou para apanhar o animal: vivo ou morto.

Logo os homens do circo cercaram Zé Bolha, seguidos da polícia.

– Não atirem! – pediu Cirilo, tomando a dianteira. – Ele é inofensivo.

– Nós vamos atirar, sim! – gritou um dos policiais com arma em punho. – É nossa obrigação defender a cidade de um animal selvagem como esse.

– Esperem! Deixem-nos tentar capturá-lo com vida. O domador está aqui, munido de dardos com sonífero e pode...

Um dos moradores também se exaltou, a toda voz:

– Não dê trela a esse sujeito, policial. Pelo visto ele se importa mais com a vida de um animal selvagem do que a de um semelhante seu.

– Não é nada disso – tentou se defender Cirilo mais uma vez.

Nilvan se aproveitou da discussão e atirou seu dardo no leão que molenga como sempre foi, adormeceu rápido. Cirilo rapidamente se pôs à sua frente, seguido por Nilvan e Zandor e, desta forma, conseguiram impedir aqueles que ainda queriam atirar no leão, mesmo ele já estando desacordado.

Assim que Zé Bolha foi novamente posto na sua jaula, Savério

Constanzo reuniu todo o pessoal do circo para uma conversa muito séria. Wanderleia, Cirilo e Malena estavam presentes, juntamente com os anões Lúqueo e Lucinda, além de Zandor, o malabarista e trapezista, Waldick Giordano, o mágico, Nilvan, o atirador de facas e também domador, dentre outros que faziam parte da trupe circense.

Savério Constanzo abriu a reunião, perguntando:

– Quem foi que deixou a jaula do Zé Bolha destrancada? – Nunca o pessoal ali o havia visto tão enfurecido. – Quem?

A seguir, ele estudou o rosto de cada um dos presentes, querendo muito encontrar o culpado.

– Estão querendo acabar com o nosso circo? – bradou ele, minutos depois. – Acabar com o ganha-pão de vocês? É isso?

Wanderleia tentou acalmar o pai, mas ele também lhe foi ríspido:

– Nada de calmaria nessa hora, Wanderleia. O que tem de ser dito, tem de ser dito! O que é certo, é certo! Se Zé Bolha fosse um leão com dentes e agressivo, poderia ter certamente matado alguém por aí. E daí, como ficaríamos? Como eu ficaria, sendo o responsável pelo circo? Eu acabaria, certamente, perdendo tudo e atrás das barras de uma prisão, e todos aqui, todos, sem exceção, acabariam desempregados. É isso o que vocês querem? É?

Todos os que o rodeavam abaixaram a cabeça.

– Pensem no que lhes disse, é importante! – E após lançar um olhar desafiador para cada um dos presentes, o proprietário do circo, completou: – Estão dispensados.

Cada membro da trupe se retirou em silêncio, a única a permanecer foi Wanderleia que, também, se manteve silenciosa.

– Dei minha vida por esse circo, Wanderleia – desabafou Savério C. a seguir. – Até hoje enfrento tempestades e furacões para mantê-lo de pé. Muitas vezes são mesmo tempestades e furacões reais, você bem sabe.

– Sim, eu sei, papai.

Foi então que Savério avistou algo caído perto da jaula do leão, algo que muito lhe chamou a atenção. Foi até lá e apanhou o que viu.

– O que é isso, papai?

– Um lenço.

– Alguém deve tê-lo perdido.

– Sim, Wanderleia. E foi bom tê-lo perdido. É a prova do crime.

A filha acentuou o olhar surpreso sobre o pai.

– O senhor sabe, por acaso, de quem é esse lenço?

– Sim, filha, sei sim.

Minutos depois, Savério Constanzo tinha uma conversa a sós com Horácio Leal, o empregado mais antigo e idoso do circo.

– Este lenço é seu? Suponho. Encontrei-o junto à jaula do Zé Bolha. O que estava fazendo lá, Horácio, pode me dizer?

– Bem, Savério, é que hoje fui eu o responsável pela entrega da carne ao Zé Bolha. – O homem espirrou. – Há dias que ando resfriado e...

– Horácio, seja sincero comigo, por favor. Você fechou a jaula antes de partir. Digo, fechou-a devidamente. Certificou-se de que estava mesmo fechada?

– Ora, Savério, é lógico que sim!

O homem agora estava vermelho e crispava as mãos, demonstrando grande tensão.

– Certificou-se mesmo de que a jaula estava fechada?

– Ora...

– Horácio!

O homem abaixou a cabeça, perdendo de vez as forças para encarar seu interlocutor que disse, sem dó nem piedade:

– Acabou, Horácio! Você está demitido.

– Demitido?! Não, isso não, Savério! Se errei, peço-lhe perdão. Mas, por favor, não me mande embora.

– Não tenho mais como mantê-lo aqui! Eu tentei até onde pude. Agora não dá mais. Eu sinto muito. Há tempos que eu já deveria tê-lo dispensado. Você não serve pra mais nada. Não tem mais força física para essa vida circense. Acabou! Você tem de encarar os fatos.

– O que vai ser de mim, Savério? Comecei junto com você, dediquei minha vida toda a este lugar.

– Tudo tem seu começo, meio e fim, Horácio. Procure outra

função, estabilize-se numa cidade...

– Minha vida é o circo, Savério. O circo!

– A vida sempre traz mudanças, Horácio. Temos de nos preparar para elas.

De tanto que todos no circo pediram por Horácio Leal, Savério apresentou-lhes uma solução para que o homem permanecesse, trabalhando ali.

– Vou tirar parte do salário de cada um de vocês para poder pagar o salário do Horácio. Está bem, assim? Pode ser?

O único a se defender foi Palerma, o palhaço:

– É que ganhamos tão pouco, Seu Savério... Se tirar uma quantia do que ganhamos, ainda que seja pequena, vamos ficar com menos ainda... Para mim vai fazer falta.

– Vocês decidem. Esta é a única solução que encontrei para o caso do Horácio Leal. Se vocês querem tanto ajudá-lo, que o ajudem com suas posses. Eu não posso mais me responsabilizar por ele. E tenho dito.

Sem mais, Savério seguiu para o seu trailer, onde se fechou para cuidar da administração do circo.

Lucinda, penalizada com a decisão do patrão, exaltou-se mais uma vez:

– Isso não pode ficar assim. Pobre Horácio, depois de tudo o que fez pelo circo, ser despedido assim, como se não valesse nada.

– Nós vamos encontrar uma solução para o caso, Lucinda – garantiu-lhe Cirilo, com fé inabalável em Deus.

– Isso não estaria acontecendo se o Sr. Savério não fosse tão ingrato. Só queria ver se fosse com ele, aquele chatonildo.

– Contenha a língua, Lucinda! Se o Seu Savério a ouve...

A anã fez uma careta, mostrando a língua e fazendo Cirilo se divertir um bocado com sua expressão.

Naquela noite, Cirilo orou por Horácio Leal, pedindo a Deus que lhe apontasse uma solução amigável para o seu caso.

Logo pela manhã do dia seguinte, Cirilo encontrou Horácio ocupado com nova atividade, como se nada houvesse acontecido entre ele e Savério Constanzo. O pobre homem queria mostrar, a todo custo, que sua presença ali era muito importante para o bom funcionamento do circo. Por isso estava se esforçando ao máximo para mostrar trabalho e empenho. Foi então que Cirilo o notou trêmulo.

– Horácio, meu amigo, você está trêmulo.
– Trêmulo, eu? Que nada Cirilo.
– Está sim.
– Deve ser porque eu carreguei alguns baldes d'água para ajudar o Nilvan lavar as jaulas dos leões.

Cirilo, estudando atentamente o semblante do homem, pediu para que ele se sentasse um pouco para descansar. O homem atendeu ao seu pedido porque de fato estava exausto e não queria reconhecer o fato.

Cirilo, então, muito cordialmente, falou:
– Horácio, meu amigo, tenho de reconhecer que o Sr. Savério não foi de todo ríspido, ao dizer-lhe que você está velho demais para os serviços do circo.
– Mas, Cirilo...
– Ouça-me, por favor.

O homem assentiu e Cirilo prosseguiu:
– Chega uma idade em que precisamos reconhecer que já não temos o mesmo gás para trabalhar como antes. Especialmente com certas funções. Isso não quer dizer que nos tornamos inúteis e, sim, que entramos numa outra fase da vida, em que precisamos arcar com responsabilidades mais amenas. Não tão pesadas como antes.

O homem rapidamente respondeu:
– Pois saiba que eu ainda sou um touro para trabalhar, Cirilo.

Ao se levantar, rapidamente, uma tontura fez o velho Horácio se segurar em Cirilo para não ir ao chão.

– Está vendo, meu amigo, como você anda abusando da sua força física, extrapolando os seus limites?
– Se eu não mostrar trabalho, Cirilo, o Savério vai me demitir e o que será de mim, então?
– Você não tem família, certo?
– Não, vocês são minha única família.

– Só que vivemos nessa loucura do circo, e, essa loucura não é mais saudável para você. Sugiro então, que encontremos um lugar mais tranquilo para você ficar.

– Um asilo, nem pensar.

– Mas são muito bons.

– Deus que me livre!

– Você alguma vez já viu algum?

– Não, só passei em frente. Mas...

– Como pode saber então que viver ali é ruim? É preciso conhecer primeiramente antes de julgar, não acha?

– É, mas...

– Sugiro a você, irmos conhecer o asilo desta cidade, quem sabe você não gosta do lugar e...

– Não vou gostar. Tenho a certeza de que não.

E para lá foram os dois, muito bem recebidos pelas freiras que administravam o local. Para surpresa de Horácio, o lugar era aconchegante e cheio de pessoas sorridentes e simpáticas.

– O asilo é um lugar muito acolhedor – comentou a freira que os recepcionou. – Pode parecer um lugar solitário e miserável, mas não é. É, na verdade, um lugar muito melhor do que muitas casas de muitos familiares que não têm paciência alguma com seus idosos.

Não foi preciso ninguém mais insistir para que Horácio ficasse morando ali. Diante de suas limitações físicas por causa da idade, ele logo percebeu que ali ele seria muito mais feliz e saudável.

Sua despedida de todos os amigos que fez no circo, aconteceu em meio a muitos abraços, beijos e lágrimas. O único a se mostrar inabalado diante daquilo foi Savério C. que logo se recolheu em seu trailer.

Cirilo, Wanderleia, Lucinda e Malena fizeram questão de acompanhá-lo até sua nova morada e quando se despediram por definitivo, pediram ao velho amigo que lhes escrevesse sempre que possível para contar as novidades da mesma forma que fariam para ele.

Ao voltarem a pé, para o circo, Cirilo comentou:

– Penso que os últimos episódios vividos por todos nós, nos ensinaram importantes lições, não acham? Que precisamos reconhecer nossas limitações, conforme o avanço da idade. Não esquecendo, porém, que tudo que não temos mais fôlego para fazer, pode ser substituído por atividades novas, mais leves e condizentes com a nossa idade em questão.

— Aprendi também, Cirilo – opinou Wanderleia –, que o asilo não é um lugar abominável como eu sempre pensei que fosse. Como a maioria das pessoas pensa ser. É como a freira disse: pode parecer um lugar solitário e miserável, mas não é. É na verdade um lugar muito melhor do que muitas casas de muitos familiares que não têm paciência para com seus idosos.

— E penso que ela está certa, Wanderleia. Certíssima.

E cada um sorriu para o outro, felizes por compartilharem, juntos, mais uma experiência de vida.

Capítulo 9
A tragédia de Evaristo

Dias depois, na cidade de Laranjeiras, os planos de Evaristo e Giovanna Marinelli mudavam radicalmente de uma hora para outra. Em meio a um churrasco com amigos, Evaristo bebeu demais e se desentendeu com um dos colegas, causando grande constrangimento a todos. O rapaz, também alcoolizado, ofendeu sua família, provocando sua ira, fazendo-o ir para cima dele que se defendeu com uma arma que sempre carregava consigo, na sua caminhonete. Evaristo, no mesmo instante, recuou e quando o sujeito riu dele, chamando-o de covarde, aproveitou-se de um momento seu de distração, usurpou sua arma e o desafiou.

– Quem é covarde, agora?

O rival, sem medo de ser ferido, voltou a afrontá-lo juntamente com sua família, fazendo com que Evaristo perdesse de vez o seu bom senso e atirasse no rapaz. Tão descontrolado ficou, que acabou descarregando a arma no indivíduo.

Quando Giovanna atendeu à porta de sua casa, cuja campainha tocara insistentemente, espantou-se ao ver Evaristo descabelado e suando em profusão.

– Evaristo, o que houve?

Ele entrou na casa, fechou a porta e a puxou pelo braço até a sala onde a fez se sentar.

– Estraguei tudo, Giovanna. Tudo! – admitiu ele, ajoelhando-se aos seus pés.

– O que foi que você fez, meu amor?

Ela sentou-se sobre as pernas dobradas e amparou seu rosto.

— Matei um colega, um mau-caráter que me incitou a uma briga que acabou em tragédia.

— Você, o quê?!

Ela começou a tremer por inteira. De repente, o futuro pareceu-lhe uma ferida que, uma vez aberta, não mais poderia ser cicatrizada.

— Ele veio para cima de mim e eu, num acesso de loucura, atirei nele. Disparei a arma até não restar mais nenhuma bala.

— Evaristo!...

Giovanna estava horrorizada. Os dois choraram.

— Se eu fugir, estarei confessando um crime. Se eu me entregar e tentar explicar o que houve, tenho mais chances de me livrar da prisão ou suavizar a sentença.

— Você não pode ser preso, Evaristo. Isso estragaria totalmente os nossos planos.

— Eu sei. Fui um estúpido. Um idiota, um imbecil. Serei julgado e se eu for condenado...

— Não vai! Não diga isso, pelo amor de Deus.

— Essa possibilidade existe, Giovanna, portanto, se eu for condenado... Seria muito eu lhe pedir que espere por mim, até que eu cumpra a sentença?

— Esperar?! É lógico que espero, meu amor!

— Jura?

— Juro por tudo o que há de mais sagrado. Evaristo, eu o amo!

Ele afagou os cabelos dela e completou:

— Eu também a amo, Giovanna... Loucamente!

E entre lágrimas, mirando seus olhos tão tristes, ela completou:

— Eu vou esperar por você, meu amor... O tempo que for preciso.

A jura, talvez nem ela, somente o olhar da mulher amada para ele, reforçou a esperança de que um dia os dois poderiam se casar, como tanto sonharam, e serem felizes como tanto almejavam.

A jura também lhe deu força suficiente para encarar seu destino, fazendo com que fosse até a delegacia da cidade, entregar-se pelo crime que cometera em desatino. Foi julgado e condenado, para tristeza de sua família e de sua noiva.

Para a família do rapaz assassinado, Evaristo Orciolo recebera apenas parte do que merecia. Justiça mesmo teria sido sua prisão perpétua ou a cadeira elétrica, caso existisse no Brasil.

O desfecho do caso deixou Giovanna Marinelli devastada por dentro e por fora, mas certa de que esperaria Evaristo deixar a prisão, levasse o tempo que fosse necessário, para que finalmente se casassem e fossem muito felizes.

A chegada de Evaristo à penitenciaria marcou também a sua vida para sempre. O lugar, que de fora parecia calmo e sereno, perdia toda a sua falsa tranquilidade assim que se pisava no seu interior.

Gritos histéricos e risos sarcásticos dos prisioneiros ecoavam pelos corredores que separavam as celas da ala direita das da esquerda. Evaristo teve medo de encarar o rosto dos aprisionados ali, e, quando fez, arrepiou-se. Havia todo tipo de expressão: rostos deprimidos, rostos tomados de fúria e revolta, outros se contorcendo de dor e desalento. Ele também sentiu pena de quem trabalhava ali. Não deveria ser nada fácil ter de lidar com realidade tão degradante todos os dias. Aquela passagem de sua vida nunca mais se apagaria de sua memória, atormentá-lo-ia até o seu desencarne.

Enquanto isso, Giovanna, revia fotos dela ao lado de Evaristo, relembrando os bons momentos que passaram juntos e as promessas de amor que fizeram um para o outro.

Na casa de Silvina e Ludmila Orciolo, Giovanna comentou, entre lágrimas:

– Não me sinto bem escrevendo para o Evaristo, sabe? Contando fatos da minha vida, livre, enquanto ele está aprisionado naquele lugar deprimente, sem pode viver mais nada do que vivíamos antes. Qualquer coisa de bom que eu possa lhe contar que eu tenha feito, vai entristecê-lo por não poder me acompanhar.

– Não pense assim, Giovanna – opinou Silvina Orciolo, com lágrimas nos olhos.

– Infelizmente eu penso, Dona Silvina. Por isso, peço desculpas a senhora e ao próprio Evaristo, por ter decidido não mais lhe escrever. Lerei as cartas que ele me enviar, mas não lhe enviarei resposta, somente um cartão com uma mensagem de conforto em datas comemorativas.

Ela não conseguiu completar a frase, o pranto foi inevitável diante de tão forte emoção. Silvina, muito esperançosa, falou:

– O advogado do Evaristo, há de conseguir diminuir seus anos de sentença. Há de provar que ele só atirou para se defender, por medo de que o sujeito pudesse matá-lo se ele não se defendesse.

– Vamos aguardar, mamãe – apoiou Ludmila, também muito emocionada. – Vamos aguardar e orar pelo Evaristo. Para que não se desespere dentro daquele lugar pavoroso.

E foi o que as três fizeram desde então.

Capítulo 10
O drama de Fofureza

Nesse ínterim, o circo Esputinique se preparava para partir para uma das mais importantes praças do trajeto daquele ano. Cidade chamada por muitos de cidadão, devido ao elevado poder aquisitivo da maioria de seus moradores.

Foi então que todos notaram que Ariovaldo Bertazo, popularmente conhecido e chamado por todos ali, de Fofureza, o palhaço que dividia os palcos com Cirilo e Palerma, andava triste e esquisito.

Ariovaldo (Fofureza) fora sempre um sujeito de bem com a vida, esbanjando sorrisos para todos, nunca deixando alguém permanecer na tristeza por muito tempo. Se percebesse alguém triste, procurava alegrá-lo, contando-lhe uma piada ou oferecendo-lhe uma flor. Uma daquelas pessoas que se tem gosto de ficar ao lado e dela ninguém consegue ficar longe por muito tempo. Não havia no circo quem não gostasse dele.

De família simples, Ariovaldo revia seus familiares muito raramente. Comunicação mesmo, só por meio de cartas. Tinha o dobro da idade do Cirilo e era, sem dúvida, também um palhaço de mão cheia, que só de olhar, provocava risos nas pessoas, sem a necessidade de fazer palhaçada, tampouco contar piadas.

Todavia, ele parecia triste e aborrecido com algo nos últimos dias.

– Fofureza, meu amigo, o que há? – perguntou Malena a ele, certo dia. – Você anda entristecido ultimamente.

– Nem sempre se pode ficar alegre, Malena. Não é mesmo?

– Sim, é que, bem, nunca o vimos triste assim antes. Fofureza

71

foi sempre sinônimo de alegria constante. Estamos começando a ficar preocupados com você.

– Estamos?

– Sim, todos. Aqui somos como uma família. Uma família unida pela arte, pelo dom e pela vontade de viver num circo.

– E também pela necessidade.

– Sim.

Pausa.

– O que há, algum problema de saúde? Pode se abrir comigo.

– Não, não... nada de importante. Logo passa, fique tranquila.

– Se precisar de mim sabe onde me encontrar. Se precisar desabafar, sou boa de ouvidos.

Risos.

– Obrigado.

Nos dias que se seguiram, todos no circo continuaram preocupados com a estranheza de Fofureza, que parecia cada vez mais aflito e entristecido com algo.

– O que há? – questionou Cirilo quando não aguentou mais de preocupação com o amigo.

– Ando indisposto, Cirilo, só isso. Não se preocupe.

– Fofureza, somos amigos, não somos? Então, por favor, abra-se comigo!

– Bem...

Era visível a dificuldade que ele sentia para falar.

– Fale, Fofureza, por favor! Somos parceiros, você é quase um pai para mim!

– Cirilo, o problema é que...

– É tão difícil assim para você falar a respeito?

– É.

– Só quero ajudá-lo, entende?

– Eu sei, mas é tão difícil para eu explicar.

Pausa e finalmente o palhaço teve a coragem de se abrir:

– Antes de me juntar ao circo, na cidade onde eu vivia, eu tive um romance com uma jovem que eu, simplesmente, adorava. Foi uma paixão avassaladora que acabou numa gravidez inesperada.

Fiquei contente e, ao mesmo tempo, desesperado com a notícia. É que na época eu trabalhava numa bicicletaria e o que eu ganhava ali, mal dava para me sustentar. Decidi então partir em busca de um emprego melhor, o que seria difícil, uma vez que havia parado de estudar no quarto ano e jamais me aperfeiçoado em algo que pudesse me dar um bom salário. Eu tinha 26 anos nessa época.

Ele tomou ar e prosseguiu:

– O circo então chegou à cidade e vi nele a oportunidade de pegar uma carona para uma cidade onde eu pudesse conseguir um emprego melhor.

– Você nunca me contou nada disso.

– Nunca me orgulhei do meu passado, Cirilo, por isso sempre evitei falar a respeito. Pois bem... Na noite em que o circo ia partir, entrei discretamente num dos caminhões e segui junto clandestinamente. Quando me descobriram, já estávamos bem longe da minha cidade natal e, assim, fui levado até o Senhor Savério que ficou muito bravo comigo.

Ele enxugou uma lágrima e prosseguiu:

– Contei-lhe meu propósito com a viagem e Seu Savério acabou se decidindo a me ajudar, desde que eu trabalhasse no circo para pagar pelo trajeto. Aceitei, não tinha escolha. Tornei-me uma espécie de pau para toda obra e quando seu pai, o Jofre, escorregou numa poça e quebrou a perna, acabei substituindo-o no número dos palhaços até que ficasse bom novamente. O show não podia parar, não é mesmo? O palhaço é alegria do circo, a parte do espetáculo mais esperada. Nessa época você deveria ter uns 6, 7 anos de idade. Por isso não se lembra de nada.

Novas lágrimas e ele prosseguiu:

– Fiz tanto sucesso como palhaço, substituindo seu pai, que seu Savério me convidou para trabalhar no circo também como palhaço. Faltava um nome, logicamente. A princípio usei o nome de Fofão, mas depois criei um que fosse inédito, pelo menos na época: Fofureza.

– E é um grande nome.

– É, não é?

– Tão grande quanto o seu talento!

Fofureza engoliu em seco, enquanto novas lágrimas rolavam

por sua face. Cirilo, aguardou alguns segundos, em silêncio, até dizer:

— Suponho que sua tristeza tem a ver com seu filho, não é?

— Tem, sim! Acácio é seu nome. Hoje ele é um meninão bonito... Desde que nasceu, jamais deixei de lhe enviar dinheiro, quase todo o meu salário para que nada lhe falte.

— É um gesto grandioso de um coração grandioso.

— Obrigado, Cirilo. Você é sempre tão maravilhoso comigo.

— Continue.

— A cidade para onde vamos, após esta que nos encontramos agora, é a que ele mora com a mãe. Há muitos anos que não voltamos lá. Uns 9, 10 anos, se não me engano. Quando estivemos lá, pela última vez, Acácio ainda era um garotinho de não mais que três anos de idade e, aproveitei para passar boa parte do meu tempo livre ao lado dele.

— Você é mesmo uma pessoa digna de orgulho, Fofureza.

— Obrigado.

— Mas o que tem tudo isso a ver com o seu estado lastimável dos últimos dias?

— Bem...

Ele limpou a garganta.

— Pois bem, venho mantendo contato com Acácio por meio de cartas desde que ele começou a ler e escrever.

— Que bacana!

— Obrigado.

— Então vocês vão poder finalmente se reencontrar pessoalmente depois de tantos anos... Que maravilha, não?

— Seria se realmente fôssemos nos reencontrar.

— E não vão? Por que não?

— Porque eu simplesmente não irei com vocês para a cidade onde ele mora.

— Não?! Como não?! Endoidou?

— Não irei, eu sinto muito.

— E por qual motivo, homem de Deus?

— Porque Acácio pensa que eu comprei o circo e me tornei também o domador e malabarista.

— O quê?!!!

— É isso mesmo o que você ouviu!

— E por que ele pensa assim?

Diante da inibição do amigo, Cirilo logo compreendeu o motivo e Fofureza tentou se defender:

— Eu queria que meu filho sentisse orgulho de mim, Cirilo, então, por carta, contei a ele que havia comprado o circo e me tornado um dos trapezistas além de malabarista.

— Mas ele certamente já sentia orgulho de você sendo um palhaço, não?

— Ele não sabe que sou um palhaço.

— Não sabe?

— Não! Tive vergonha de lhe contar. Acho tão insignificante ser um palhaço.

— Insignificante?! O palhaço é a alma do circo. O mais querido dentre todos pela garotada.

— Para mim não é!

— Fofureza...

— Eu errei, eu sei... Mentir é feio, mas...

— Não se aborreça mais, meu amigo, assim que chegarmos à cidade, você terá a oportunidade de contar a verdade ao seu filho.

— Já pensei nisso, mas não tenho coragem. Tenho medo de que ele se revolte contra mim. Justo ele que é a pessoa mais preciosa de minha vida.

— Fofureza, meu amigo, mentiras trazem sempre complicações. Era isso, pelo menos, o que meus pais sempre me diziam.

— O problema é mais profundo, Cirilo. Acácio me contou, por carta, que assim que soube que o nosso circo iria chegar a sua cidade, convidou toda sua classe e amigos que tem fora dela para visitar o circo cujo pai é o proprietário. Já está tudo acertado, voltar atrás será uma tremenda vergonha e decepção para ele.

Cirilo, balançando a cabeça negativamente, opinou:

— A mentira, como todas, acabou virando uma bola de neve, hein?

— Sim. Entende agora o meu desespero?

— Sim, meu amigo...

— Não sei o que fazer, estou perdido. Por isso, não posso

aparecer na tal cidade em que ele mora.

— Como assim? Você é meu parceiro no show.

— Você pode me substituir pelo Palerma.

— Com ele o meu número não é a mesma coisa. Além do mais, Seu Savério não vai deixá-lo se ausentar assim...

— Direi a ele que estou com um membro da família doente, muito doente ou que morreu.

— Mais uma mentira?

— O que posso fazer?

— A verdade é a melhor saída, Fofureza.

— Mas eu não tenho forças para fazer uso dela, agora, Cirilo. Não mesmo, eu sinto muito!

— Seu Savério não vai gostar nada disso. Não, mesmo!

— Fale com ele, Cirilo. Faça isso por mim.

— Fofureza, você não pode fugir dos seus problemas por meio de mentiras ou novas mentiras. Você deve é se libertar delas.

— O dia em que você tiver um filho, aí, sim, Cirilo, você vai me entender.

Cirilo achou melhor não dizer mais nada.

Minutos depois, Fofureza expunha seu drama ao dono do circo.

— O senhor pode me compreender, Seu Savério, sei que pode, pois é pai como eu. Tem noção perfeita do quanto um filho é importante para um pai.

— Sim, Fofureza. Prossiga.

O homem se exaltou diante do início da história, mas ao final, chorou com o palhaço, comovido, assim como ele. Uma hora depois, o pessoal do circo se reunia a pedido de Savério Constanzo para que ele pudesse explicar a todos, o que decidiu fazer pelo palhaço mentiroso.

— Reuni todos vocês aqui para falar de algo muito importante — começou Savério, com sua voz grave e retumbante.

A seguir contou a todos, com pormenores, a história de Ariovaldo Bertazzo, popularmente conhecido como palhaço Fofureza.

— Por isso nosso estimado palhaço anda tão entristecido nos últimos dias — completou Savério em meio ao burburinho que ecoou por entre todos os presentes.

– Mentir é feio, muito feio! – prosseguiu o dono do circo. – Em certos casos vira uma bola de neve, todos sabem... Penso que Fofureza está verdadeiramente arrependido do que fez e disposto a nunca mais mentir. Pelo menos, foi sempre muito honesto e leal para com todos aqui.

Novo zum-zum-zum entre os presentes e o homem explicou:

– Pois bem, diante das circunstâncias em torno do filho do nosso querido amigo, vamos todos fingir que Fofureza é o dono do circo e eu, seu ajudante.

Todos arregalaram os olhos, surpresos.

– Não seria mais fácil contar a verdade ao garoto – sugeriu Lucinda com sua voz ardida e seus ares de impaciência.

– É! – contribuiu Lúqueo. – Nesse ponto a Cabeça de Abóbora tem toda razão!

– Fofureza não pode fazer isso – replicou Savério Constanzo para espanto de todos.

– Ora, por quê? – agitou-se Lucinda.

Savério voltou-se para o palhaço, dando-lhe a vez para falar.

– Bem... – começou Fofureza, visivelmente embaraçado. – A verdade pode prejudicar ainda mais o estado de saúde do meu filho.

– Como assim? – preocupou-se Wanderleia com lágrima nos olhos.

– Wandeca, querida, meu pobre garoto está nas últimas, com uma doença terminal...

Cirilo mal pôde acreditar no que ouviu.

– Por isso levaremos essa farsa adiante – concluiu Savério Constanzo, também com lágrima nos olhos.

Todos se levantaram, comovidos e foram dar um aperto de mão ou um abraço no palhaço mentiroso. Todavia, quando seus olhos colidiram com os de Cirilo, Fofureza mordeu os lábios, envergonhado. Só quando os dois ficaram a sós é que seu parceiro no número de palhaços, puxou-lhe, entre aspas, as orelhas:

– Fofureza, você continua mentindo!

– Cirilo, por favor! Se eu não tivesse inventado que o Acácio está nas últimas, Seu Savério teria me expulsado do circo. Seria uma vergonha ainda maior para o meu pequenino.

– Ele não é tão pequenino assim, 13 para 14 anos já é idade suficiente para encarar os fatos.

– Cirilo, compreenda-me, por favor!

– Está bem, vou colaborar com essa farsa, da mesma forma que todos. Mas não se esqueça, meu amigo, de que a verdade liberta! É o que meus pais sempre me diziam e penso que eles estavam certos, certíssimos!

O palhaço abaixou os olhos, mordendo os lábios, avermelhando-se, mais uma vez, até a raiz dos cabelos ralos.

Ao chegarem a tal cidade, o plano de Savério C. para ajudar Fofureza (Ariovaldo Bertazo) foi posto em ação. Logicamente que Fofureza pediu a todos que não falassem para o filho a respeito de sua doença, pois ele próprio desconhecia seu verdadeiro estado de saúde. Alegou ter sido um pedido de sua mãe, a quem ele atendeu prontamente, para poupar o menino do choque que teria, ao saber que não viveria por muito mais tempo.

– Papai! – exclamou Acácio, eufórico e feliz por revê-lo.

Ambos se abraçaram e choraram de emoção pelo reencontro. Voltando-se para trás, onde um bando de garotos presenciava a cena com excitação, Acácio apresentou-os:

– Estes são meus amigos, papai!

E depois de uma pomposa e exagerada reverência por parte de Ariovaldo, Acácio disse a todos:

– Este é meu pai, o dono do grande circo Esputinique e, também, um dos trapezistas do espetáculo.

Todos o ovacionaram.

– E também mágico e domador, filho – acrescentou Fofureza sem ter medo de o nariz crescer.

– É mesmo?! – os olhos dos garotos brilharam.

– Sim, mas tive de passar a bola adiante, não teria como fazer todos os números do espetáculo, ainda mais tendo de administrar um circo desse porte.

– Poxa, meu pai é dono de um circo, malabarista, domador e mágico! Uau!

– E já participei também do Globo da Morte por um tempo –

acrescentou Fofureza mais Pinóquio do que nunca. — Mas o que eu gosto mesmo é do trapézio. Este, sim, é o meu número favorito.

E o filho abraçou novamente o pai, derramando-se de orgulho por ele.

Ao apresentar o menino para Lucinda, a anã não deixou por menos. Sincera ao extremo, como de hábito, foi logo perguntando ao garoto:

— Acácio, você já ouviu falar do Pinóquio?

— Oh, sim...

A pergunta deixou Fofureza imediatamente em pânico. E lançando um olhar reprovador para a anãzinha, ele disse:

— Vamos Acácio, vou mostrar as dependências do circo para você e seus amigos.

— Vamos, sim, papai!

— Ei, Acácio — chamou Lucinda, impertinente como nunca. — Peça ao seu pai para ele lhe contar a respeito do número do Pinóquio que ele faz tão bem. É preciso ter muita cara de pau para imitar o Pinóquio, mas isso, para ele, é moleza.

— É mesmo, papai? O senhor imita o Pinóquio?

E antes que Fofureza pudesse responder, a anã gritou:

— Ele é o próprio!

E ela gargalhou enquanto Fofureza queria simplesmente esganá-la. Antes que o assunto se estendesse, Fofureza (Ariovaldo Bertazo) procurou falar um pouco mais de si para o filho, gabando de suas qualidades e poderio que não possuía. Pelo caminho foi apresentando seus colegas de trabalho, tais como: Wanderleia e Cirilo, Malena, Lúqueo e Palerma, Zandor, Waldick e Nilvan, dentre outros que o tratavam como se ele fosse realmente o dono do lugar.

— E os palhaços, papai? Quem são eles?

— Palhaços?! — arrepiou-se Fofureza.

— Sim! Não vi nenhum deles até agora. Eu adoro palhaços.

— Eu os apresentei sim, filho, é que nessa hora eles estão sem maquiagem, por isso você não os reconheceu. O Cirilo, aquele rapagão bonito que lhe apresentei há pouco, é um deles. E seu nome de palhaço é João Balão.

— João Balão, mas que nome engraçado.

— É, é sim...

— E o senhor nunca pensou em ser palhaço?

— E-eu, palhaço, filho? Nunca! Nasci mesmo para ser o dono do circo, o trapezista, mágico e domador. Gosto mesmo é de fazer números ousados, dez mil vezes mais interessantes do que os dos palhaços.

E abaixando a voz, Fofureza completou:

— Os palhaços podem ser engraçados no picadeiro, mas não são tão importantes quanto o dono de um circo como eu.

— E o senhor é dono disso tudo, tudinho! Deve ser muito rico, não?

— Se sou, filho? Riqueza é o meu segundo nome!

E abraçando o garoto, Ariovaldo Bertazo prosseguiu sua turnê pelo local.

Naquele mesmo dia, quando reencontrou a anã a sós, Fofureza foi logo dizendo:

— Sempre fui legal com você, Lucinda. Por que me chamou de Pinóquio na frente do meu filho?

— Porque não acho certo você mentir para ele. Você está fazendo seu filho de bobo e quando ele descobrir...

— Ele não vai ter tempo de descobrir, Lucinda, pois, você sabe...

— O que sei é o que você nos contou, Fofureza, mas será mesmo verdade o que nos disse?

— Lucinda, por favor, não brinque com algo tão sério.

— Eu?! Se seu nariz crescesse a cada mentira que conta, já teria uns cem metros de comprimento.

— Eu não entendo você, sempre fui legal e honesto com todos. Por que me trata assim?

— Só porque é legal e honesto com todos, não quer dizer que eu vá tomar parte de algo que possa prejudicá-lo ou a terceiros. Não é porque um político faz melhorias por uma cidade, um estado ou um país que vamos permitir que roube. O que é certo é certo, o que não é, não é! Ponto final!

O palhaço bufou.

Capítulo 11
O drama continua...

Na noite de estreia do circo da cidade, o jovem Acácio estava sentado na primeira fileira cercado de amigos. Sentia um orgulho tremendo do pai que entrou no picadeiro, usando as roupas de apresentador de Savério Constanzo e anunciou cada número do espetáculo com grande maestria. Foi uma noite de glória para Fofureza e Acácio, tão marcante e emocionante para jamais ser esquecido pelos dois.

Na matinê do dia seguinte, Acácio e muitos amigos também estavam presentes. Foi então que, ao tomar a postura imponente de apresentador, a calça que Fofureza estava usado, emprestada de seu Savério, caiu, por ser muito maior do que a que ele usaria. Diante de sua cueca, samba canção, à mostra, a plateia veio abaixo, foi gargalhada pra todo canto. Fofureza, vermelho de vergonha, rapidamente puxou as calças, ajeitando-se espalhafatosamente, e procurou se recompor para anunciar o próximo número.

Mais tarde, depois do espetáculo, Acácio e seus amigos foram novamente conversar com ele. Foi então que um dos amigos do garoto, comentou:

— Seu Ariovaldo, a parte em que a calça do senhor caiu foi a mais divertida do circo essa tarde. O senhor deveria ser palhaço. Estamos rindo até agora. Muito bom!

— Vocês acharam mesmo? – indagou Fofureza, avermelhando-se novamente de vergonha. – Foi sem querer...

— Sem querer?! – espantaram-se todos. – Quer dizer que aquilo não fazia parte do número? Deveria fazer, é muito engraçado.

— É, sim, papai. Inclua no espetáculo.
— Vou pensar...
— Promete?
— Prometo, filho. Prometo, sim.

Na tarde de segunda feira, dia de folga do circo, lá estava Acácio novamente cercado de amigos, visitando o pai. Fofureza os recebeu no interior do circo, que àquela hora estava silencioso, onde puderam conversar mais à vontade, estreitando laços entre pai e filho. Foi então que o garoto, empolgado, voltou-se para Ariovaldo (Fofureza) e disse:
— Papai, quero vê-lo agora no trapézio.
— Ah, filho, não tenho mais participado do número há muito tempo...
— Ora, por que não?
— Sendo eu o dono do circo, tenho muitas obrigações e responsabilidades, não sobra tempo para eu ensaiar e treinar. Sem ensaio e sem treino não há show.
— Mesmo já tendo grande experiência no trapézio como o senhor tem?
— Mesmo assim.
— Quero vê-lo então como domador.
— Filho...
— Papai, por favor! Estou aguardando por isso há anos.
Lúqueo que andava por ali, limpando o assento das cadeiras para o espetáculo do dia seguinte, ao ouvir o pedido de Acácio, voltou-se para Fofureza e disse, matreiro como nunca:
— Você não vai desapontar seu filho, não é mesmo, Ariovaldo? Pobrezinho, faz anos que ele aguarda vê-lo, domando as feras. Lembre-se de que ele pode não ter outra oportunidade como essa para vê-lo como domador.
Fofureza, fuzilando o anão com os olhos, simplesmente respondeu:
— Lúqueo, por favor!
— É isso mesmo, Ariovaldo — colaborou Lucinda, aparecendo como que do nada e querendo pôr ainda mais lenha na fogueira.
— Por favor, papai — insistiu Acácio. — Falei tanto para os meus

amigos a respeito do senhor como domador, não vá decepcioná-los.

— Acácio, filho...

— Vamos lá, Ariovaldo — insistiu Lúqueo com voz forçosamente melosa. — Vá já para a jaula dos leões, vamos! A garotada está esperando.

E voltando-se para a criançada, Lucinda, batendo as mãos, completou:

— Vamos lá, garotada, juntos, comigo: Pra jaula!!!! Pra jaula!!!

O alvoroço chamou a atenção de Wanderleia que correu imediatamente para lá, para ver o que estava acontecendo. Ao avistar Fofureza, a meninada e o casal de anões, seguindo para a jaula dos leões, Wanderleia logo compreendeu o que se passava e, assim, partiu atrás do Nilvan, o verdadeiro domador.

Quando descobriu que ele havia ido junto com os outros divulgar o circo pelas ruas principais da cidade, a jovem correu desesperadamente atrás de Cirilo.

Pensou, obviamente, em chamar seu pai, mas ele acabaria perdendo a paciência com aquilo e estragando os planos de Fofureza.

— Rápido, Cirilo, antes que aconteça uma tragédia — pediu ela, aflita.

Pelo caminho, ela explicou ao rapaz o que estava acontecendo. Quando chegaram lá, Fofureza já havia entrado na jaula do leão para horror dos dois. Cirilo, imediatamente relaxou, ao perceber que se tratava do Zé Bolha, o leão banguela e mais amigável dos leões do circo. A criançada, em polvorosa, ao perceber que o leão não estava muito a fim de desafios, desanimou.

— Muito bom! — elogiou Cirilo, fazendo um sinal discreto para que Fofureza deixasse a jaula, o que fez prontamente, suando em profusão. Ainda que soubesse que Zé Bolha era um leão amistoso, temeu o pior.

— Nossa, papai! — exclamou Acácio, emocionado. — Tem que ter muita coragem para enfrentar um leão desses, segurando somente um chicote na mão.

— Que nada — intrometeu-se Lúqueo — esse leão aí não é de nada. Quero ver o Fofu... — ele rapidamente se corrigiu — Quero ver o Ariovaldo Bertazo entrar na jaula dos outros leões.

– Eu adoraria – empolgou-se o menino.

Cirilo e Wanderleia intervieram no mesmo instante, inventando uma mentira para encobrir a outra.

– Seu pai agora tem de ir cuidar da administração do circo, Acácio – falou Wanderleia. – Sendo ele o proprietário, é um homem de muitas responsabilidades.

– É sim – concordou Cirilo – mas já que o circo está tranquilo essa tarde, por que você não vai passear com seu filho pela cidade, Ariovaldo?

– É uma ótima ideia! – empolgou-se o menino. – Vamos, sim!

Logo pai e filho partiram na companhia dos amigos do garoto. Quando Wanderleia pensou em repreender o casal de anões pelo que haviam feito, os dois haviam sumido dali e encontrado um bom local para se esconderem até que pudessem ficar livres de sua bronca.

Nesse momento, Lúqueo ficou momentaneamente as boas com a anã que só de ouvi-la falar, sentia arrepios. Lucinda, por sua vez, desejou, intimamente, que aquele momento não terminasse nunca.

Pela cidade, Fofureza encontrou-se por acaso com a mãe do filho. Regina era seu nome. Amavelmente ele tentou cumprimentá-la.

– Quem diria, hein, Ariovaldo? – disse ela, um tanto irônica. – Que você, um pé-rapado, um dia se tornaria dono de um circo tão querido quanto o Esputinique.

– Para você ver, Regina, como a vida dá voltas...

– É... Só penso que se você está tão bem assim, deveria ajudar seu filho com muito mais dinheiro. Mandar muito mais do que aquela merreca que manda a cada três, quatro meses.

– Sabe o que é Regina, apesar de eu ser proprietário de um circo tão grande e famoso como o Esputinique, tenho muitos gastos, são muitos funcionários...

– Mesmo assim...

– Eu faço o que posso, Regina. Se não faço mais é porque realmente não tenho condições. Eu sinto muito.

E sem mais, cada qual seguiu seu caminho.

Foi no dia seguinte, enquanto os trapezistas treinavam seu ato nas alturas do picadeiro, que Acácio chegou acompanhado de sua mãe e de seus amigos inseparáveis, procurando pelo pai.

– Papai! – chamou o menino, correndo para abraçá-lo. – A mamãe veio comigo desta vez. Diz que não acredita que o senhor também seja um trapezista.

Fofureza encarou a mulher que se fez sincera mais uma vez:

– Não acredito mesmo, Ariovaldo. Você vai me desculpar, mas trapezistas tem corpos esculturais e você, convenhamos...

– Confesso que estou há um bom tempo sem me apresentar como trapezista, Regina, afinal, estou sempre ocupado com a administração do circo...

O menino o interrompeu:

– Papai, mostre para ela que o senhor é realmente um dos melhores trapezistas do mundo. Por favor.

– Acácio.

– Vamos papai, por favor!

Fofureza estufou o peito e disse, determinado:

– Vou sim, filho, pode ficar tranquilo.

Naquele exato momento, os trapezistas olharam para o homem que fingia ser o dono do circo, reprovando-o pelo olhar. Seria mesmo ele capaz de continuar com uma farsa que poderia pôr sua vida em risco? Voltando-se para todos, Fofureza estufou novamente o peito e disse a toda voz:

– Vou pôr minha roupa de trapezista e volto já.

Mesmo depois de Zandor, o responsável pelo número do trapézio, tentar convencer Fofureza a desistir daquela ideia absurda, Ariovaldo Bertazo foi em frente, beijou o filho e subiu a escada que levava ao trapézio nas alturas. Logo, Lucinda apareceu, trazendo consigo um sorriso maroto e cheio de empolgação.

– Essa eu realmente tenho de assistir de camarote – falou, saboreando cada palavra.

Nisso, Lúqueo se juntou a ela, vibrando com o que estava prestes a acontecer. Os dois ocuparam um dos camarotes mais próximo, de onde se podia ter uma visão mais nítida do espetáculo.

Quanto mais Fofureza subia, mais e mais ele suava de pavor das alturas. Continuava determinado, capaz de tudo, só pelo filho. A criançada vibrava de emoção, enquanto os verdadeiros trapezistas gelavam com o que de grave poderia acontecer ao palhaço mentiroso. Ao voltar os olhos para baixo, Fofureza teve sua primeira vertigem. Mesmo assim, continuou, firme, não podia desapontar o filho, ainda mais na frente de tantos colegas e de sua mãe. Ele faria algumas piruetas, coisa boba e logo desceria e tudo acabaria bem. Foi então que ele teve nova vertigem e mais outra e mais outra até que seus olhos escureceram.

Zandor foi rápido em correr para segurá-lo em seus braços fortes, antes que ele atingisse o chão. Uma queda daquela altura poderia lhe causar a morte. Imediatamente levou o pobre homem, desacordado, até um local onde pudesse deitá-lo.

Quando ele voltou a si, Acácio estava ao seu lado, olhando ternamente para ele.

– O que houve?

– O senhor desmaiou.

– Foi mesmo, é? É que dormi pouco essa noite...

A voz de Regina interpelou suas palavras:

– Pare de enrolar o garoto, Ariovaldo, Diga-lhe a verdade, vamos!

– Que verdade, Regina? Endoidou?

– Não, e você sabe muito bem que não!

– Ora, Regina.

Acácio voltou a falar:

– O papai vai tentar de novo, mamãe.

Regina foi rápida na resposta:

– Não, Acácio, ele não vai, porque se o fizer, vai desmaiar outra vez. Ele não é um trapezista, nunca foi!

– É claro que é.

– Não dê ouvidos a sua mãe, Acácio.

Lucinda se intrometeu na conversa:

– Sua mãe está certa, Acácio. O seu pai não é trapezista, nem domador, nem...

O menino imediatamente defendeu o pai das acusações:

– Mas ele entrou na jaula do leão! Você estava lá, você mesma o viu!

– Foi tudo encenação, Acácio – respondeu Lucinda de prontidão. – Você não notou que seu pai estava tremendo feito vara verde e pingando de suor, feito torneira com defeito, quando deixou a jaula?

– O meu pai não mentiria para mim. Mentiria, papai?

– Não, filho!

Lucinda, ardida como nunca, impostou mais uma vez a voz:

– Diz logo a verdade, Fofureza.

– Fofureza?! – espantou-se o garoto novamente.

– Sim, é como seu pai é conhecido aqui. Ele é um dos palhaços do circo e tem vergonha de ser um, porque acha que você não lhe daria o devido valor sendo ele somente um palhaço. Não o mesmo valor que daria se ele fosse o dono do circo, o trapezista ou o domador.

O menino voltou-se para o pai, que mais uma vez tentou levar a mentira adiante e não conseguiu, chorou, envergonhado diante do filho.

– Meu pai jamais mentiria para mim – tornou o menino, verdadeiramente decepcionado com Ariovaldo. – Mentir é feio... É o que todos dizem. Todos sabem...

Ao voltar os olhos para os seus amigos, o garoto se sentiu ainda pior. Tão diminuído quanto o pai, ao ser desmascarado. Sem dizer mais nada, partiu, acompanhado da mãe que estava odiando Ariovaldo, agora mais do que nunca, por ter decepcionado o filho.

Diante do amigo, envergonhado e entristecido, Cirilo decidiu lhe dizer algumas palavras:

– Fofureza, meu amigo, há algo mais importante do que ser rico e proprietário de um circo famoso. Algo mais importante do que ter coragem para enfrentar leões e fazer piruetas num trapézio, é ter a coragem de ser si mesmo! De se encarar e admitir que se é somente o que se pode ser. Nada além, pelo menos por enquanto.

– Mas é tão difícil dizer isso para nós mesmos, Cirilo, ainda mais quando nos achamos um "nada". Quando queríamos ser grandes e importantes, ricos e bem sucedidos.

– Gostaríamos. Se não somos é porque ainda não temos

condições de ser. Nenhuma casa pode virar uma mansão de uma hora para outra. Há um processo para que isso aconteça. Requer tempo, empenho e muito trabalho. E depois de tudo pronto, quem quiser que a mansão se torne um palacete, uma nova jornada começará para que isso também se torne realidade.

Um músico não consegue produzir sozinho um som tão intenso de uma orquestra, mas sem ele, tomando parte de uma orquestra, ela também não atinge todo o seu esplendor. O mesmo em relação a um circo. Para que cada espetáculo aconteça, muitos são os envolvidos. Se cada um não fizer a sua parte, nada pode brilhar como brilha.

Uma estrela no céu é tão importante quanto todas unidas para fazer um céu estrelado. E assim é com tudo na vida.

— Eu só queria ser alguém importante para o meu filho. Alguém de quem ele realmente sentisse orgulho.

— Você já é motivo de orgulho para ele, independentemente do que faz, porque você já é o pai dele. Sugiro que o procure, agora, e converse com ele. Peça-lhe perdão, se for o caso, e façam as pazes.

— Ele não vai querer me ver, tampouco me ouvir.

— Tente, pelo menos.

— Venha comigo.

— Não, Fofureza, vá só. A princípio você pode se achar incapaz de fazer tal coisa, mas tente, se esforce, depois vai se sentir muito mais confiante em si. Acredite!

Fofureza refletiu por instantes e disse, finalmente:

— Está bem, eu vou. Vou seguir seu conselho, seja o que Deus quiser.

— Conte com Deus, sempre!

Minutos depois, o bochicho em torno dos últimos acontecimentos cessou, e o palhaço mentiroso seguiu para sua barraca, onde poderia trocar de roupa para poder ir falar com o filho, como Cirilo o havia aconselhado. Cirilo, acompanhado de Wanderleia, foi atrás dele para apoiá-lo no que lhe parecia ser o maior desafio de sua vida.

Chegando lá, os dois encontraram Ariovaldo, terminando de arrumar as malas, pronto para partir.

– Aonde você vai? – espantou-se Cirilo.
– Embora – respondeu Fofureza, evitando olhá-lo diretamente nos olhos.
– Embora?! Como assim, embora?
– Antes que meu filho volte e me diga umas boas. Ou a mãe dele apareça aqui e me humilhe ainda mais na frente de todos. Seu Savério vai querer que eu volte para o número dos palhaços e eu não posso fazer isso, não depois de tudo o que fiz. Vão rir de mim, não pelas minhas palhaçadas, mas por eu ter sido um idiota, tentando me passar por alguém que não sou, nunca fui, nem nunca serei.
– Fofureza, meu amigo, você tem de falar com o seu filho. Não fugir dele. Não é fugindo dos nossos problemas que encontramos a solução para eles.
– Mas, Cirilo, meu amigo, eu não me sinto capaz de olhar para o meu filho, tampouco para falar com ele.
– Você terá de confiar em Deus, Fofureza. Confie!
Wanderleia opinou a seguir:
– É isso mesmo, Fofureza. Faço das palavras do Cirilo, as minhas. Além do mais, meu amigo, quem já não cometeu um erro na vida? Aquele que não, que atire a primeira pedra, não é isso o que diz a Bíblia?
O palhaço, abaixou a cabeça e murmurou, choroso:
– Eu me sinto tão culpado por tudo...
– Eu o entendo, mas, sinceramente, não vejo proveito algum em você se manter prisioneiro da culpa e do remorso. Bola pra frente!
Ele engoliu em seco, enquanto Cirilo se prontificou:
– Eu e Wanderleia o acompanharemos até a casa do Acácio, mas só até lá, o resto você fará sozinho. Combinado? Se ele não lhe perdoar de prontidão, perdoará com o tempo, o tempo requerido para compreender o que o levou a mentir dessa forma.
Assim, Ariovaldo Bertazo (Fofureza) acabou se sentindo mais encorajado a fazer o que no fundo sabia que era o certo. Diante do menino, na casa onde ele morava com a mãe, ele procurou se fazer de forte o suficiente para dizer o que precisava ser dito ao garoto.

– Você deve estar me odiando agora, por eu ter mentido para você, não é mesmo, Acácio? Deve estar sentindo uma baita vergonha de mim pelo que fiz, não é? Eu o compreendo e lhe peço perdão. Perdão por não ser tudo aquilo que poderia fazê-lo sentir orgulho de mim. Perdão por eu não ser o dono do circo, o trapezista e o domador.

– O senhor me pede perdão por isso?

– Sim, filho.

– Mas não é pelo fato de o senhor não ser o dono do circo ou o trapezista, ou o domador, que o senhor me entristece, papai. É pelo fato de o senhor ter mentido pra mim.

– Mas...

– Papai, há algo mais importante para mim do que tudo mais que o senhor possa ser. É dormir e acordar, sabendo que o senhor está vivo, sendo um homem de bem e trabalhador.

– Isso eu sou, você pode ter certeza.

– Então, papai, para mim é o suficiente. Motivo total de orgulho. Saber que meu pai não rouba, não mata, não engana ninguém é o maior orgulho que um garoto como eu pode sentir do seu pai.

Fofureza, diante das palavras do garoto, recuperou o seu bom humor de sempre e disse:

– Seu pai pode ter sido um dos maiores mentirosos do mundo, em compensação, sou um dos palhaços mais engraçados do mundo.

– O senhor?! Como eu poderia saber se o senhor não pretendia mostrar seu talento para mim e meus amigos?

– Disse bem, Acácio, eu não pretendia, agora vou mostrar a todos e com muito gosto.

Um sorriso largo se abriu no rosto do menino.

– Mesmo?

– Sim, filho. Se você voltar ao circo para me ver.

– Voltarei. Certamente que voltarei.

E o encontro terminou com os dois se abraçando e se beijando, ternamente. Ao deixar a casa, Regina tomou um minuto para falar com Fofureza.

– Sabe o que mais me revolta em você, Ariovaldo? Não foi toda essa farsa que você montou para enganar o nosso filho. Foi o fato de você ter partido da cidade, deixando-me só com ele.

– Eu tinha de trabalhar, Regina.

– Lá, você já tinha um emprego na bicicletaria.

– Mas o que eu ganhava ali era muito pouco, por isso eu quis partir para uma cidade onde eu pudesse ter condições de ganhar mais. Foi pelo meu filho que eu fiz tudo isso, e acabei palhaço num circo.

– Espero realmente que seja um palhaço dos bons. Porque se não for, no dia em que você se apresentar para o Acácio e os amigos dele, eu mesma vou vaiá-lo até perder a voz.

Fofureza achou graça e partiu, saltitante, com energia redobrada.

Na noite em que o filho, sua mãe e seus amigos estavam presentes, Ariovaldo Bertazo, como Fofureza, nunca estivera tão brilhante e espontaneamente engraçado, provocando risos e gargalhadas até fazer doer o maxilar de todos da plateia. Então ele fez uma pausa para dedicar o número daquela noite ao filho que estava presente com seus amigos, levou o garoto até o meio do picadeiro, onde brincou com ele sob fortes aplausos.

– Este é o meu garoto! – falou alto e em bom som. – Um garoto e tanto, que muito me enche de orgulho!

Ao fim do espetáculo, Acácio e os amigos cercaram Fofureza para tirarem fotos e elogiarem seu talento.

– Seu Ariovaldo ainda bem que o senhor é palhaço – comentou um dos amigos do Acácio. – Sendo domador ou trapezista o senhor seria um desastre.

– Verdade, papai – reforçou Acácio. – Como palhaço o senhor é perfeito. Simplesmente, perfeito!

E foi assim que Ariovaldo Bertazo finalmente sentiu orgulho de ser o que era e não o que acreditava ser necessário para ser valorizado pelos outros.

A noite também terminou com Fofureza, recebendo elogios de Zandor, Nilvan, Malena, Waldick, Cirilo, Wanderleia e muitos outros integrantes do circo. Todos disseram algo de positivo para o palhaço que de forte emoção, chorou na frente dos que se mantinham a sua volta.

Com Wanderleia, mais tarde, naquela mesma noite, Cirilo comentou:

– Acho que aprendemos uma grande lição com tudo isso.

– Que a mentira tem mesmo pernas curtas? – arriscou a jovem com bom humor.

– Também, mas que toda profissão tem seu valor e que nos realizamos mais quando fazemos aquilo que aprendemos a ser bons, com empenho e dedicação.

– Sim, sem dúvida. Concordo plenamente.

– E digo mais – continuou Cirilo. – É tão importante quando somos verdadeiros, não? Para com os outros e para com a gente mesmo.

– Se é.

Ele então voltou seus olhos cercados de cílios pretos e viçosos, pegou a mão dela e disse, fraternalmente:

– Por isso, Wanderleia, façamos um trato entre nós, um pacto: não importa o que nos aconteça, na alegria ou na tristeza, na saúde ou na doença, sejamos sempre sinceros um para com o outro.

– Acho que já nos prometemos isso antes, não?

– Já?! – ele riu.

E sob a luz do luar incandescente, daquela maravilhosa noite de verão, Cirilo realizou o que há muito sonhava: beijou a jovem que tanto amava, expressando naquele simples beijo, todo o amor que sentia por ela.

Wanderleia Constanzo retribuiu o gesto com a mesma doçura e, ao final, dividiu com ele o que também ia fundo em seu coração:

– Eu o amo, Cirilo... Jamais vou deixar de amá-lo.

E o beijo se repetiu, tendo apenas o céu e as estrelas como testemunhas.

Capítulo 12
Novos rumos na vida de Giovanna

Evaristo Orciolo, por sua vez, continuava tendo de encarar os horrores da realidade que ele próprio atraiu para si. O cheiro do interior da prisão lhe provocava náuseas e a falta de liberdade, o torturava dia e noite, noite e dia. Por muitas vezes, ele se debatia, esmurrando o chão e as paredes, gritando de ódio por se ver ali.

– Fui muito burro. Muito burro! – chorava. – Como posso ter sido tão burro?

Seus companheiros de cela assistiam a seus achaques, zombando do seu desespero, o que servia para deixá-lo ainda com mais ódio de si mesmo.

Certa noite, Evaristo teve um sonho muito esquisito. Sonhou que estava numa praia semideserta e, ao longe, Giovanna caminhava por ela, a esmo, com seus cabelos castanho-claros, soltos ao vento, linda dentro de um vestido branco esvoaçante. Ao vê-lo, livre, finalmente livre, para viverem o seu grande amor, ela correu na sua direção da mesma forma que ele correu para ela, sorrindo de felicidade, abrindo os braços, querendo pegá-la, rodá-la e beijá-la. Então, algo surpreendente aconteceu. Ela passou por ele como um avião passa por entre as nuvens. Ela não o vira, talvez porque ele não estivesse ali. Mas se corria tão alegre e entusiasmada, corria na direção de quem? De quem?

No dia seguinte, assim que teve a chance, Evaristo contou aos colegas de cela a respeito do sonho maluco que tivera na madrugada. Foi então que um deles levantou uma hipótese, algo que nunca havia se passado pela cabeça de Evaristo.

– Cara e se você, por uma eventualidade, morrer?

– Vira a boca pra lá! Três toques na madeira!

– É uma possibilidade. E tem outra: e se a jovem que você tanto ama, morrer enquanto você está aqui?

– Não quero nem pensar, quanto mais falar a respeito. Isso não vai acontecer, não seria justo.

– Justo? Estamos aqui porque a justiça determinou e, apesar da revolta de estarmos aqui, presos, sabemos, no íntimo, que não agimos justamente para com o nosso semelhante.

– Sim, eu sei. Nós erramos, erramos gravemente, mas estamos pagando pelo erro cometido, não estamos?

– Sim, de certa forma.

– De certa forma? Como assim, de certa forma?

– É que, bem, por mais que fiquemos no xilindró por anos, como punição pelo que fizemos, quando sairmos daqui ainda continuaremos carregando o peso dos nossos atos nas costas, e o que é pior, carregando até mesmo na alma.

A observação do colega atingira Evaristo em cheio, entristecendo-o e redobrando seu sentimento de culpa pela insensatez cometida.

Desde a prisão de Evaristo, a vida cotidiana de Giovanna Marinelli tornou-se quase insuportável. Nada podia estancar a saudade que sentia do homem que amava e com quem ia se casar. Recordava-se dele, diariamente, com carinho, de seu timbre de voz agradável, do tom azulado e inigualável de seus olhos, lindos, da textura de sua pele clara e reluzente ao sol.

A saudade era tanta que em alguns momentos ela desejava revê-lo nem que fosse por poucos minutos. Por quê?, era a pergunta que não queria calar dentro dela. Por que ele havia cometido aquele desatino que destruiu os planos que ambos haviam feito, com tanto amor? Por quê?

Ela se recordou mais uma vez da promessa que lhe fizera, pouco antes de ele ser levado pelas autoridades.

"Serei julgado e se eu for condenado..."

"Não vai. Não diga isso, pelo amor de Deus."

"Essa possibilidade existe, Giovanna, portanto, se eu for condenado... Seria muito lhe pedir que espere por mim, até que eu cumpra a sentença?"

"Esperar?! É lógico que espero, meu amor!"

"Jura?"

"Juro por tudo o que há de mais sagrado. Evaristo, eu o amo!"

Ele afagou os cabelos dela e completou:

"Eu também a amo, Giovanna... Loucamente!"

Ela passou a mão pelos cabelos loiro-avermelhados dele e sorriu, um sorriso triste, ainda assim, repleto de paixão.

"Eu vou esperar por você, Evaristo. O tempo que for preciso."

Giovanna imaginou então o dia do seu regresso, quando ambos, finalmente, poderiam ficar juntos e para sempre. A visão do futuro ao seu lado lhe provocou boas sensações. Ela, se casando com ele, e juntos criando o filho que ela tanto desejava ter. Apenas um, fosse homem ou mulher, um só lhe bastaria. Assim como ela não suportaria ter irmãos, o filho ou a filha que porventura tivesse, também não suportaria ter um.

Ela novamente visualizou Evaristo livre do crime que cometeu... O crime... o crime... Só agora ela percebia que se casasse com ele, seria conhecida por todos como a mulher de um assassino, e isso lhe era revoltante. Vergonhoso demais para encarar.

Ao se lembrar de que ele também poderia contrair uma doença qualquer na prisão e transmitir a ela, caso se casassem, Giovanna chegou à conclusão de que o melhor mesmo a ser feito, seria esquecer-se de Evaristo e abrir seu coração para outro rapaz, antes que ficasse velha demais para conquistar um. Que Evaristo lhe perdoasse pelo que decidira fazer da sua vida e também pelo bem do filho que desejava ter.

Assim, Giovanna passou a prestar atenção em outros moços. Sendo atraente e de posses, muitos se interessaram por ela, mas foi

Agson Alessandre, um bonito rapaz, cujo ar impudente e levemente irônico, a encantou. Conheceram-se no patamar da escada do fórum da cidade onde ele havia ido trabalhar. Passara no concurso para o cargo de escrevente.

Seu rosto em nada lembrava o de Evaristo. Os cabelos castanhos e bem aparados junto ao rosto de barba cerrada, adensavam a sua masculinidade. Um indivíduo vaidoso e orgulhoso, apaixonado por sua própria aparência.

No primeiro encontro do casal, num agradável restaurante da cidade, Giovanna usava um lindo vestido na tonalidade azul-cinzento que combinava muito bem com seus cabelos castanho-claros. Em torno do pescoço, havia uma gargantilha de ouro com pedrinhas miúdas, uma das muitas joias, presente de seus pais.

Entre uma garfada e outra do apetitoso prato pedido, Agson falou o tempo todo de sua paixão por viagens, do prazer que teria se tivesse condições financeiras para dar a volta ao mundo.

– Trabalhando e juntando dinheiro – afirmou Giovanna, otimista –, um dia você terá condições de realizar seu sonho. Pode crer!

– Que esse momento não tarde a acontecer – respondeu ele de prontidão –, se demorar muito, já estarei velho e capenga para aproveitar as viagens.

Ela riu. Ele também. E a seguir, entornaram mais um pouquinho de vinho português de bela safra que haviam pedido para acompanhar o jantar tão especial.

Enquanto isso, na prisão, Evaristo comentava com um colega de cela a respeito do poder da mulher na vida de um homem. É óbvio que ele se inspirava em Giovanna para assuntar a respeito. Em todo o sentimento que nutria por ela e transpassava sua alma.

Quando a família do moço soube da decisão de Giovanna, de se casar com outro, imediatamente se rebelou contra.

– Alguém tem de falar com a Giovanna – agitou-se Silvina Orciolo, mãe de Evaristo. – Ela não pode fazer isso com o meu filho. Não é certo, ele a ama!

– E ela também o ama, mamãe – retrucou Ludmila Orciolo

tão chocada com a notícia quanto a mãe. – Pelo menos é o que parecia.

Isso fez com que a moça procurasse Giovanna para lhe fazer um pedido muito sério.

– Ludmila, você, aqui?! – espantou-se Giovanna, ao vê-la diante do portão de sua casa, após ela ter tocado três vezes a campainha. – Aconteceu alguma coisa?

– Aconteceu, sim, Giovanna. Posso entrar?

– Sim.

Giovanna imediatamente destrancou o portão e deu passagem para a jovem adentrar sua morada.

– O que houve? – perguntou a seguir, ansiosa para saber o que levara Ludmila até sua casa tão cedo.

– Vim até aqui lhe fazer uma pergunta, em nome de minha mãe, do meu pai e de Evaristo. De toda a minha família. Você acha mesmo certo o que está fazendo? Casando-se com outro, enquanto meu irmão, a quem você prometeu esperar sair da prisão, permanece lá, acreditando na promessa que você lhe fez?

– Então é isso...

– É isso, sim, Giovanna! Eu e toda a minha família queremos saber o que você realmente pensa a respeito. Porque meu irmão foi, sim, um infeliz ao fazer o que fez, mas ele sempre a amou. Sempre, sempre, sempre! Disso a cidade inteira sabe. Até o Papa, se bobear, tem conhecimento do fato. O que mantém Evaristo vivo, dentro daquela prisão imunda, vendo o sol nascer quadrado todos os dias é você, Giovanna, e a possibilidade de se casar contigo, assim que for libertado. É o amor imenso que ele sente por você que o mantém vivo, acesa a chama do viver em seu coração aprisionado. Por isso, eu lhe pergunto, novamente: você acha mesmo certo se casar com outro?

Giovanna a interrompeu, adquirindo um tom mais preciso e severo:

– E você acha justo que eu perca anos da minha vida por causa da burrada que o seu irmão fez?

– Você não o amava? Pelo menos dizia que sim e parecia

muito sincera.

Ela demorou para admitir e quando fez, foi entre lágrimas:

– Sim, Ludmila, eu amava Evaristo... Na verdade ainda o amo, acho que sempre vou amá-lo, mas... Não podemos ser só sentimentos, temos de ser razão, também.

– E você acha certo, destruir um amor por causa da razão?

– Para me preservar, Ludmila. Preservar a mim e ao filho que eu gerar.

Giovanna lhe apresentou seus motivos.

– Quer dizer...

– É isso mesmo o que você ouviu, Ludmila. Evaristo já pode ter contraído uma doença qualquer na prisão ou vir a contrair. Casando-se comigo, acabará me transmitindo a maldita e, com isso, destruirá a minha vida; as nossas vidas. Minha mãe contava a história de um parente nosso que de tanto frequentar a zona da cidade contraiu sífilis e, por isso, seus filhos, todos os quatro, sem exceção, nasceram com problemas físicos e mentais. Acontece, é fato, não estou inventando. Sua mãe mesma já deve ter ouvido falar de exemplos como esse.

– E você acha que o Evaristo se submeteria a algo indecente dentro de uma prisão? Ah, Giovanna, por favor...

– Ali, pelo que já ouvi falar, quando a necessidade fisiológica aperta, até o mais macho dos homens acaba fazendo indecências com outro colega de cela.

Ludmila respirou fundo e engoliu em seco.

– Então você pretende mesmo se casar com esse...

– Agson Alessandre é o nome do felizardo. Sim, pretendo!

– Mesmo não o amando?

– Minha mãe sempre dizia que o amor se constrói com o convívio. Foi assim com a mãe dela e com muitas primas e amigas que tinha. Eu admiro o Agson, sinto-me fisicamente atraída por ele e gosto de sua companhia. Com o tempo tudo isso poderá melhorar, tornar-se ainda mais maravilhoso.

– São essas as suas últimas palavras?

– Sim, Ludmila. Só mais uma coisa. Você ou algum membro de

sua família já pensou na hipótese de que o Evaristo, ao ser solto, possa não me querer mais? O tempo, longe de mim, pode fazê-lo se esquecer de mim, apagar o fogo da paixão que nos unia.

– Pois, Giovanna, tomara que isso realmente aconteça, pois não quero ver o meu irmão sofrendo, ainda mais por você... Uma mulher sem palavra... Sem...

Ludmila Orciolo atravessou a porta, o portão e partiu sem se despedir. Giovanna Marinelli permaneceu ali, repassando em memória tudo o que a jovem havia lhe dito e todos os argumentos que ela própria usou para se defender diante dela. Agson Alessandre era um rapaz atraente, ela não podia se esquecer daquilo jamais. Era amoroso com ela, cavalheiro e elegante, e isso também a atraía, intensamente. Com ele, ela se casaria e logo se esqueceria de Evaristo e, da mesma forma que ela encontraria a felicidade conjugal ao lado de outro homem, Evaristo encontraria ao lado de outra mulher.

Voltando os olhos para a santa que sua mãe sempre mantivera sobre o armário da sala, como num altar, Giovanna silenciosamente pediu-lhe que abençoasse seu destino ao lado de Agson Alessandre e o de Evaristo ao lado de uma nova mulher.

O dia do casamento entre ela e Agson foi um dos mais marcantes da cidade. Com a igreja lindamente decorada com flores e velas compridas, em lindos castiçais, a noiva entrou sozinha, seguindo pelo tapete vermelho até o altar onde o noivo, elegantemente vestido, recebeu-a, beijou-lhe a testa e a encaminhou para frente do padre que imediatamente deu início à cerimônia religiosa.

A festa aconteceu logo depois, no clube da cidade, com um Buffet caríssimo, um dos melhores da região. Era dia de festa, o dia mais importante da vida de um casal e, por isso, merecidamente não havia por que conter gastos. Giovanna parecia a mulher mais feliz da vida e Agson, o homem mais feliz. Eram só sorrisos e simpatia com todos.

Fotos e mais fotos foram tiradas em meio a brindes com refrigerantes, batidinhas e champanhe. Ao término da comemoração, os recém-casados partiram para a lua de mel em Salvador, Bahia, onde passariam alguns dias e depois seguiriam para Maceió, Recife e João Pessoa, por insistência de Agson.

Da família de Evaristo Orciolo, ninguém compareceu ao casamento, foram todos convidados, mas decidiram não ir como forma de protesto pelo que Giovanna havia feito ao ex-noivo. Decidiram também não contar nada para Evaristo, a respeito do casamento da moça, para não levá-lo à loucura e à depressão, diante dos fatos. Optaram por continuar alimentando no moço, a ilusão de que Giovanna ainda o aguardava deixar a prisão, para se casar com ele, como sempre sonharam.

O plano só não daria certo caso Giovanna lhe escrevesse contando a verdade, mas certamente ela não faria, pelo motivos que ela mesma havia apresentado.

Enquanto isso, na prisão, em meio a mais um momento de prosa entre os colegas de cela, Evaristo falava mais uma vez de sua adoração pela noiva.

– Você e ela nunca... – perguntou-lhe um dos colegas.

– Nós, nunca... – quando Evaristo compreendeu aonde o sujeito queria chegar, gargalhou. – Oh, não, Giovanna é uma moça direita, teve pais muito tradicionais, jamais faria antes do casamento. E acho que isso me faz admirá-la ainda mais.

– É, toda mulher que se faz de difícil, o homem gosta muito mais, não é verdade?

Evaristo riu e concluiu:

– Giovanna vai se manter invicta até que eu possa voltar para ela, em liberdade.

– Cara, antes eu tivesse uma mulher assim, aguardando por mim, com todo esse respeito e amor sincero que sua garota demonstra ter por você.

– Você disse tudo: amor, amor sincero! Desses que a gente ouve nas melodias românticas, lê nos livros e vê nos filmes e nas novelas.

– E depois dizem que os homens não são românticos. São, sim, pra caramba!

Risos redobrados entre todos.

– Giovanna e eu seremos realmente felizes depois de cumprir a minha sentença. Felizes na alegria e na tristeza, na saúde e na doença, como promete todo casal diante do altar.

O colega assentiu e Evaristo, com grande orgulho, completou:

– Verdade seja dita, meu caro. Feliz do homem ou da mulher que realmente encontrar um parceiro disposto a ficar do seu lado, na alegria e na tristeza. Quem o encontrar, viverá definitivamente o verdadeiro amor. O mais lindo de todos!

E mais uma vez a conversa foi interrompida pelo som do circo que havia sido erguido dias antes nas proximidades da prisão. Dali os prisioneiros podiam ouvir as músicas e a voz grave e possante do apresentador, anunciando os números. Ouviam também, nitidamente, o público, vibrando e aplaudindo o espetáculo.

De algumas celas podia se ver, pela janelinha, o topo da lona a certa distância, de outras, o circo por um ângulo maior. Aquilo alegrava imensamente os prisioneiros, fazendo com que voltassem aos tempos de infância, época inocente e feliz.

"Respeitável público!", ecoou novamente a voz possante do apresentador. "Como é que é, criançada? Tudo bem? Vão de charrete ou de trem?"

– O circo vai começar... – murmurou Evaristo atento ao que ouvia.

– Sim, mais uma noite.

– O bom de eu ouvir tudo daqui, sem poder ver, é que passo a usar a imaginação para visualizar os números que estão acontecendo no picadeiro.

– Sim. Eu também faço isso. Acho que todos aqui fazem o mesmo. Até mesmo o bandido da pior índole deve fazer. Todos, sem exceção, voltam a ser criança diante das alegrias de um circo, não é verdade?

– Sem dúvida.

Uns minutos a mais e Evaristo se lembrou de Cirilo, de sua desistência da herança deixada para ele, por Dorival e Alba Marinelli, algo feito de forma espontânea, sem apego algum à matéria. Cirilo... Por onde andaria? Faria parte da trupe do circo erguido há cem, duzentos metros da prisão em que ele se encontrava? A pergunta ficou no ar.

No circo em questão, filhos de alguns dos artistas da trupe, eram aconselhados por seus pais a não andarem por perto do presídio. Pedido que foi atendido por todos, prontamente.

Voltando a atenção para o lugar, Wanderleia comentou com Cirilo:

– Que contraste, hein? Um circo erguido quase ao lado de uma penitenciaria. É como se a alegria e a tristeza tivessem se materializado lado a lado.

– Sim.

– O que será que escondem as paredes desse lugar?

– Não sei e espero nunca saber. Mas certamente algo bem desagradável...

Cirilo não sabia dos rumos que a vida de Giovanna Marinelli havia tomado, tampouco poderia prever que ainda viriam a se encontrar no futuro, unidos pelas misteriosas mãos do destino, da forma mais trágica e surpreendente já vivida pelos dois.

Assim que voltaram da lua de mel, Giovanna enfatizou seu desejo de ter um filho, algo que foi desestimulado pelo marido, no mesmo instante.

– Todo casal deveria primeiramente aproveitar a vida antes de ter um filho – explicou-se Agson. – Depois que eles nascem, o casal já não pode mais viajar e fazer o que bem quiser, à vontade.

– Eu sei, Agson, mas só um não vai nos atrapalhar. E eu só quero um, um só filho. Para mim será o suficiente.

– Pois um só já é mais do que o suficiente para atrapalhar totalmente a vida de um casal. Acredite.

Sem mais, ele a deixou sozinha, no ambiente em que até então se encontravam discutindo, e foi cuidar de suas obrigações.

Decidida a ter um filho, Giovanna fingiu estar se precavendo contra uma possível gravidez, quando, na verdade, fazia de tudo para facilitar uma em sua vida. Não temia a reação do marido, pois acreditava, piamente, que ele fosse se alegrar, ao saber que teria um filho, bênção na vida de todo casal.

Quando soube que engravidara, a alegria de Giovanna foi tanta que acabou chorando de felicidade. Agson, por sua vez, reprovou a novidade totalmente:

– Eu lhe disse que não queria ter um filho, tão cedo.

– Eu sei, meu querido, mas aconteceu...

– Aconteceu, uma ova, Giovanna. Não se faça de sonsa para cima de mim, sei bem que não é.

– Agson, de qualquer modo, você pode estar certo que a vinda dessa criança em nossa vida, não atrapalhará nosso lazer... As viagens que você tanto gosta de fazer, continuaremos fazendo.

– Pois eu duvido muito.

– Agson...

Ele não a deixou se defender:

– Essa criança poderia muito bem ter sido concebida daqui a alguns anos. Somos ainda tão jovens, ela poderia muito bem esperar para nascer. Enquanto nós teríamos a oportunidade de viajar e viver, Giovanna! Simplesmente, VIVER!

Sem mais, ele a deixou só, enquanto ela massageava sua barriga, na região do ventre, com carinho, feliz por saber que uma criança estava se desenvolvendo ali.

Meses depois, nascia Igor Marinelli Alessander, prematuramente, num lindo dia do mês de agosto. Foi como se tivesse muita pressa para encarnar, por isso nascera quase 2 meses antes da data prevista.

Capítulo 13
A paixão de Lúqueo

Dia de folga no circo Esputinique e a noite caía bonita, enquanto Lúqueo se arrumava como poucas vezes fez, perfumando-se com quase meio frasco do perfume, que só usava em ocasiões especiais, e aquela era uma delas, na sua opinião. Estava decidido a se declarar para a mulher que ocupava seus sonhos há muito, muito tempo. Nunca ninguém ali o vira tão bem arrumado e cheirando a tanto perfume. A passos decididos, ele caminhou até Wanderleia, aguardando silenciosamente que fosse notado por ela, o que ela fez quase que imediatamente.

– Como você está elegante, Luquinha – ela o elogiou.
– Você acha mesmo, Wanderleia?
– Sim, elegante e perfumado.

O anão corou e ainda mais quando sua adorada começou a espirrar, repetidamente.

– O que foi?
– O perfume.
– Não gostou?
– Sou um pouco alérgica a eles, sabe? Acho que você pôs muito.
– Mesmo?!

O desapontamento do anão era notável. Ela molhou o nariz com um pouco de água e respirou fundo, como sempre fazia diante dos ataques de renite alérgica.

– Eu sinto muito, Wanderleia, sinto muito... – desculpou-se o anão e sem mais, saiu correndo.

– Luquinha! – chamou Wanderleia.

– Vou tomar um banho para tirar o perfume! – respondeu ele, resfolegante.

– Não precisa.

Mas o anão não lhe deu ouvidos, continuou afoito e mais algumas pernadas, por pouco não colidiu com Lucinda, que vinha saltitando, esbanjando sorrisos, parecendo mais feliz do que o habitual.

– Lúqueo!

O descontentamento do anão por encontrar a anã foi total, mas Lucinda não se ateve ao fato, simplesmente disse:

– Lúqueo, como você está bonito! O que houve? Alguma ocasião especial? E esse perfume, para que todo esse perfume? Quebrou o frasco na cabeça, foi?

Ele, irritado, largou a anã, falando sozinha e voltou a correr com ímpeto.

– Lúqueo, volta aqui! – berrou Lucinda com sua voz estridente.

Waldick Giordano, o mágico, diante do berro, correu até lá para ver o que havia acontecido.

– Lucinda, o que houve?

– Aquele anão uva-passa! Perfumou-se todo e vestiu sua melhor roupa... – respondeu a anãzinha, emocionada. – Só pode ter sido para se declarar para mim!

– Para você?!

– Sim, no fundo ele é louquinho por mim.

– Ele ou você?

– Ahn?

– É você que é louquinha por ele, Lucinda, confesse!

A anã se avermelhou.

– Confesse, vamos! – insistiu Waldick, achando graça do seu constrangimento.

– Eu gosto dele, sim, e daí? Não devia, eu sei. Mas ele também gosta de mim, sei que gosta.

– Sabe, Lucinda... Nem todo amor é correspondido.

– Por que está me dizendo isso?

– Porque é uma verdade que todos nós, cada um, sem exceção, tem de aprender a lidar em algum ponto da vida.

– Mas eu sou uma anã, o Lúqueo é um anão, e, bem, vivemos praticamente juntos neste circo, então... Você acha que ele está de olho noutra anã? Não pode ser, não tem nenhuma outra por aqui. Se foi uma que ele conheceu numa das cidades por onde passamos, ele teria ficado por lá, não acha? Tomara que isso nunca aconteça, pois se a tal espevitada não quiser acompanhá-lo no circo, ele terá de abandonar o circo para ficar morando com ela, na cidade em que reside. Se ela quiser vir com ele, Seu Savério não aceitaria outra anã no circo, não uma que não trabalhasse no espetáculo.

– É, você tem razão, mas... Quem é que pode comandar o coração, não é mesmo?

Nesse ínterim, Lúqueo tomou banho, esfregando-se todo, repetidas vezes, e ainda se encontrava enrolado na toalha quando Cirilo o encontrou.

– Banho a essa hora, Lúqueo?

– Não me enche, Cirilo.

Rapidamente o anão se vestiu e, dessa vez, não exagerou no perfume. Foram apenas algumas gotas. Ajeitou novamente o cabelo com brilhantina e correu até o local onde poderia encontrar Wanderleia, procurando se acalmar antes de chamar por ela.

– Wanderleia.

– Lúqueo.

– Que tal agora?

Ela inspirou o ar e fingiu aprovar. O anão ainda cheirava a perfume que só deveria deixar seu corpo, totalmente, depois de mais um longo e demorado banho. Ele se aproximou dela, sorrindo, e procurando pela flor que levara para presenteá-la. Flor que na confusão, deixara cair.

– A flor, cadê?

– Eu a apanhei – respondeu Wanderleia, docemente.

– Apanhou?

– Sim, quando você correu, ela caiu do seu bolso.

– Ah, sim...

Apontando para um vaso de plástico, ela explicou:

– Eu a pus ali, Luquinha. Ficou linda, não?

Os olhos do anão se iluminaram e a pergunta seguinte saltou-lhe à boca como que por vontade própria:

– Você gosta de mim, Wanderleia?

– Gosto sim, Luquinha. Muito!

Ela viu o rubor subir-lhe à face e o esforço que ele fez para admitir:

– Pois eu adoro você, Wanderleia. Gosto mais do que imagina.

– É tão bom gostar, não, Luquinha?

– Sim...

Os olhos dele, apaixonados, marejaram. Naquele mesmo instante, ele pensou em se declarar para ela, de uma vez por todas e, novamente, não conseguiu. Esperou que ela dissesse mais alguma coisa e quando não fez, teve a impressão de que um oceano invisível se abriu entre os dois, distanciando-os. Disposto a romper o gelo, o anão voltou os olhos para o céu e comentou:

– A lua está tão bonita hoje, não? Quer dar uma volta comigo?

Para sua alegria, Wanderleia concordou de imediato:

– Podemos sim, vamos!

A jovem saiu de mãos dadas com o anão que, no momento, sentia-se envaidecido e honrado por tê-la ao seu lado. Pelo caminho, encontraram Cirilo que descontraidamente comentou:

– A noite está mesmo linda. Só mesmo no nosso dia de folga para podermos admirá-la assim tão à vontade, não acham?

– Eu e o Luquinha decidimos dar uma volta ao luar – explicou Wanderleia. – Junte-se a nós.

O anão imediatamente reprovou o convite porque detestava Cirilo, ainda mais quando perto de Wanderleia.

– Posso?

Lúqueo, sorrindo amarelo, acabou fazendo um gesto de assentimento, contendo-se para não explodir de raiva com o rapaz.

A noite terminou feliz, tanto para Lúqueo quanto para Cirilo que receberam um beijo na face da mulher por quem seus corações palpitavam. Os dois voltaram para suas barracas, sem suspeitar que tanto um quanto o outro amavam a mesma jovem.

– Se ela me desse bola... Ah, se ela me desse bola... – murmurou o anão prestes a adentrar sua morada.

– Falando sozinho, Lúqueo? – perguntou Malena que por acaso estava nas proximidades.

– O que quer, sua feia? – respondeu ele, mal-humorado.

– Se sou feia, você também é.

Ele fez bico e num tom mais bem-humorado, falou:

– Eu e Wanderleia acabamos de dar um passeio ao luar... Foi ótimo!

– Você realmente gosta dela, não é Lúqueo?

– Gostar? Eu simplesmente a adoro. Sou apaixonado por ela. Sempre fui.

– E você acha que ela gosta de você na mesma sintonia?

– É claro que sim.

– Doce ilusão...

– Como assim, Malena? Do que você está falando?

– Quero dizer que quando nos apaixonamos por alguém, queremos sempre acreditar que somos amados da mesma forma, quando, muitas vezes, não somos.

– Mas Wanderleia me adora, sim!

– Como amigo, não resta dúvida. Como homem, não!

– Mas eu posso fazê-la mudar de ideia e se apaixonar por mim. Apaixonar-se realmente. Eu a quero mais do que tudo, Malena. Bem mais do que tudo!

– De que adianta querê-la se ela não o quer, Lúqueo?

– Mas ela parece gostar de mim tão intensamente.

– Ela gosta de você, sim, muito, mas não para se casar com você.

Malena se agachou diante dele, mirou seus olhinhos e foi sincera mais uma vez:

– Só mesmo outra mulher pode lhe dar o amor que tanto sonha, Lúqueo. Essa mulher é a Lucinda.

– Aquela anã de cabelo laranja? Iéca! – Ele cuspiu longe. – Eu quero a Wanderleia! Vou fazê-la gostar de mim, você vai ver! Vou fazê-la me admirar e se apaixonar por mim, perdidamente.

– Lúqueo...

– Não diga mais nada sua feia barbada. Vá procurar um homem para você, se é que algum vai ser capaz de se interessar por uma mulher com cara de homem. Eca!

Sem mais, ele deu meia volta, seguindo serelepe na direção que deixara Wanderleia.

– Wanderleia – chamou ele, baixinho. – Posso falar com você mais um pouquinho?

– Sim, Lúqueo, o que há?

– Bem, eu... Há muito tempo que eu quero lhe dizer que...

– Diga, vamos.

– É que, bem... – ele se engasgou, tossiu, procurou firmar a voz para se declarar de uma vez por todas à jovem: – É que eu adoro você. Não como amigo, mas como homem. Sou verdadeiramente apaixonado por você. Completamente apaixonado e isso já faz muito tempo. Um tempão!

Consternada diante da declaração, a jovem o fitou, temporariamente sem palavras. Buscava as certas para se expressar.

– Sinto-me honrada por saber que me ama, Lúqueo.

– Mesmo?

– Sim.

Nem ele nem ela conseguiram impedir que algumas lágrimas transbordassem de seus olhos.

– Sabe, Lúqueo – continuou Wanderleia, emotiva –, já que foi sincero comigo, serei também sincera contigo. Meu coração já tem dono.

– Tem?!

O sorriso de Lúqueo se apagou.

– Sim. Há muito, muito tempo que amo um moço, mas...

– Ele não sabe? Quem é ele?

– Esse é um segredo meu, Lúqueo.

– Mas eu quero saber, por favor. Diga-me quem é. Eu insisto.

– Não, Lúqueo, eu sinto muito. Não é por não confiar em você, que eu não lhe digo, mas, sim, por ser algo muito meu, compreende?

– Acho que sim.

Enquanto o rosto do anão voltava a murchar como uma flor, Wanderleia intimamente prometia a si mesmo protegê-lo de qualquer mal. Ela o abraçou, dizendo, carinhosamente:

– Obrigada por me querer tão bem, Lúqueo. Muito obrigada.

Lúqueo mal soube como conseguiu chegar à barraca de zinco que ocupava nos fundos do circo. Estava tão furioso, cuspindo pelas ventas que chegava a ficar cego de ódio. Malena o seguiu.

– Ei, mocinho, calma aí – disse ela, assim que chegaram a sua barraca.

Ele se voltou para ela e lhe atirou palavras com toda fúria:

– Ela! Ela!!!!

– Ela, quem, Lúqueo? De quem você está falando?

– Da minha adorada, você sabe.

– Wanderleia?

– Fale baixo.

– Calma, Lúqueo, calma.

Houve uma pausa apreciável antes que a mulher barbada lhe perguntasse:

– O que tem ela?

– Declarei-me para ela e ela me disse que ama outro.

– Eu já esperava por isso.

– Já?

– Sim.

– Por que não me disse?

– Eu tentei.

– Quem é ele?

Malena, subitamente alarmada, respondeu:

— Eu não sei.
— Você sabe, sim, Malena. Diga-me!
— Não, Lúqueo, eu não sei! Juro que não sei!

Assim que Malena se foi, Lucinda, que andava às escondidas por ali, ouvindo tudo em surdina, como de costume, invadiu a cabana do anão e foi logo dizendo:

— Bem feito! Muito bem feito, seu anão ressequido feito uva passa. Só você mesmo para achar que a Wanderleia se interessaria por você, um anão sem graça, feio de doer.

Sem pensar duas vezes, Lúqueo saltou sobre ela e os dois foram ao chão. O anão, completamente descontrolado, apertava o pescoço da anã a ponto de estrangulá-la.

Cirilo, ao ouvir a gritaria, correu para lá e libertou Lucinda das garras do homenzinho.

— O que deu em você, Lúqueo? — exasperou-se Cirilo. — Onde já se viu fazer isso com a Lucinda?

Lúqueo, vermelho de ódio, manteve-se calado, segurando-se para não saltar novamente por sobre a anã e descontar nela toda a sua raiva.

— Vamos, Lúqueo, diga-me, o que houve? — insistiu Cirilo, elevando a voz.

Foi Lucinda, ainda massageando o pescoço na altura da garganta, quem respondeu a sua pergunta:

— O Lúqueo recebeu o fora de uma mulher e é, por isso, que ele está assim, todo abestalhado.

— Cala essa boca, anã enxerida — enervou-se o anão ainda mais.

— Não calo, não! — retrucou a anãzinha, peitando o anão, sem receio algum do que ele pudesse vir a fazer contra ela, outra vez.

Ao perceber que ele ia pular novamente sobre a pequenina, Cirilo o segurou.

— Epa! Parado aí!

O anão grunhiu de ódio e tentou se soltar dos braços do rapaz.

— Estou desconhecendo você, Lúqueo — admitiu Cirilo, fazendo grande esforço para segurar o homenzinho.

– Estou com ódio, Cirilo, e quando eu fico com ódio... Sai pra lá!

Ao soltá-lo, Cirilo mirou fundo seus olhos e lhe pediu calma:

– Não sei o que o deixou tão aborrecido, Lúqueo, mas, por favor, mantenha a calma. Não é com fúria que conseguimos resolver os nossos problemas e aquilo que nos desagrada.

Cirilo se surpreendeu, ao ver os olhos vermelhos do anão, derramando lágrimas e o esforço que ele fez para que nenhum dos presentes o visse chorando.

– Lúqueo, sou seu amigo, nunca se esqueça disso, por favor! – insistiu Cirilo, tentando confortá-lo, mas o anão desdenhou sua ajuda. Sem mais, fez-lhe um gesto com a mão e saiu correndo da barraca.

– O que deu nele? – indagou Cirilo, penalizado com seu estado.

Lucinda, calmamente respondeu:

– Ele sofre dos piores males da humanidade, Cirilo.

O rapaz olhou mais atentamente para a pequena que logo se explicou:

– Estou falando da paixão, Cirilo. Ela é o pior mal da humanidade. Porque faz com que todos sofram por amar demais ou por não serem correspondidos, ou por ciúme ou medo de perder seu grande amor.

– Pois, Lucinda, eu sempre achei que a paixão fosse a coisa mais linda da vida.

– O circo pode ser lindo com seus espetáculos, uma joia pode ser linda com seu brilho encantador, um campo com suas cores verdejantes, um céu ensolarado ou estrelado, um rio ou o mar quando vistos de longe ou em meio a suas águas. Todos esses exemplos têm lá sua beleza, mas a paixão é falsa, parece bonita a princípio, depois, é feia de doer, especialmente quando não é correspondida.

As palavras dela tocaram Cirilo, profundamente, e as que foram ditas a seguir, ainda mais:

– Gostaria que você, Cirilo, nunca passasse o que eu passo por causa da paixão. Se bem que você, assim como eu, como Malena e Lúqueo, estamos todos fadados a passar por esta vida, rasgando de dor por causa de um amor não correspondido ou impossível.

– Suas palavras me assustam, Lucinda.

– Mas são verdadeiras, Cirilo. Você ama Wanderleia e ela o ama, mas vocês nunca poderão ficar juntos e você sabe muito bem disso. Seu Savério nunca consentirá com o casamento de vocês dois. Eu amo Lúqueo e nunca poderei ficar com ele porque ele ama Wanderleia.

– Wanderleia?

– Sim, seu bobo, você nunca notou? É dela que ele gosta, é simplesmente apaixonado, endoidecido por ela.

– Sei que ele a adora, mas jamais pensei que fosse uma paixão carnal.

– Mas é. E ele não vai suportar viver sem ela, ainda mais quando vê-la casada com outro.

– Eu realmente não sabia...

– Acho melhor que Lúqueo jamais saiba que Wanderleia ama você, Cirilo. Porque se souber... – ela se arrepiou – temo que ele possa matá-lo.

Cirilo também se arrepiou.

– Não diga isso.

– Digo, porque é verdade. Lúqueo suporta calado essa paixão por Wanderleia há anos. Agora que ele descobriu que ela ama outro, no caso, você, ele nunca mais será o mesmo.

Porém, Cirilo não acreditou que Lúqueo pudesse ser tão cruel como Lucinda o descreveu. Não, jamais. Ele era apenas um anãozinho mal-humorado, muitas vezes, parecido com o Ranzinza dos sete anões, do clássico Branca de Neve. Só isso, nada além.

Capítulo 14
Evaristo e a literatura

Enquanto isso, na prisão em que Evaristo Orciolo cumpria sua sentença, ele e seus colegas de cela eram surpreendidos pelo carcereiro, trazendo livros doados por moradores da cidade, para os prisioneiros que tivessem interesse em ocupar seu tempo com a leitura de um bom livro.

– Os dois aí, querem um livro ou não? – perguntou o homem, rispidamente. – Decidam-se rápido, não tenho tempo a perder.

Evaristo, que nunca fora de ler nada, nem jornal, acabou aceitando a sugestão.

– Eu quero um.

– São romances – alertou o carcereiro, cinicamente.

– Romances?!

– Livros de mulherzinha – debochou o carcereiro, fazendo um trejeito efeminado. – Entendeu, agora?

Mas Evaristo não lhe deu trela, simplesmente escolheu um dos romances, cujo título mais lhe chamou a atenção, agradecendo a oferta.

– Um livro... – murmurou, minutos depois, mais para si do que para os colegas de cela. – Tantos vi pela minha frente e ao meu redor e nunca sequer os folheei. Na escola, quando a professora de português nos pedia para lermos um livro específico, eu roubava os resumos dos meus colegas de classe, ou pedia a um deles que me contasse a história, para que eu pudesse responder às perguntas da professora, caso ela me fizesse alguma.

Risos.

– Nunca fui também de ler livros – comentou um dos colegas. – O máximo que li foi um dos infantis com figuras gigantes e texto de uma ou duas linhas, no máximo.

Risos redobrados.

– Do que fala esse livro aí que você apanhou?

Evaristo leu o título em voz alta: "Crônicas de além-túmulo" e virou a capa para que os amigos pudessem apreciá-la.

– O autor é Francisco Cândido Xavier. Já ouvi falar dele. É um médium, se não me engano.

– Será que o livro é bom?

– Meu caro, só mesmo lendo para eu saber. E é o que eu vou fazer agora. Já! Não me atrapalhem.

Desde então, Evaristo mergulhou na leitura, chegando a passar mais tempo, devorando o livro do que dormindo. Com isso, acabou de lê-lo muito antes do esperado.

– O livro, pelo visto, é dos bons – comentou seu colega de cela diante de sua voracidade com a leitura. – Você não se desgrudou mais dele.

– Se é bom? É ótimo! Vou ler outros mais.

Num pulo, Evaristo chegou às barras e chamou pelo carcereiro, com grande empolgação. O livro escolhido a seguir foi outro psicografado por Francisco Cândido Xavier, chamado "Parnaso de além-túmulo", que fora ditado por Humberto de Campos e lhe causou tanto impacto quanto o anterior.

Outros mais, ditados pelo mesmo espírito, foram apreciados por Evaristo nos dias subsequentes: "Cartas de uma morta", "Palavras do infinito", dentre outros, abrindo espaço para debates a respeito da vida no Além, com seus colegas de cela.

A obra de Humberto de Campos "Brasil, coração do mundo, pátria do evangelho" fez com que Evaristo e seus companheiros tivessem muito o que conversar a respeito.

A pedido de seus colegas de cela, Evaristo passou a contar o que lia, sem deixar de estimulá-los a ler.

– Eu posso contar tudinho para vocês – informou ele –, mas a história jamais será tão impactante quanto a sua leitura.

Sua empolgação com os livros foi tanta que seus colegas acabaram se interessando em ler também as mesmas obras. Logo, muitos colegas das celas vizinhas, aderiram ao hábito, provando do seu universo fascinante e enriquecedor para o espírito e para a alma.

O livro "Emmanuel" também psicografado por Francisco Cândido Xavier, ditado pelo próprio espírito Emmanuel, fez com que todos conhecessem tão magnífico espírito que muito contribuiu para a sabedoria do médium. Chico Xavier apontava Emmanuel como seu orientador espiritual.

Os livros "A caminho da luz", "Há dois mil anos", "Cinquenta anos depois", "O consolador" e "Caminho, verdade e vida" também ditados por Emmanuel surpreenderam todos. Mas foi "Paulo e Estevão", também de sua autoria, que mais comoveu Evaristo.

O livro contava a história de Paulo de Tarso, apóstolo que dedicou sua vida à divulgação do Evangelho, fundando igrejas em diversas cidades, com muito trabalho, persistência e inspiração. Porém, numa vida passada, por ser um perseguidor voraz dos cristãos, Paulo matara, a pedradas, Santo Estevão (primeiro mártir cristão). Obra que revela ao leitor a importância da reencarnação na redenção de nossos pecados cometidos em vidas anteriores.

Os livros "Nosso Lar" e "Missionário da Luz" ditados por André Luiz abriram espaço para deliciosos debates a respeito das colônias onde habitam os espíritos desencarnados. Mas foi o livro "Libertação", também de autoria de André Luiz, que todos ali se sentiram tocados na alma. A obra relata, de forma impressionista, o que acontece àqueles que trilharam pelos descaminhos morais, prejudicando a si mesmos e ao próximo.

A descrição das trevas onde vão parar todos aqueles que se deixam levar pelo mal, causa fortíssima impressão nos leitores, da mesma forma que realça a importância de seguirmos os mandamentos cristãos para atingirmos o nosso bem maior.

"Jesus no lar" ditado por Neio Lúcio fez com que a maioria dos prisioneiros que se deliciavam com a literatura espírita, procurassem outros livros a respeito da vida e dos ensinamentos de Cristo, se interessando a seguir pela leitura da Bíblia doada por alguns Evangélicos à prisão.

A obra "Pai Nosso" ditado por Meimei, valorosa missionária do bem e da luz, também foi apreciado por muitos.

"O faraó de Mernephtah" foi o primeiro romance ditado pelo espírito do Conde de Rochester, a uma médium Russa, a ser lido por todos ali. A obra que revela de forma impressionante, um outro lado da história que envolveu Moisés e os egípcios, estimulou, de vez, todos ali a conhecerem outros títulos do autor. Tais como: "Alma de Minha alma", "Cornélius, o centurião que viu Jesus", "As duas esfinges", "Episódio da vida de Tibério", "A vingança do Judeu", dentre outros.

Obras de grandes autores como Eça de Queiros (Os Maias), Graciliano Ramos, Álvares de Azevedo, Castro Alves, Machado de Assis, Joaquim Manuel de Macedo (A Moreninha), José de Alencar (Senhora), Manuel Antônio de Almeida (Memórias de um sargento de milícias), Bernardo Guimarães (A escrava Isaura), dentre outros, também foram apreciadas por muitos ali. Mas foram as de Monteiro Lobato, sem dúvida, que permitiram a todos boas gargalhadas e um contato direto com a criança interior de cada um, a qual nos permite rever a vida com olhos de pureza e alegria.

Sim, a leitura transformou a vida de todos ali para melhor, expandindo seus conhecimentos, suavizando a dor da pena. Logicamente que muitos não liam e odiavam os que liam até se deixarem se envolver pelo resumo das obras que muitos contavam a fim de trocar ideias com os demais.

– Nossa – exclamou Evaristo, certo dia. – E saber que Hitler mandou queimar centenas e centenas de livros. Fonte de sabedoria e riqueza para a alma. Hoje encaro o livro como um grande amigo, tal qual um cão pode ser para o homem.

– Eu também! – concordaram seus colegas.

Desde então, não havia falta de assunto entre os prisioneiros daquela ala. Pessoas que não tinham outra distração senão a leitura, por isso os livros eram lidos com maior rapidez e em maior número.

O tempo ocioso e amargurado dentro da prisão tornou-se para todos ali mais proveitoso e expansivo para a mente, o coração e a alma.

Tempos depois, no Esputinique...

Wanderleia caminhava pelos arredores do circo, em busca de Cirilo, quando o encontrou, triste e melancólico.

– Cirilo, o que houve? – ela se sentou ao seu lado.

Ele expeliu o ar dos pulmões e respondeu:

– Estava aqui rememorando o que Waldick me falou certo dia. Foi sobre amores impossíveis. Ele, assim como os demais daqui, não acredita que eu e você poderemos ficar juntos.

–Eu, pelo menos, Cirilo, ainda acredito.

– Mesmo com seu pai querendo vê-la casada com um homem de posses, alguém que possa lhe dar uma vida mais digna do que a que levamos no circo?

– Mesmo assim. O papai não me entende. Por mais que eu lhe diga que eu não me importo com a vida que levamos aqui, ele insiste nessa ideia de querer me levar para longe daqui onde eu possa levar uma vida mais tranquila, que ele chama de "normal". Sou feliz, vivendo no circo, Cirilo. Papai pode pensar que não, mas sou, de verdade.

– Eu entendo você e também seu pai, por querer um futuro melhor para você, longe daqui. Sei que ele passou poucas e boas desde que fundou esse circo. Os altos e baixos devem tê-lo deixado cansado e desanimado. Por isso...

– Às vezes penso que o papai teria se sentido muito mais feliz se tivesse tido um filho homem, não uma filha.

– Não diga isso, Wanderleia.

– Digo sim, porque é verdade, Cirilo. Um filho homem poderia tê-lo encorajado muito mais a prosseguir com o circo, que é seu maior sonho, do que uma alma feminina frágil como a minha.

– Você se acha frágil, Wanderleia?

– Às vezes sim, às vezes não. Quando estou ao seu lado me sinto mais forte e capaz. Acho que foi sempre assim. Desde pequena.

Ele sorriu para ela e ousou tocar sua mão. Com carinho, levou até seus lábios e a beijou.

– Wanderleia, minha Wanderleia, eu a amo tanto...

E novamente ela se declarou para ele:

– Eu também o amo, Cirilo. Imensamente. Casando-me com você, poderíamos ser felizes aqui mesmo, neste circo, que no fundo é sua vida, a minha, a nossa, onde tudo entre nós começou.

Ela, olhando para ele, com muito mais admiração, completou:

– Deus nos quer juntos, Cirilo. Por isso nos uniu. Sou muito grata a Ele por isso.

– Eu também, Wanderleia.

E novamente eles se beijaram sob a luz do luar e o brilho mágico das estrelas.

– Eu o amo, Cirilo – declarou-se ela mais uma vez, com lágrimas nos olhos.

– Eu também a amo, Wanderleia, infinitamente.

Com mais um beijo eles se despediram e cada um foi para o seu canto. Havia mais alguém ali, testemunhando o envolvimento dos dois. Alguém que sequer respirou direito para que a sua presença não fosse notada. Esse alguém era Lúqueo e ele agora tremia por inteiro de decepção e raiva.

Assim que voltou para sua barraca de zinco, o anão jogou-se na cama e chorou como nunca havia chorado em toda vida. A dor da decepção, do ciúme e da revolta foram tão fortes que ele teve a impressão de que seu corpo ardia como se labaredas tivessem sido acesas em seu interior. Foi assim até ele conseguir novamente se controlar e seus olhos brilharem, matreiros. Havia uma ideia se agitando insistentemente por sua mente, o que o fez, de repente, começar a rir, descabidamente, a ponto de se contorcer nas pernas. Quem o visse, pensaria que tivesse enlouquecido. E ele havia mesmo, de certo modo, e tudo em nome da paixão por Wanderleia Constanzo.

Dias depois, quando todos já haviam se recolhido em suas barracas e trailers, e até mesmo os leões dormiam profundamente em suas jaulas, alguém deixou seus aposentos, tendo todo o cuidado para não acordar ninguém, com algum barulho inesperado. Esse alguém era Lúqueo que, saltitante, correu até o barril cheio de querosene, encheu um balde e começou a derramar o líquido por toda a borda do circo. Seria exaustivo fazer tudo aquilo sozinho, mas ele foi firme até o fim.

Nisso, Lucinda despertou de seu sono tranquilo, incomodada com algo que não soube precisar o que era. Sentiu-se estranha, necessitada de ar puro, por isso levantou-se da cama e deixou a barraca para poder respirar melhor.

Lá fora, silêncio, foi tudo o que ouviu. Algo, no entanto, a deixou inquieta, incomodando-a feito uma pedrinha em seu sapato. Cautelosamente ela seguiu pelos arredores, relanceando os olhos para todos os cantos, cismada. Não demorou muito para avistar Lúqueo com a tocha na mão pronto para atear fogo ao circo.

– Não! – gritou ela, aguda.

O anão se assustou consideravelmente com sua aparição repentina. Não esperava que alguém testemunhasse o que estava prestes a fazer.

– Lúqueo, pelo amor de Deus, não faça isso! – pediu ela em tom de súplica. – Você vai se arrepender amargamente...

Ele nada respondeu, continuou simplesmente enfrentando a anã pelo olhar.

– Lúqueo, não! – insistiu ela.

Suas súplicas foram em vão. Com um simples arremesso o homenzinho atirou a tocha flamejante contra a lona que imediatamente pegou fogo, e ainda mais rápido por causa do querosene. Já não podia se fazer mais nada para salvar o circo do incêndio.

Lucinda caiu de joelhos e vertendo-se em lágrimas, juntou as duas mãozinhas, dizendo:

– Você destruiu o nosso ganha-pão, Lúqueo. A nossa vida!

Só então ele ousou falar:

– Do mesmo modo que a vida destruiu os meus planos de uma vida feliz ao lado da mulher que eu tanto amo.

– Depois do que você acaba de fazer, ela vai odiá-lo eternamente.

– Que me odeie. Já não me importo mais.

Nisso, os animais começaram a se agitar e, a urrar, despertando os que dormiam para tão triste realidade.

– Fogo! Fogo! – berravam muitos enquanto procuravam, desesperadamente, apagar o incêndio.

Aqueles que perceberam que já não havia mais nada a ser feito pelo circo, correram para salvar o que as chamas ainda não haviam consumido. Eram as barracas e trailers onde todos ali dormiam, as jaulas dos leões e as araras onde ficavam dependuradas as roupas que todos usavam nos espetáculos.

Enquanto isso, Lúqueo pegou sua trouxa de roupa e sumiu dali, andando apressado, com toda força de que dispunha. Somente quando alcançou o topo da colina, rente à cidade, é que ele ousou novamente olhar na direção do circo, em chamas, algo assustador e deprimente de se ver.

Só então ele caiu em si, viu o estrago que havia feito na sua vida e na de todos que dependiam do circo.

As chamas ganhavam os céus, iluminando tudo ao seu redor como uma fogueira gigante, algo nada bonito de se ver. Viaturas da polícia e ambulâncias começaram a seguir para lá e muitos moradores também, assim que avistaram o grande clarão. Não havia bombeiros na cidade, por isso não puderam contar com eles, se bem que nada poderiam fazer para ajudar, o fogo fora rápido e voraz. Acabara com tudo em questão de minutos.

Capítulo 15
Tragédia

Todos assistiram ao circo se queimando até não restar mais nada, algo que jamais queriam ter visto em toda vida. O espetáculo mais triste já visto por todos.

— Acabou! — desabafou Savério Constanzo. — Esse, o fim.

— Coragem, homem, coragem — incentivou Zandor, enlaçando o patrão.

— Não é à toa que dizem que tudo tem mesmo o seu começo, meio e fim. Esse é o meu — admitiu Savério, entre lágrimas.

— O que será de nós, agora? — indagou Palerma, também com lágrimas nos olhos.

— Não percamos a fé — opinou Cirilo, procurando acalmar todos.

No entanto, sua intenção foi muito mal interpretada pelo dono do circo:

— Você vem falar de fé diante do que nos aconteceu, Cirilo? Ah, por favor, não nos amole!

— Seu Savério, fé para mim é sinônimo de otimismo, sem os dois: fé e otimismo, não poderemos superar o que nos aconteceu. Ninguém pode, diante de qualquer infortúnio. Seja ele qual for.

— Falando assim, Cirilo, sinto vontade de socar a sua fuça! — descontrolou-se o homem mais uma vez.

— Calma, gente — pediu Malena mais sensata do que nunca. — Este não é o momento para perdemos as estribeiras!

— É isso mesmo! — concordou Zandor também munido de

sensatez. – Temos de manter a calma e a união.

– Sim, de agora em diante seremos um por todos e todos por um! – argumentou Waldick Giordano a toda voz.

Alguns chegaram a se alegrar com a empolgação do mágico, mas foi breve, o que Nilvan disse a seguir, quebrou novamente o clima descontraído.

– E quanto ao anão que nos causou essa desgraça? – indagou ele sem esconder o ódio por Lúqueo. – Alguém tem de ir atrás dele, delatá-lo à polícia. Ele não pode ficar impune.

Foi Zandor quem respondeu:

– Nilvan, meu amigo, façamos isso depois. O importante agora é concentrar nossas forças numa solução para os nossos problemas.

– É isso mesmo – concordaram Malena e Cirilo ao mesmo tempo.

Burburinho.

– Será que vocês não percebem que não há solução? – enervou-se Savério Constanzo, novamente.

– Tem de haver, Seu Savério – respondeu Zandor, querendo muito acreditar naquilo.

– Não há! – retrucou o homem, enérgico. – Nenhum banco vai nos conceder um empréstimo para que possamos comprar uma nova lona para o circo. Nem mesmo um agiota fará, por não termos o que lhe dar em garantia.

– Mas alguém há de nos ajudar – acreditou Fofureza, não se deixando abater pelo pessimismo.

De fato, diante de tão trágica circunstâncias, otimismo naquele instante era só o que restava para todos. Otimismo, fé e disposição para se reerguerem diante do episódio mais triste de suas vidas.

Quando a sós, com a filha, dentro do trailer que era sempre ocupado pelos dois, Savério Constanzo desabafou:

– Isso não é vida para você, Wanderleia. Ainda mais depois dessa tragédia que nos aconteceu. Sua mãe não me perdoaria se eu a incentivasse viver no meio dessa loucura. Você não merece.

Ninguém merece. Por isso quero levá-lo embora daqui.

– Mas papai...

– Faça isso por mim e sua mãe.

– Mas, papai, o que mais precisamos agora é nos unir para reerguer o Esputinique.

– Não há salvação para o circo, Wanderleia. Acabou! Fim!

– Não diga isso.

– Digo porque é verdade. Encaremos os fatos. Estou decidido a ir para a casa de sua tia e você irá comigo. Já liguei para ela, expus o que aconteceu e ela se prontificou a nos receber por lá até que eu descubra um novo trabalho.

– O senhor vai abandonar toda a trupe do circo numa hora tão difícil como essa?

– Com o dinheiro que restou em caixa, filha, pagarei a todos o que devo e...

Ele tentou, mas não conseguiu evitar o choro, largou o peso sobre a cama e derramou-se num pranto triste enquanto Wanderleia procurava acalmá-lo, fazendo-lhe um cafuné.

Minutos depois, a jovem procurava Cirilo para lhe contar sobre a decisão do pai.

– Eu vou com meu pai, Cirilo, até que ele se sinta melhor diante de tudo o que aconteceu. Mas eu volto!

– Vá, sim, Wanderleia. Seu pai precisa de você agora mais do que nunca. Longe daqui, ele pode recuperar a força que jamais o fez esmorecer diante dos problemas que enfrentou com o circo desde a sua fundação.

– Dessa vez, não sei não se ele será capaz de se recuperar, Cirilo. Um incêndio é um incêndio, jamais tivera um desse porte anteriormente.

– Eu sei... Mas sei também que a paixão do seu pai pelo circo ainda reside em seu coração. Por mais desgostos que ele tenha passado, isso aqui, ainda que em cinzas, é sua grande paixão.

– Espero mesmo que você tenha razão, pois penso que depois dessa, o papai morra de desgosto.

– Deus há de interceder a seu favor, mas ele também precisa

querer ter Deus em seu coração.

Ela assentiu e dias depois, pai e filha se despediram de todos com um abraço apertado e um choro doído. Um momento tão triste quanto os últimos passados. Partiram de trem, com Cirilo da plataforma, acenando para Wanderleia, a moça a quem jurou, explicitamente, seu amor eterno.

Foi quando voltava para o circo, para o que restou dele, que Cirilo se lembrou de Giovanna Marinelli e do termo que ela o fez assinar, desistindo do que lhe cabia na herança.

– O dinheiro... A herança... – murmurou ele.

Foi então que ele teve uma ideia. Procuraria novamente a moça para lhe pedir uma quantia emprestada, dando-lhe a palavra de que lhe pagaria tudo, centavo por centavo, assim que conseguisse reestruturar o circo.

Em nome de seus pais, que o queriam tão bem quanto a um filho, certamente ela concordaria com ele. Assim ele partiu, com os poucos trocados de que dispunha, para a cidade onde a moça residia, prometendo a todos que voltaria dentro em breve com uma solução para o que estavam enfrentando.

Enquanto isso, os demais pertencentes à trupe do Esputinique ficaram a pensar em soluções para resolver o maior e mais difícil problema já enfrentado até então.

– Temos de pensar em algo que possa nos dar dinheiro de imediato – opinou Zandor. – Mas o quê?

Foi Lucinda, com sua voz ardida, quem respondeu:

– Cartas do tarô!

– Como?!!!

– É isso mesmo o que vocês ouviram. Cartas do tarô e também, leitura de mão!

– E desde quando, Lucinda, você sabe ler a mão ou jogar as cartas do tarô?

– Desde nunca!

– Ahn?!!!

– Ora, ora, ora... Ninguém vai precisar ficar sabendo que eu não sei ler nem as cartas do tarô, nem a mão, tampouco os pés.

– O quê?!!!
– É isso mesmo o que vocês ouviram. Basta eu dizer que sou uma cigana, vidente e intuitiva que todos vão acreditar. Na hora da leitura é só dizer aquilo que todo mundo que ouvir: que terão sorte no amor, sucesso no trabalho e saúde para dar e vender. É simples!
– Cirilo não vai gostar de saber que estamos mentindo, enganando o povo, deliberadamente.
– Mas, meu querido, diante das circunstâncias em que nos encontramos, não temos escolha senão fazer uso de uma mentirinha como essa para nos salvar da miséria.
– Não é certo.
– Eu farei e ponto final! Não vou morrer de fome, não! Nem eu nem os leões que sem carne, daqui a pouco estarão pele e osso.
– Pense bem...
– Já pensei e não se fala mais nisso!
Zandor riu.
– Só você mesmo, Lucinda...
E assim os dois seguiram para o centro da cidade, convidando as mulheres que por ali passavam, para uma leitura de mão ou de tarô, algo que a maioria, de todas as idades, adorava consultar. Especialmente para saberem se o marido, o noivo ou o namorado tinham outra, ou se teriam a chance de se casar, aquelas que ainda se encontravam solteiras.
Foi então que um rapaz, muito perspicaz, implicou com a anã.
– Essa mulher é uma farsa! – o sujeito berrou em praça pública para todos ouvirem. – Se fosse mesmo vidente teria previsto que o circo iria pegar fogo e, com isso, impedido a tragédia!
Mesmo assim, Lucinda não se desestimulou. Não podia, precisava urgentemente do pouco ou muito que arrecadaria ali.
Ao voltarem para as dependências do circo, Lucinda sorriu para todos e mostrou, orgulhosa, o dinheiro que havia conseguido ganhar, passando-se por taróloga e quiromante. Malena então protestou:

— Mas isso não é certo, Lucinda. Sabemos que mentir só causa transtorno a todos.

— Eu, mais do que todos aqui, sei disso — admitiu Fofureza, ligeiramente envergonhado.

— A situação agora é outra, Fofureza — respondeu a anã, seriamente. — Nós precisamos comer, nem que seja somente feijão, arroz e farinha. Sem dinheiro não temos comida. Sem circo não temos dinheiro. O que faremos? Roubar? Acho que aqui ninguém é ladrão, certo? Eu decidi fazer o que estou fazendo para ajudar todos, porque me preocupo com todos. Quem mais daqui tomou alguma providência até agora?

— Estamos aguardando o Cirilo voltar — respondeu Nilvan.

— Enquanto isso, vocês ficam parados de braços cruzados? Tá errado! E se o Cirilo não conseguir o que pretende?

Burburinho.

— Sim, é isso mesmo: e se ele não conseguir o que pretende? Não se deve contar com o ovo antes de a galinha botá-lo, sabiam? Sugiro a todos que tomem uma atitude, cada um, para salvar nossas peles e reerguermos o circo. Independentemente de o Cirilo conseguir o empréstimo ou não.

— Você tem razão, Lucinda. Desculpe.

— É lógico que eu tenho razão. Ninguém, diante de um problema, deve ficar parado, esperando a ajuda cair do céu. É preciso agir! Pôr os neurônios para funcionar, em busca de uma luz no final do túnel. Devemos nos apegar também à oração, não esquecendo o seu real significado. A palavra é composta das palavras: orar e ação, o que significa que devemos orar e agir ao mesmo tempo.

Burburinho novamente entre todos.

Mais tarde, quando muitos já haviam ido dormir, Malena foi ter uma conversa em particular com Lucinda. A anã se encontrava sentada sobre o tronco de uma árvore caída, olhando para a lua bonita que brilhava no céu, enquanto seus olhos derramavam lágrimas sentidas.

— Lucinda?

– Olá, Malena.

A anã procurou secar os olhos antes de se voltar para a mulher barbada.

– Não adianta disfarçar, minha querida, sei que estava chorando – comentou Malena com pena da amiga, sentando-se ao seu lado.

Lucinda procurou sorrir, ainda que timidamente e respondeu:

– Se veio me criticar pelo que estou fazendo, saiba que estou só querendo ajudar... Não é por maldade. Não quero enganar ninguém.

– Sim, eu sei.

– Sinto-me, de certa forma, culpada pelo que aconteceu.

Malena, muito ternamente, respondeu:

– Estou aqui para apoiá-la.

– Obrigada, você sempre foi uma grande amiga.

– Você também. Por isso tenho a liberdade de lhe dizer que não quero mais vê-la, lendo a mão das pessoas ou jogando tarô sem ter conhecimento para isso.

– Já lhe expliquei meus motivos, Malena!

– Vamos evitar consertar um mal com outro. Eu ocuparei seu lugar a partir de amanhã.

– V-você?!!! – Lucinda riu. – Então a mentira vai continuar.

– Não vai não, Lucinda, porque eu sei mesmo ler o tarô e a mão.

– V-você?!!! E por que nunca nos disse isso?

– É uma longa história. Aconteceu antes de eu entrar para o circo. Inclusive, vim parar aqui por esse motivo.

– Conte-me agora, estou curiosa para saber.

E assim fez a mulher barbada:

– Eu havia previsto, ou melhor, as cartas haviam previsto para uma jovem que me procurara para ler o tarô, que seu namorado acabaria trocando-a por outra. Sendo ela, desde muito cedo, muito enciumada e insegura quanto a sua relação, imediatamente foi atrás de uma colega que acreditava estar dando em cima do seu namorado. Brigou com a moça, puxou-lhe os cabelos, foi um escândalo. Sei disso porque todo mundo ficou sabendo na cidade. Por mais que a garota se defendesse, dizendo não ter nada com o namorado da jovem, ela continuou a agredi-la. Ao saber do acontecido, o rapaz com quem a garota enciumada namorava, terminou o relacionamento com ela, por achá-la descontrolada. Ao pedir desculpas para a jovem agredida, ambos estreitaram seus laços de amizade, vindo a namorar depois.

– A culpa não foi sua, Malema, foi dessa garota mimada, enciumada e lelé.

– Foi minha, sim, se eu não lhe tivesse dito nada, ela não teria feito todo esse estrago na sua vida.

– Mas você não disse o nome da garota, disse?

– Não! A garota em questão foi dedução da parte dela.

– Então, minha querida, a culpa não foi sua. Além do mais, sendo essa garota enciumada e agressiva, cedo ou tarde, ela acabaria agredindo qualquer outra que pensasse estar dando em cima do seu namorado, tendo ela passado por uma leitura do tarô ou não.

– De fato, ela tinha um gênio... Era pavio curto.

– Então, minha querida, não há mais motivos para se culpar por isso. De agora em diante, você pode voltar a ler o tarô sem culpa nenhuma. E sua leitura poderá nos ajudar muitíssimo, agora.

– Espero. Essa é realmente a minha intenção.

Assim sendo, Malena voltou a ler as cartas, sentindo-se mais disposta e com fé de que sua leitura do tarô só serviria mesmo para melhorar a vida daqueles que a procuravam, jamais para piorá-la.

Nesse ínterim, Savério e Wanderleia Constanzo chegaram ao seu destino. A casa de Bernardina Constanzo Tornaggi, irmã querida de Savério, casada com o empresário em ascensão, Romoaldo Tornaggi.

A casa era simplesmente maravilhosa, com todas as comodidades da vida moderna. Tinha até uma linda piscina retangular, com água azul cristalina, junto a um gramado cercado por um jardim de impactante beleza.

Pai e filha foram muito bem recebidos ali e, após, descrever todo o seu drama vivido com o incêndio do circo, Savério conversou com sua irmã a sós:

– Wanderleia precisa se casar com um moço bom e honesto, Bernardina. Há tempos que já queria vê-la longe daquela vida de circo, só não fiz antes por medo de me separar dela e morrer de saudades. No entanto, agora que o circo acabou, não há mais como evitar nossa separação. Ela precisa se casar.

– Se não há mais circo, meu irmão, não haverá mais separação entre vocês.

– Eu ainda tenho de voltar para lá, para fazer os últimos acertos legais com todos. Pagar dívidas e pensar então no que posso trabalhar. Com essa idade não me resta muita opção.

– Minha casa é muito grande, Savério. Você pode vir morar aqui se quiser. Romoaldo também pode conseguir um emprego para você na nossa tecelagem, ou junto aos seus conhecidos.

– Agradeço...

Ele enxugou uma lágrima.

– E quanto a Wanderleia, posso deixá-la incumbida de arranjar um moço bom para ela se casar?

– Já tenho até um em vista. O nome dele é Danilo Demóstenes.

– Quem é ele?

– Filho de um dos maiores fazendeiros da região. Tenho a certeza de que ele vai se encantar por ela. Só de comentar que ela viria, ele ficou todo empolgado para conhecê-la.

– Tomara mesmo que ele goste dela. Sonho em ver minha filha casada com um bom sujeito. Era também o sonho da mãe dela. Wanderleia não nasceu para viver num circo. Não, isso não. É uma vida muito ingrata.

– Se é tão ingrata, por que a escolheu para você, Savério?

– Porque a princípio pensei que seria o negócio mais maravilhoso do mundo, diversão e alegria constante, como eu tinha, ao assistir a um espetáculo, sem nunca ver seus bastidores. Quando dei por mim, já era tarde demais para voltar atrás. Além do mais, havia investido no circo, todo o dinheiro que o papai me deixou e... Por outro lado o circo tornou-se também uma grande paixão sem a qual eu não saberia viver. No entanto, depois do incêndio, vou ter de me acostumar a uma vida nova, com uma nova função, se é que existe alguma para um homem da minha idade.

Ele tomou ar e completou:

– O importante é que finalmente consegui afastar Wanderleia de lá e, aqui, ao seu lado, ela terá finalmente chance de se encaminhar na vida. Casando-se com um moço digno e morando num lugar calmo onde possa se devotar ao marido e criar seus filhos com amor. Ah, como eu sonho ter netos, Bernardina. Ainda espero estar vivo para conhecer os meus.

Ele riu e completou:

– Isso se Deus quiser, não é mesmo? Por que de nada adianta querermos algo, se quem determina tudo é o chefe lá em cima, concorda?

– Sim, mas também precisamos nos esforçar para que os nossos sonhos se realizem.

– Eu sei, mesmo assim, quem dá a palavra final é o chefe!

Ele riu e ela acabou rindo com ele.

---

*Uma vez que o circo mudava constantemente de cidade, a distância percorrida de trem ou de carro entre o local onde ele havia sido erguido e as cidades onde moravam a irmã de Savério ou Giovanna, por exemplo, tornavam-se mais longas ou curtas, dependendo da proximidade dos municípios. Por isso o tempo de trajeto de uma cidade para outra, apresentado aqui, difere de outras feitas anteriormente pelos personagens. (Nota do autor)

Capítulo 16
Em busca de soluções

Nesse ínterim, Cirilo chegou à cidade de Laranjeiras, seu destino tão ansiado. Ao se ver mais uma vez em frente a casa em que morou por quatro anos, quando garoto, lágrimas vieram aos seus olhos e a forte emoção o fez suspirar. Tocou a campainha e quando foi atendido pela empregada, pediu para falar com a dona da casa.

— A quem devo anunciar?

— Cirilo. Cirilo Salamandro.

Levou quase cinco minutos até que Giovanna surgisse à porta, encarando-o, sisudamente:

— Então é mesmo você – disse ela, de cenho fechado e voz, denotando desagrado. – Pensei que fosse, mas logo me achei estúpida por pensar que era. Afinal, o que o traria de volta até esta casa?

— Preciso lhe falar em particular. É uma situação de emergência.

— Pode falar daí mesmo.

Percebendo que ela realmente não abriria o portão e o convidaria a entrar, Cirilo, muito humildemente, expôs os fatos que o levaram até ela.

— Um incêndio no circo... Sei e daí? O que eu tenho a ver com isso?

— Bem, Giovanna, já que fui gentil com você, abrindo mão da parte na herança que seus pais me deixaram, gostaria que...

– Ah, só podia ser mesmo por dinheiro que você voltou a me aborrecer!

– Giovanna, ouça...

– Não vou ouvir mais nada. De mim você não tira um tostão.

– Veja bem, não quero nada do que é seu, é apenas um empréstimo.

Ela gargalhou, debochada.

– Ah, por favor, deixe-me em paz, tenho mais o que fazer.

– Por seu pai e sua mãe que tanto me queriam bem, por favor, ajude-me! Juro por tudo que há de mais sagrado que se me emprestar uma quantia para eu reerguer o circo, pagar-lhe-ei de volta, centavo por centavo. Sou um homem de caráter e de palavra, você bem sabe, se não fosse, não teria feito o que me pediu.

– Fez porque quis. Problema seu. Agora vá embora, suma daqui e nunca mais me procure.

– Giovanna, a nossa situação é a pior possível... Todos estão à mercê da miséria.

– E desde quando você acha que eu virei arrimo de família ou muro da lamentação? Vá procurar um banco para fazer um empréstimo. Se não conseguir, vá ser gari, você e aquela cambada de artistas fracassados do seu circo malcheiroso e podre. Como lixeiros, vocês seriam muito mais úteis para a sociedade.

– Giovanna, por favor, ouça-me.

Sem mais, ela entrou e bateu a porta da frente da casa, com toda a força.

– Era só isso que me faltava – reclamou com as paredes. – Esse palhaço aqui me enchendo novamente a paciência! Deveria é ter morrido no incêndio daquele maldito circo.

Cirilo permanecia em frente a casa, mal acreditando em tudo o que se passou. Sua última esperança de reerguer o circo havia ido por água abaixo, não podia voltar sem o que prometera a todos. Recordou-se então das palavras que o advogado lhe dissera ao saber que ele havia aberto mão da herança:

"Você não deveria ter feito isso, Cirilo. O que deu em você? A herança era sua por direito. Foi um desejo de Dorival e Alba

Marinelli. Um desejo mútuo, acredite! De qualquer modo você ainda pode entrar na justiça e recorrer, dizer que foi coagido a assinar o termo de desistência e, com isso, voltar a receber a herança que é sua por direito."

Talvez ele tivesse razão, mas agora já era tarde demais para voltar atrás. A melhor e mais sensata solução para aquilo era mesmo tentar convencer Giovanna a lhe emprestar o dinheiro e, assim, ele permaneceu em frente a sua casa, até que ela reaparecesse e se dispusesse a conversar com ele, pacificamente. Quando a empregada deixou o trabalho e o viu ali, novamente, foi direta e sincera com sua pessoa:

– A patroa disse que vai chamar a polícia se você não sair daqui.

– Mas eu preciso falar com ela.

– Ela não é fácil... A meu ver está perdendo seu tempo.

– Não posso desistir, a vida de muitos está em jogo.

– Boa sorte!

Quando Agson chegou, saltou do carro e partiu diretamente para cima de Cirilo.

– Calma aí, cara! – defendeu-se, Cirilo, com as mãos.

– Calma nenhuma! Você está aqui importunando a minha esposa e vai sair daqui nem que seja a pontapés!

– Eu fui quase irmão de Giovanna.

– Sei bem quem você é, ela já me contou tudo por telefone. Se não sair por bem, vai sair por mal.

Nisso, a polícia, chamada por Giovanna, chegou. Desceram do carro, com cassetetes na mão e outro com uma arma em punho. Diante de Cirilo, perguntaram:

– O que está acontecendo aqui?

– Este meliante – explicou Agson, soltando Cirilo com um empurrão. – Ficou a tarde toda aqui em frente da minha casa, atormentando a minha esposa.

– É mesmo? Então vamos levá-lo para fazer uma visitinha à chefatura de polícia.

– Não, deixem-me explicar! – Cirilo tentou se defender, mas

ninguém lhe deu ouvidos, colocaram-no na parte de trás do camburão e partiram.

Assim que adentrou a casa e Giovanna quis saber o que havia acontecido, Agson explicou.

– Fique tranquila, ele nunca mais voltará a aborrecê-la.
– Que bom! Deus o ouça!

Na chefatura de polícia, assim que Cirilo ganhou o direito de ligar para alguém, ligou para o Dr. Clementino que partiu para lá, no mesmo instante, e o tirou da prisão, pagando a fiança.

– Eu lhe avisei que a herança iria lhe fazer falta, Cirilo – argumentou o homem, assim que os dois ganharam a rua. – Deixei bem claro que você não deveria ter aberto mão dela!

– Dr. Clementino, aquilo não me pertencia!

– Pertencia, sim! A partir do momento que Dorival e Alba Marinelli quiseram deixar-lhe parte de sua herança, tudo era seu por direito. Mas agora, já é tarde demais para chorar sobre o leite derramado.

– Eu não quero o dinheiro dela, quero apenas um empréstimo, só isso, para comprar uma lona nova para o circo, entende?

– Se eu pudesse ajudá-lo, financeiramente, eu faria, mas não disponho de economias. Tudo o que tinha, investi na carreira dos meus filhos e numa casa para cada um morar.

– Agradeço sua preocupação. Sei que cada um tem seus compromissos. Pedir um empréstimo num banco seria o ideal, mas não temos o que dar em troca como garantia, então, só nos resta mesmo uma solução, uma única pessoa para nos ajudar.

– E eu posso saber quem é essa pessoa?
– Pode sim, é um velho conhecido seu.
– Meu?!
– De todos nós. Chama-se Deus!

O advogado arrepiou-se nesse instante.

– Sim, doutor, só nos resta contar com Deus e Ele há de ajudar a mim e todo o pessoal do circo.

– Que assim seja, Cirilo. Que sua fé seja realmente capaz de ajudar todos vocês!

— Sempre acreditei que Deus é capaz de tudo, quando se tem fé Nele e, assim...

Cirilo despediu-se do Dr. Clementino com um forte abraço, agradecendo-lhe mais uma vez por sua gentileza e préstimos.

— Que Deus esteja contigo, Cirilo.

— Ele sempre está, meu senhor, somos nós que, muitas vezes, nos esquecemos disso.

Sem mais, após novo abraço, Cirilo tomou o trem e partiu. Pelo caminho levou consigo só um pensamento: Deus. Ele poderia ter perdido seu tempo, pensando nas derrotas que tivera nos últimos dias e nas últimas horas, mas ater-se a elas seria atolar-se ainda mais no que não poderia ajudá-lo. Assim, ele decidiu concentrar-se somente na força maior da natureza, capaz de mover mundos e fundos para manter a vida no planeta, apesar da ignorância e da estupidez humana, que por muitas vezes devastou o planeta e seus semelhantes. Só mesmo conversando intimamente com Deus e Lhe pedindo uma solução para os problemas que todos agora enfrentavam é que todos poderiam encontrar uma solução.

Nesse ínterim, Bernardina Tornaggi tentava convencer a sobrinha a dar um novo rumo para a sua vida. A sós, com Wanderleia, Bernardina dizia:

— Eu a amo muito, Wanderleia. Amo-a profundamente como se fosse minha própria filha.

— Eu sei, titia. E sou muito grata a Deus por ser tão generosa comigo.

— Então, minha querida, vou ser honesta com você. O circo não é lugar para uma jovem da sua idade.

— Mas é tudo o que eu e o papai temos, titia.

— Tinham, filha, o incêndio destruiu tudo, esqueceu-se?

— É verdade, mas eles hão de reerguer o Esputinique, a senhora vai ver.

— Ainda que o façam, duvido muito que seu pai volte para lá.

— Mas o papai ama o circo.

– Não mais, minha querida. Foi ele próprio quem me confidenciou. Está cansado e acabou encarando o incêndio como uma libertação da função que exerce. Seu maior sonho agora é recomeçar a vida noutra profissão e seu tio já está providenciando um cargo bom para ele na empresa de tecidos que temos. Assim, ele terá uma nova chance e até que se reestruture, vocês permanecerão morando aqui conosco, a casa é grande e...

– Quer dizer que o papai não pretende mesmo voltar para o circo?

Ela sentiu uma pontada no peito.

– Não, querida, e, sinceramente, acho bem melhor assim.

– É que...

Lágrimas vieram aos olhos dela e aproveitando-se da comoção, Bernardina Tornaggi foi rápida em dizer:

– Seu pai também tem outro grande sonho, Wanderleia. Quer ter netos. É um sonho antigo e, bem... Sinceramente acho que você deveria realizar o sonho dele.

– Mas nem casada eu sou!

– Eu sei, querida, mas linda como é não demorará a encontrar um pretendente.

– Mas...

A tia pegou firme nos braços da sobrinha e foi incisiva:

– Wanderleia, não quero assustá-la, mas seu pai não anda bem de saúde. Da última vez em que esteve aqui me visitando, levei-o ao médico e os exames não deram bons resultados.

– O papai nunca me disse isso!

– Para poupá-la de preocupação, minha querida. É o coração dele que anda fraco, Wanderleia. E com o incêndio do circo e toda a amargura e tristeza que ele acarretou a todos, receio que tenha se enfraquecido ainda mais.

Mais lágrimas rolaram pela face da jovem.

– Pobre papai...

– Sim, pobrezinho do meu irmão. Portanto, minha querida, por amá-lo tanto quanto eu o amo, peço-lhe, do fundo da minha alma: abra seu coração para um rapaz que faça seu pai se sentir orgulhoso de tê-lo como genro.

– Orgulhoso?

– Sim, minha querida, orgulhoso.

E mais lágrimas rolaram pela face linda e jovial de Wanderleia que, no silêncio do seu interior, avistou a figura de Cirilo, lindo como ela sempre o achou, olhando-a com o mesmo toque de paixão e sedução que havia em seus olhos.

"Um amor impossível...", era isso que todos diziam a respeito do afeto que os unia desde crianças. Um amor impossível, mas verdadeiro, superior a tudo.

Naquela noite, Bernardina e Romoaldo Tornaggi receberam Danilo Demóstenes para um jantar especial com o casal. Foi então que Bernardina teve a oportunidade de apresentar a sobrinha ao rapaz que ficou de imediato fascinado pela jovem.

– Muito prazer – disse Wanderleia, ao estender-lhe a mão para ser beijada.

– Encantado – respondeu o moço, deslumbrado com sua beleza.

Durante e depois do jantar, os dois jovens conversaram como se fossem velhos conhecidos. Wanderleia sempre fora muito simpática com todos, não seria novidade comportar-se assim diante de um estranho, mas para o rapaz, aquilo era sinal de que ela se interessara por ele tão imediatamente quanto ele.

Savério e Bernardina ficaram radiantes com o entrosamento dos dois, certos de que muito em breve estariam namorando.

Capítulo 17
Cirilo busca alternativas

O pessoal do circo aguardava ansiosamente pelo regresso de Cirilo e quando o viram chegando, a exaltação foi geral.

– E então Cirilo – perguntou Lucinda, mal se contendo de ansiedade. – Conseguiu o tal empréstimo?

O simples olhar dele respondeu mais do que mil palavras.

– Estamos perdidos – lamentou Palerma, adensando seu desespero.

– Não consegui, mas não tem problema – continuou Cirilo, impondo na voz grande entusiasmo. – Durante a viagem até aqui, depois de muito refletir, encontrei outra solução para o nosso caso.

Todos voltaram a olhar com mais atenção para ele que, sem rodeios, explicou:

– Faremos o espetáculo ao ar livre!

– O quê?! – exaltaram-se todos em uníssono.

– É isso mesmo o que vocês ouviram. Faremos o espetáculo ao ar livre!

– E quem vai querer pagar para ver algo que todos podem assistir de longe, Cirilo? – a pergunta partiu de Nilvan, o domador e também atirador de facas.

– Podem nos ver de longe, sim, mas não de perto, que é muito mais interessante. Além do mais, diremos que o show é para reerguermos o circo, se as pessoas forem solidárias virão nos prestigiar.

— Solidárias?!... — zombou Palerma. — Ah, por favor, Cirilo, ingenuidade tem limites.

— Tem muita gente solidária espalhada pelo mundo, sim, Palerma.

— No mundo dos contos de fada, né?

— Não, meu amigo, no mundo real! Se não existissem, não haveria grupos e grupos de pessoas envolvidas em projetos sociais, estendendo realmente a mão a quem precisa.

Nilvan opinou a seguir:

— Para muitos o circo é supérfluo e quem vive nele, são vagabundos.

— Não pensemos assim, Nilvan. Pensemos positivamente e com fé, se nos esforçarmos, todos juntos, encontraremos uma saída para o que nos aflige, com o poder miraculoso do otimismo e da fé em Deus.

Houve um burburinho e Cirilo completou:

— Se a minha ideia inicial, de fazer um espetáculo ao ar livre, não der certo, com os trapos que restaram do fogo, faremos uma cerca em torno do picadeiro e, assim, todos terão de pagar para assistir a ele.

— Isso não vai dar certo — murmurou Palerma, ainda mais descrente do que antes.

— Tentemos pelo menos antes de desistir.

— E aonde o público vai se sentar, Cirilo? As tábuas que formavam a arquibancada viraram cinzas, as que restaram, carvão.

— Sim, vamos ter de pedir a um salão de festas da cidade que nos emprestem algumas cadeiras.

— E você acha que alguém vai emprestar? Ainda mais para gente de circo? Somos malvistos por muitos.

— Ainda assim, temos de tentar, antes de partir para outra solução.

— Antes de desistir, você quer dizer?

— Não! Partir mesmo para outra solução. No nosso caso, não temos o direito, tampouco opção de desistir. Só temos mesmo a opção de encontrar uma nova solução.

– Falou bonito e comovente – elogiou Palerma –, só quero ver na prática se isso vai dar certo.

– Vai! Tenhamos fé que sim!

No dia seguinte, logo pela manhã, Cirilo, Nilvan, Palerma e Waldick partiram para o centro da cidade em busca de quem lhes pudesse emprestar as cadeiras necessárias para acomodar a plateia dos espetáculos que se realizariam ao ar livre. Foi sugerido aos quatro que procurassem os salões de festa das igrejas do município para realizarem seu intento. Na primeira receberam um sonoro "Não!". Na segunda, outro, na terceira, mais um e ainda uma batida de porta na cara.

Palerma, pessimista como sempre, comentou:

– Eu disse que não ia dar certo.

Cirilo, sem perder a esperança, falou:

– Palerma, meu amigo, quando um espetáculo de circo não lota, o circo suspende o espetáculo do dia seguinte?

– Não.

– Pois então, assim também é com tudo mais na vida. Não é porque recebemos um "não!" que devemos deixar de lado nossos objetivos. Continuemos em busca do "Sim!".

E assim fizeram. Na próxima parada receberam outro sonoro "não!", até que se lembraram de pedir na prefeitura cujo prefeito, não pôde atendê-los, porque estava em reunião, desculpa que todos dão quando o assunto não lhes interessa.

Já era quase final da tarde quando eles finalmente receberam um "sim!" de uma igreja evangélica, o que os deixou muito felizes.

Enquanto isso, na casa de Romoaldo e Bernardina Tornaggi, Wanderleia recebia um buquê de flores, enviado cordialmente por Danilo Demóstenes.

– Mas que lindas! – exclamou Bernardina, inspirando o ar para sentir o perfume das rosas. – Rosas são minhas flores prediletas

– São lindas, sim – respondeu Wanderleia sem muito entusiasmo.

– Lindas?! São maravilhosas, Wanderleia! Tão maravilhosas quanto a gentileza desse rapaz. Ele ficou caidinho por você e penso que você deveria ligar para ele, para agradecer-lhe.

– A senhora acha? Mas isso pode lhe dar a impressão de que fiquei interessada nele, não?

– Que seja, é um rapaz e tanto.

– Sabe o que é, titia, eu gosto de um outro rapaz... Crescemos juntos no circo.

– Paixão de adolescente, não é? Acontece, mas nunca vingam, pode me acreditar! Para amar, Wanderleia, precisamos fazer uso de um pouco da razão, sabia? Não podemos nos guiar só pela atração física, desejos e delírios que sentimos. Ouça-me porque já vivi mais do que você e, por isso, posso dizer que sou uma mulher mais experiente com a vida. Melhor evitar cometer um erro agora do que se arrepender no futuro! Além do mais, minha querida, lembre-se de tudo o que lhe falei a respeito do seu pai. Do quão orgulhoso ele ficaria se você se casasse com um rapaz direito e trabalhador e...

– Mas o outro também é...

– Ainda que seja, Wanderleia, jamais poderá compará-lo a Danilo Demóstenes. A família dele tem posses o que é maravilhoso para garantir um futuro promissor para os seus filhos. Só que você só vai me entender, compreender exatamente o que estou tentando lhe dizer agora, quando eles nascerem. Especialmente quando atingirem a idade de quererem algo, um simples alimento e você se orgulhar por poder lhes oferecer o que querem. Porque é dolorido demais para uma mãe ou um pai ver um filho, desejando algo e não poderem lhes dar o que tanto desejam. Se você se casar com esse rapaz do circo, que tanto mexe com você, acredite-me: seus filhos passarão fome e seu pai vai simplesmente morrer de desgosto e mais rápido do que haveria de ser. Então eu lhe pergunto, minha querida: é isso que você deseja para os seus filhos e para o seu pai? Não, não me responda com o coração, responda-me com a razão: é isso?! Vou dar-lhe um tempo para pensar a respeito. Agora ligue para o Danilo e lhe agradeça as flores.

Como uma cordeirinha, Wanderleia atendeu ao pedido da tia e acabou aceitando o convite do rapaz para fazerem um passeio pela cidade. Aceitou, porque acreditou que aquilo alegraria o pai, o que de fato aconteceu, e, por isso, ela continuou saindo com o moço até que percebesse melhoras em Savério e obtivesse alguma notícia boa do circo, por parte de Cirilo.

Lúqueo, por sua vez, mantinha-se escondido na cidade vizinha, fazendo o possível e o impossível para não encarar o remorso que sentia por ter ateado fogo ao circo onde praticamente vivera sua vida toda.

Agora ele estava só, sem seus amigos e até mesmo aqueles que ele considerava seus inimigos. O fogo destruíra não só aquilo que ele mais amava na vida, o lugar onde cresceu e fez história, defendeu o seu sustento por anos, destruíra também suas amizades, aquelas que tanto alegram e motivam o homem a viver seja ele de qualquer raça, credo ou condição social.

Se arrependimento matasse, ele já estaria morto. O incêndio só servira para afastar ainda mais Wanderleia dele, rompendo definitivamente com qualquer oportunidade de ter uma vida feliz ao seu lado.

O anão foi desperto de seus pensamentos por um mendigo que, ao vê-lo, comentou:

– Ô, anão! Tem um circo na cidade vizinha, por que você não procura o que fazer por lá? Circos são sempre um bom lugar para anões trabalharem e morarem.

Lúqueo fechou o cenho e fez bico. Não estava para papo, ainda mais para ouvir sugestões do que tanto lhe feria o coração. Ao lembrar-se de cada colega do Esputinique, que naquele momento deveria estar odiando-o, e, com razão, ele se lembrou do quanto eles deveriam estar precisando de ajuda financeira agora que não tinham mais onde se apresentarem com o espetáculo.

Ao ler no jornalzinho da cidade que o grande circo Esputinique, após o incêndio, iria fazer apresentações ao ar livre para levantar verba para comprar uma nova lona, Lúqueo decidiu ajudar todos, no seu propósito, sem que soubessem. Pegou sua roupa do espetáculo, que levara na mala como recordação, vestiu-a e saiu pela cidade, chamando a atenção de todos. Por onde passava fazia piruetas e micagens, divulgando os espetáculos do Esputinique que aconteceriam na cidade vizinha. Com isso, conseguiu mandar um bom público para lá, o que contribuiu imensamente para o sucesso das apresentações.

A trupe do circo não ficou sabendo desse gesto carinhoso por parte do anão. Para todos, ele estava bem longe dali, a quilômetros e quilômetros de distância.

Enquanto isso, Malena continuava a ler tarô e mãos para a mulherada da cidade. Quando tremia na base por se lembrar do que a fez deixar de ser uma taróloga e uma quiromante, ela imediatamente se lembrava do quanto aquilo era importante, no momento, para todos no circo.

Foi com a sua ajuda e com as apresentações modestas ao ar livre, feitos com muito amor, por todos do Esputinique, que a trupe foi conseguindo juntar o dinheiro necessário para comprar uma nova lona para o circo.

Quando Savério Constanzo voltou para lá, espantou-se com a ação e o entusiasmo de todos ali, e com a soma de dinheiro que já haviam conseguido juntar.

– Nós vamos reerguer este circo, Senhor Constanzo, pode acreditar! – afirmou Zandor, resoluto. – Vamos reerguê-lo e continuar fazendo o maior espetáculo da Terra!

O homem se emocionou e ainda mais, como todos, no dia em que finalmente eles compraram a nova lona para cobrir o Esputinique. A felicidade foi tanta que fizeram uma festa com pipoca e refrigerantes para comemorarem a grande conquista. Dançaram no picadeiro, trocando sorrisos, abraços e votos de felicidade para todos na nova fase do circo.

Quando o material chegou, eles o receberam como se fosse

a coisa mais preciosa de suas vidas. Diante do novo Esputinique, não houve quem não derramasse lágrimas de emoção.

Para agradecer a ajuda de toda cidade e das demais vizinhas, a trupe realizou três espetáculos inteiramente gratuitos. Estavam verdadeiramente gratos a todos que lhes estenderam a mão naquele momento tão difícil que perdurou por quase quatro meses. Gratidão, sim, foi isso também que todos aprenderam com aquele triste episódio de suas vidas. Dali ninguém jamais se esqueceria, tanto pela tristeza que viveram devido ao incêndio do circo, quanto pela alegria de terem superado o infortúnio por meio da solidariedade dos cidadãos.

Agora, era seguir em frente, como sempre, para uma nova cidade, um novo público. Depois da compra da nova lona, restara apenas dinheiro para poderem chegar a uma nova praça.

– E se não tivermos o público esperado na próxima cidade, Zandor? – indagou Savério Constanzo tão pessimista quanto Palerma.

– Teremos, sim, Seu Savério! Temos de nos manter otimistas. Se tivemos noites e mais noites lotadas até o incêndio, por que haveríamos de não ter de agora em diante?

– É, você tem razão. Mas lembre-se, nosso dinheiro só dá para pagar pelo combustível até lá. Sem plateia não teremos grana nem para comer nem para seguirmos em frente, para uma outra cidade.

– Confie em Deus, Senhor Savério, que tudo vai dar certo. O Cirilo sempre diz isso e ele está certo. Foi com fé e otimismo, como ele tanto nos ensinou que conseguimos reerguer o circo. Foi, sim! Além, é lógico, do empenho do Cirilo e de sua ideia brilhante de fazermos as apresentações ao ar livre para nos reerguermos.

O homem assentiu e em silêncio prometeu a si mesmo deixar Wanderleia por fora dos progressos em torno do Esputinique. Quanto mais ela pensasse que o circo chegara definitivamente ao fim, mais força teria em seu coração para desistir de Cirilo e aceitar, de uma vez por todas, Danilo Demóstenes como seu pretendente.

Assim que pôde, às escondidas, Savério Constanzo foi até a central de telefonia da época onde pediu uma ligação para a casa da irmã. Foi a própria Bernardina quem o atendeu. Em poucas palavras ele resumiu os últimos acontecimentos, envolvendo o circo, pedindo-lhe, encarecidamente, que nada contasse à sobrinha para que ela não se sentisse estimulada a voltar para lá.

– Era seu pai ao telefone – falou Bernardina, assim que recolocou o aparelho no gancho.

– Papai?! – empolgou-se Wanderleia. – E o que ele diz? Como vão as coisas por lá? Alguma notícia boa?

– Infelizmente não, minha querida. Ele está tão desgostoso com tudo, que sua voz quase nem saía.

– Pobre papai.

– Pediu-me para lhe dizer que volta em breve, assim que acertar tudo com os integrantes do circo.

– O pessoal deve estar arrasado.

– Não é para menos – opinou Romoaldo Tornaggi. – Conseguir emprego neste país é muito difícil, ainda mais para quem só sabe fazer palhaçada, mágica e malabarismo. Essas pessoas não têm experiência com nada além disso. É de dar pena.

– Sim, titio, é de dar muita pena.

Naquela noite, em seu quarto, que passou a ocupar na casa dos tios, desde que ali chegou, Wanderleia chorou por todos do circo onde nasceu e cresceu. Também, pela saudade que sentia de Cirilo, querendo muito estar ao seu lado, para ajudá-lo a enfrentar aquele momento tão difícil em sua vida, e na vida de todos que faziam parte da trupe circense... O jeito era esperar pela volta do pai e procurar se manter ao seu lado, pelo menos até que pudesse superar aquele baque do destino.

Ao se lembrar de Lúqueo e sua paixão doentia por ela, a qual o levou a atear fogo ao circo, destruindo a vida de todos, Wanderleia se lembrou do que a tia lhe dissera semanas atrás: "Para amar precisamos fazer uso de um pouco de razão... Não podemos nos guiar somente pela atração física, pelos desejos e delírios que sentimos... Ouça-me, porque já vivi mais do que você e, por isso, posso dizer que sou uma mulher mais experiente com a vida. Melhor evitar cometer um erro agora do que se arrepender no futuro!".

– Talvez ela esteja certa... – murmurou a jovem, sentindo-se pela primeira vez, presa entre a razão e a emoção.

Enquanto isso, no circo, Cirilo se sentia cada dia mais convicto de que tudo em breve voltaria ao normal para o Esputinique e, dessa vez, melhor do que antes, pois Savério Constanzo finalmente reconheceria seu esforço pelo bem de todos, e, dessa forma, consentiria com o seu namoro com Wanderleia. Pobre rapaz, mal sabia o que verdadeiramente se passava na mente do pai da moça que ele tanto amava.

Longe das tristezas e dos desafios pelos quais a trupe do circo passava, Giovanna Marinelli vivia somente alegrias ao lado do filho que tanto desejou ter. Sempre muito assessorada pela empregada e a babá, quando as duas estavam de folga, ela mesma é quem tinha de arcar com as responsabilidades em torno do garoto, pois Agson se recusava a pegá-lo no colo por medo de deixá-lo cair ou de ele fazer xixi, molhando a roupa impecável que sempre usava. Trocar a fralda para ele, nem pensar, tinha nojo. Para outras coisas estava sempre ocupado e quando Giovanna lhe dizia que não custava nada fazer algo pelo menino, ele respondia direto e rispidamente, sem pesar algum:

– Quem quis ter o filho foi você, Giovanna, não eu! Agora se vire!

E ela realmente procurava dar conta de tudo. Tão apurada chegava a ficar, por não ter experiência com uma criança daquela idade, que um dia esqueceu a mamadeira em banho Maria, a água secou e a panela pretejou, espalhando forte cheiro de queimado pela casa.

Nesse dia, Giovanna chorou de tristeza por não ter mais sua mãe, ao seu lado, fazendo de tudo por ela, impedindo-a, sem perceber, de crescer como ser humano.

Agson, ao voltar para casa, não quis nem tomar conhecimento

do que se passara, simplesmente amarrou o cenho e foi dormir no quarto que passara a ocupar, desde que o filho chegara a casa e acordava chorando no meio da noite, de fome ou de alguma dorzinha insuportável.

Essa era a nova realidade de Giovanna Marinelli, que tinha de assumir total responsabilidade. Afinal, fora decisão dela, exclusivamente dela, casar-se com o moço que escolheu para ser seu marido e ter o filho que tanto almejou ter.

Capítulo 18
Desafios a serem superados

Quando a trupe do Esputinique chegou finalmente à cidade dos Roseirais, a primeira depois daquela em que o circo havia se incendiado, todos extravasavam empolgação e entusiasmo pela temporada que fariam ali. Só assim poderiam voltar a receber seus salários e comer e beber mais fartamente. Poderiam também comprar uma nova arquibancada e cadeiras para o público, uma nova armação com cortina vermelha, de veludo, para abrilhantar o picadeiro, luzes e outros acessórios que ainda precisavam ser repostos. Nas primeiras semanas ainda usariam cadeiras emprestadas de algum lugar benevolente da cidade.

A lona do circo foi erguida como sempre sob o comando de Zandor, e, em três dias, estava tudo pronto para a grande estreia. Foi então que o prefeito apareceu, acompanhado do delegado da cidade.

Savério Constanzo lhes fez as honras:
– Bom dia!
– Sou Felício Morato, o prefeito da cidade.
– Muito prazer, meu senhor. Seja...
O homem o interrompeu bruscamente:
– Eu estava fora da cidade, de férias com a minha família no exterior, quando o responsável pelo departamento da prefeitura que autorizou a instalação do circo de vocês na cidade, esqueceu-se de que eu havia proibido terminantemente qualquer circo ou parque neste município.

– Como?

– É isso mesmo o que o senhor ouviu. Vocês não poderão ficar na cidade, partam o mais rápido possível.

– Mas, meu senhor, estamos sem dinheiro, dependemos da temporada que faremos aqui para nos reestruturarmos quase que totalmente. Nosso circo se incendiou meses atrás e foi com muito custo que conseguimos verba para comprar essa nova lona. Com nossas últimas economias, pagamos a gasolina até aqui e...

– Cada um com seus problemas, meu senhor.

– Por favor, eu lhe suplico.

– Sou o prefeito da cidade, portanto, aqui quem manda sou eu. Se me desobedecerem serão autuados e presos.

– Mas...

– Nem mas nem meio mas. Passar bem.

Assim que o prefeito partiu, Waldick Giordano, o mágico, comentou, com raiva:

– Que homem mais impiedoso.

Cirilo, que estava nas imediações e pôde ouvir tudo, correu até o carro do ilustríssimo, chegando a tempo para lhe falar:

– Meu senhor. Por que não permite mais a presença de circos e parques nesta cidade?

O prefeito olhou bem para o rapaz e respondeu, sem titubear:

– Parques de diversão só servem para ludibriar os moradores da cidade, com jogos viciados, roubando todos, descaradamente. Jurei que enquanto eu fosse prefeito, nenhum parque nem circo aportaria neste município.

– Meu senhor cada um é um...

– Não é só isso. Esteve na cidade, recentemente, um daqueles ônibus ocupados por pessoas com deformidades físicas, de nascença, tidas por muitos como aberrações. São gêmeos que nasceram grudados um ao outro, homens de cabeça virada para trás, uma judiação. Chocaram as crianças da cidade, especialmente meu filho que passou a acordar à noite, aos berros, por ter tido pesadelos com o que viu.

Cirilo tentou se explicar mais uma vez:

– Meu senhor, nós não somos parque nem esse tipo de ônibus.

– Mas são do circo que deixou um leão fugir, causando pânico nos moradores da cidade onde estavam aportados.

– Sim, isso de fato aconteceu. Foi um deslize da nossa parte, por sorte ninguém ficou ferido...

– Por sorte...

– Sim... Pedimos inúmeras desculpas a todos e recompensamos a população com preços promocionais para verem o espetáculo.

– Como espera que eu confie num circo que deixa escapar um leão que poderia ter matado uma criança, um adolescente, um adulto ou um idoso? Ou diversos deles?

– Foi sim um lapso da nossa parte, mas...

– Um lapso desse porte não se perdoa. Eu, pelo menos, não perdoaria. Sendo eu o prefeito desta cidade devo zelar pelo bem dos moradores e, portanto, aqui vocês não ficam. Se você insistir em continuar teimando comigo, mando-o prender por desacato à autoridade.

– Meu senhor...

– Partam antes que eu mande meus homens do almoxarifado enxotá-los daqui.

Sem mais, o prefeito entrou no carro, dirigido pelo delegado e partiu. Não muito longe, o delegado deu sua opinião sobre o caso:

– Senhor prefeito, desculpe-me por dizer, mas, essa gente do circo me pareceu muito idônea.

– As aparências enganam, meu bom, Lincoln.

– Penso que deveria lhes dar uma chance.

– Para eu e a população chorarmos depois? Não, muito obrigado, Lincoln.

Voltando os olhos para a janela, Felício Morato comentou, preocupado:

– E essa chuva que não vem? O tempo está muito seco, tudo está muito seco.

— Temos orado por isso, Senhor Felício.

— Pois que redobrem as orações, pois não está adiantando nada.

Lincoln admirou-se com mais esse comentário e o carro seguiu seu curso, levantando poeirão.

Assim que a trupe do circo se juntou novamente, Savério Constanzo, desabafou:

— Estamos perdidos de vez! Todo o dinheiro que havia sobrado, gastamos para chegar até aqui. A próxima cidade onde podemos erguer o circo, fica um bocado longe daqui, não temos como seguir até lá sem fazermos bilheteria neste município. Desta vez, estamos mesmo arruinados.

Todos concordaram com o homem, exceto Cirilo, que assim que pôde, partiu acompanhado de Waldick Giordano para a prefeitura da cidade, na esperança de convencer o prefeito a consentir que o circo permanecesse na cidade fazendo suas apresentações.

— Não, não e não! — enervou-se o prefeito. — Está surdo por acaso?

Cirilo, muito pacientemente, tentou se explicar mais uma vez:

— Senhor Prefeito, no circo são muitas bocas para se alimentarem. Desde o incêndio passamos por poucas e boas para reerguê-lo. Foram graças aos moradores da cidade onde tudo aconteceu e, demais cidades vizinhas, que conseguimos nos reestruturar para seguirmos em frente. Eu me responsabilizo, caso aconteça alguma coisa que desagrade o senhor.

— Você é um rapaz muito petulante!

— E o senhor um desalmado.

— Para mim, chega!

O homem levantou-se da mesa com tanto ímpeto, que a cadeira ao ser afastada, ruiu o assoalho. Imediatamente foi até a porta de seu gabinete e fez sinal para um policial.

— Prenda esse homem por desacato à autoridade.

— Não faça isso, meu senhor — Waldick tentou defender

Cirilo.

– Se o senhor insistir em defender seu coleguinha, também acabará preso.

Voltando-se para o guarda, o prefeito foi incisivo:

– Vamos, leve-o daqui, rápido, para a delegacia.

Assim foi feito e, diante do delegado, ao tentar se defender, Cirilo ouviu:

– Não precisa tentar se defender, meu rapaz. O prefeito Felício Morato, infelizmente é um homem muito radical nas suas decisões.

– Que bom que o senhor me entende.

– Sim, apesar de não poder fazer nada para ajudá-los. Não posso ir contra ele, uma autoridade...

– Eu o compreendo.

Quando Waldick chegou ao circo, contando o que havia acontecido a Cirilo, todos se condoeram por ele. Exceto Savério Constanzo, que criticou sua atitude, sem piedade:

– O Cirilo não tinha nada de ir lá falar com o prefeito, novamente! Agora ele nos deixou numa situação ainda pior do que antes.

– Ele só estava tentando nos ajudar, Seu Savério – Malena defendeu o rapaz.

– E deu no que deu.

Todos fizeram bico.

– E agora? – indagou Nilvan, tão preocupado e pessimista quanto Palerma.

– Tatararatatá na mão e joga fora! – brincou Fofureza na esperança de alegrar a todos, mas foi imediatamente reprovado pelo olhar de cada um dos presentes a sua volta. – Eu só estava tentando ajudar! – defendeu-se o palhaço.

– Vamos manter a calma – pediu Malena, procurando também seguir seu próprio conselho.

– É, mas alguém tem de fazer alguma coisa pelo Cirilo – lembrou Lucinda, com lágrima nos olhos. – Ele não pode continuar preso.

– Isso é verdade! – concordaram todos, exceto Savério

Constanzo que disse:

– Pois ele que fique lá por mais algumas horas ou dias, assim aprende a não meter mais os pés pelas mãos.

Sem mais, ele voltou para o seu trailer.

Por trás das grades da prisão, Cirilo repassava os últimos acontecimentos de sua vida e das pessoas a que tanto queria bem e amava. Foi então que uma forte rajada de vento ergueu novo poeirão das terras aradas para um novo plantio, obrigando os moradores a fecharem rapidamente portas e janelas de suas casas para evitar o pó. Não muito longe dali, uma fagulha de um fogão a lenha, deu início a um incêndio numa madeireira que logo tomou grandes proporções. Com o sopro do vento, fagulhas foram arremessadas contra as plantas secas que logo se incendiaram, pondo em perigo as casas de madeira construídas nas suas imediações. Se uma pegasse fogo, as demais também seriam queimadas no que viria ser um efeito dominó.

– Senhor Prefeito, se não detivermos o incêndio, a cidade toda pegará fogo – alertou um de seus assessores.

O homem se desesperou.

– O que podemos fazer?

– Tentar fazer uma barricada para que o fogo não atinja toda mata em torno da cidade. Vamos precisar de todos os homens disponíveis.

– Pois chame todos que tiverem disposição para isso. E assim foi feito e quando o delegado apareceu acompanhado de Cirilo, o prefeito imediatamente se zangou:

– O que esse moço está fazendo aqui, Lincoln?

– Senhor prefeito, quanto mais homens estiverem trabalhando, melhor será. Inclusive, mandei chamar também os homens do circo para nos ajudar. Nessa hora, todos são de extrema importância para nós.

– É... – o prefeito engasgou – você tem razão. Fez bem!

Estufou o peito e se afastou.

Enquanto os homens ajudavam a deter o incêndio, as mulheres

no circo oravam para que nenhuma fagulha atingisse a lona novinha em folha que haviam comprado com tanto custo há tão pouco tempo. Atentas a qualquer emergência, jogariam água por intermédio de uma mangueira, na direção de qualquer indício de fogo. Em suas casas e também nas igrejas, as mulheres da cidade oravam por chuva para impedir que o incêndio continuasse queimando tudo por onde passava.

Foi um dia exaustivo e cheio de tensão, jamais vivido antes por toda aquela gente unida para evitar uma tragédia.

Por fim, as preces foram ouvidas e a chuva veio na quantidade exata para apagar o fogo de uma vez por todas. Foi mais uma vitória da fé, a prova viva de que a oração pode realmente fazer milagres na vida de todos.

Diante de toda a ajuda prestada pelo pessoal do circo, o prefeito se sentiu na obrigação de ir agradecer-lhes. Imediatamente pediu ao delegado que soltasse Cirilo, o que deixou a autoridade muito contente com a sua decisão. Ao ir até o circo agradecer a todos pela ajuda prestada, Waldick Giordano respondeu:

— Fizemos só a nossa obrigação diante de uma tragédia como essa.

— Isso prova que somos todos realmente irmãos — lembrou Malena, feliz com a constatação. — Altos, baixos, pretos, brancos, ricos ou pobres, não importa, quando as coisas apertam, somos todos um só coração.

O homem, muito emocionado, agradeceu.

— Vocês têm razão.

Malena acrescentou:

— Esse incêndio na madeireira que deu início a todo esse fogaréu, serviu para nos mostrar que certas coisas realmente fogem ao nosso controle, como um leão que escapa de sua jaula ou um incêndio que se inicia num circo. Queremos evitar todo o mal, mas nem sempre podemos. Quando acontece, só mesmo unidos para detê-lo.

— Você tem toda razão. Peço desculpas por tê-los julgado tão precipitadamente. Vocês são boa gente e, portanto, o circo está liberado para fazer suas apresentações para os moradores da cidade.

A trupe do Esputinique vibrou, dando urros e pulos de alegria.

– Senhor Prefeito, prepare-se que o senhor vai assistir ao melhor espetáculo da Terra! – gritou Lucinda, dando os seus pulinhos.

E o homem mais uma vez relaxou seu semblante pesado e cansado.

Naquela noite o circo estava lotado. Quando as luzes se apagaram e somente o palco ficou iluminado, a plateia vibrou.

– Respeitável público! – começou Savério Constanzo, impostando sua voz no microfone. – Como é que é, criançada? Boa noite!

A criançada aplaudiu e urrou muito.

– Está fraco! Boa noite!

Os aplausos e urros se repetiram dessa vez bem mais fortes.

– Sejam bem-vindos ao grande Circo Esputinique, que orgulhosamente tem o prazer de lhes apresentar, o maior espetáculo da Terra!

Mais vibração e mais palmas.

– Esta noite teremos Zandor, o grande malabarista e líder dos trapezistas, Waldick Giordano, o mágico de mil e um truques, Nilvan, o atirador de facas e também domador dos nossos leões ferozes, além do trio de palhaços mais divertidos do planeta: João Balão, Fofureza e Palerma. Para encerrar a noite com chave de ouro, apresentaremos o desafiador Globo da Morte. E para começar, um número performático com Malena, a surpreendente mulher barbada!

E assim o espetáculo teve início e a cada atração, mais e mais o público delirava. Quando chegou a vez dos palhaços, a plateia se entusiasmou ainda mais. João Balão, Fofureza e Palerma invadiram o picadeiro, andando desengonçadamente sobre triciclos e jogando beijos para todos com as mãos.

– Hoje tem marmelada? – perguntou Cirilo, vestido de João Balão.
– Tem, sim senhor! – respondeu o circo em coro.
– Hoje tem goiabada?
– Tem, sim senhor!
– E o palhaço, o que é?
– É ladrão de mulher!

Palmas, muitas palmas. Foi um show memorável, um dos mais marcantes na vida de todos que faziam do circo Esputinique um dos melhores do país.

Longe do circo, Wanderleia Constanzo tentava reencontrar a felicidade que todos buscam sem saber exatamente onde encontrá-la. Mas ela sabia, sim, sempre soube que a sua estava no circo onde nasceu e cresceu, fez amigos e se apaixonou por Cirilo Salamandro.

Ansiava por notícias dele, cartas, sim, pelo menos uma em retribuição a que ela lhe enviara por intermédio de seu pai. Uma simples carta, um bilhete, que fosse, contando como ele e todos estavam passando, e que seu amor por ela ainda era imenso.

Talvez ele ainda não lhe tivesse escrito, devido aos infortúnios pelos quais deveriam estar passando para reerguer o circo, depois do incêndio que o destruiu. Por isso deveria perdoar-lhe, sim, era o mais sensato a se fazer.

O mais estranho naquilo tudo era não ter recebido notícias de Lucinda e Malena que sempre foram tão ligadas a ela. Estariam também tão ocupadas a ponto de não terem tempo para lhe escrever, pelo menos um bilhete?

Naquela noite, mais uma vez, Wanderleia sairia com Danilo Demóstenes de tanto a tia insistir e também para continuar agradando seu pai. Danilo não era má companhia, era de bem, um sujeito agradável de se conversar, só não era o homem da sua vida, nunca seria e, cedo ou tarde, ela teria de lhe contar a verdade.

Noutro extremo do país, Giovanna Marinelli discutia mais uma vez com o marido que tinha propósitos muito mais determinantes do que o de ficar bajulando, adulando e cuidando do filho.

– Por isso eu não queria ter tido esse menino tão cedo, Giovanna! – reclamava Agson mais uma vez. – Para que aproveitássemos a vida. Pudéssemos viajar sem preocupação, e sem tormentos. Agora eu quero viajar com você e não posso.

– Podemos levá-lo conosco.

– Conosco só vai nos atrapalhar. Não vamos conseguir aproveitar nada. Nenhum dos passeios... Além do mais, há passeios que não se podem levar crianças.

– O que eu posso fazer?

– Você pode deixar o menino com uma babá.

– Uma babá?

– É, de confiança.

– Não, isso não. Ficarei com dor no coração.

– Por isso eu lhe disse, dez mil vezes, para que não tivesse a criança enquanto fôssemos recém-casados. Eu a avisei!

Giovanna, ainda que ferida pelas palavras do marido, ditas tão sem tato e sem coração, acabou aceitando a sua proposta:

– Está bem, Agson, vou procurar uma babá de confiança para ficar com o nosso Igor.

– Acho bom e, por favor, não quero vê-la com cara de tacho durante os passeios. Não suporto mulher enjoada, dramática e preocupada. Durante a viagem você vai esquecer que tem um filho, pelo menos diante de mim.

Giovanna engoliu em seco.

– Ouviu bem, Giovanna?

Ela, muito submissa, fez que "sim" com a cabeça.

– Acho bom!

E não se falou mais no assunto.

Capítulo 19
Wanderleia e Cirilo se reencontram

Cada semana que se passava, mais e mais o Esputinique se reerguia, com esforço, talento e fé em Deus, por parte de todos que pertenciam à trupe circense. Savério Constanzo, por sua vez, volta e meia partia para a casa da irmã para rever a filha de quem morria de saudades.

– Senhor Savério – disse Cirilo, como sempre, antes de o homem partir. – Pode levar mais essa carta para a Wanderleia?

– Sim, sim, Cirilo, dê-me aqui.

O homem guardou a carta no bolso, por dentro do paletó, como sempre fazia com todas que o moço endereçava a Wanderleia. Quando estava prestes a partir, Cirilo mais uma vez lhe perguntou o que muito ansiava saber:

– E ela volta quando, Senhor Savério?

– Wanderleia? Assim que o circo estiver novamente reestruturado.

– Mas ele já está praticamente todo reestruturado, o senhor não acha?

– Ainda faltam alguns ajustes...

– S-sim, sim, mas é que eu... todos aqui estamos mortos de saudades dela e, bem...

– Eu sei... Mas não se preocupe, Wanderleia está bem. Penso, na verdade, que nunca esteve tão bem em toda vida.

– Estimo.

Assim que o homem se foi, Lucinda se achegou a Cirilo e usou de sua sinceridade, mais uma vez:

– Não preciso ser vidente para saber que o Seu Savério está mentindo para você, Cirilo.
– Seu Savério? Que nada, Lucinda!
– Está, sim. Ele não pretende trazer Wanderleia de volta para morar conosco. Talvez, nem ela mesma queira voltar.
– A Wanderleia?!
– A própria e acho bom você se preparar para isso.
– Ela não faria isso comi... Conosco!
– Se não acredita em mim, consultemos as cartas.
– Malena?
– A própria! Ela lhe dirá a verdade, a verdade que talvez você prefira não encarar, assim como eu. Porque penso ser melhor viver na incerteza do que na certeza, por meio da vidência, de que o que se mais deseja, especialmente no amor, não vai nunca acontecer.

As palavras da anã fizeram Cirilo sentir um arrepio na alma. Estaria ela certa?

No dia seguinte, Lucinda, muito ladinamente, invadiu o trailer de Savério Constanzo em busca do telefone ou do endereço de sua irmã. Por sorte, encontrou os dois e, imediatamente, deu a Malena para ligar para lá. Foram ambas até a central de telefonia da cidade, fazer a ligação. Foi uma das empregadas da casa de Bernardina Constanzo Tornaggi quem atendeu ao telefonema:

– Pois não?
– Wanderleia Constanzo, por acaso, se encontra?
– Não – respondeu a criada prontamente. – Saiu com a tia para experimentar o vestido de noiva.
– De noiva?!
– Sim, ora, do seu casamento.

Malena, contendo-se diante do choque, perguntou:
– E para quando é mesmo o casamento?

Assim que recebeu a informação, Malena recolocou o fone no gancho e precisou de um minuto para se recuperar.
– O que foi, mulher? – agitou-se Lucinda. – Diga-me, vamos! Você está branca feito giz!
– É a Wanderleia...

– Morreu?
– Não! Vira essa boca pra lá! Ela vai simplesmente se casar.
– Casar?! Você tem certeza?
– Absoluta!
– Mas como se ela ama o Cirilo?
– Isso eu não sei, Lucinda.
– O Cirilo precisa saber disso o quanto antes. Ele tem de impedi-la de fazer essa loucura.
– Que loucura, Lucinda? Ela vai se casar porque quer.
– Duvido! Para mim isso tem dedo do Sr. Savério. Precisamos apurar.

Assim que as duas voltaram ao circo, procuraram imediatamente por Cirilo e lhe contaram o que descobriram.

– Isso não pode ser verdade... – murmurou o moço, arrasado.
– Mas é! – respondeu Lucinda, com sua voz estridente ao extremo. – O casamento é para depois de amanhã, por isso o Seu Savério andava tão ansioso e foi para lá. Ele sabia, sempre soube do casamento, e não nos contou nada por sua causa.
– Minha?!
– Sim, seu bobo! Porque sabia que você tentaria impedir Wanderleia, caso descobrisse o que ela pretende. Eu, se fosse você, partia para lá agorinha mesmo. O Fofureza e o Palerma dão conta do número dos palhaços enquanto você estiver fora.
– Vocês acham mesmo que eu devo ir?
– Cirilo, Cirilo, Cirilo... Você ama ou não ama a Wanderleia?
– É claro que eu a amo. Sou louco por ela!
– E ela por você. Todos sabem! Até Seu Savério, e, por isso, ele nada lhe disse porque você não é o genro que ele sonhou ter, nem o marido que deseja para a filha dele.
– Seu Savério não faria isso comigo, não depois de tudo o que tenho feito pelo circo. Ele me parece tão grato.
– Pode ser grato, mas não o suficiente para consentir que você se case com a filha adorada dele.

Cirilo mordeu os lábios, enquanto seu olhar parou no nada.

– Vá atrás dela, Cirilo – incentivou Lucinda, mais uma vez. – Um amor assim como o seu e o de Wanderleia, que começou desde que eram crianças, não pode acabar dessa forma.

Malena também o incentivou a seguir em frente com um simples olhar.

— Vocês duas têm razão, eu amo Wanderleia e vou impedi-la de cometer essa loucura. A não ser que ela queira.

Sem mais, ele apanhou suas coisas e seguiu para a estação do trem. Doze horas depois, chegava à cidade onde atualmente Wanderleia residia com sua tia. Depois de tomar algumas informações, seguiu até a casa da mulher e chegando lá, diante do luxo da mansão, o desânimo tomou totalmente conta da sua pessoa.

— Eu nunca poderei dar uma vida luxuosa assim para a Wanderleia... Jamais — comentou, entristecido, consigo mesmo.

Ouviu-se então a voz de Savério Constanzo soar do jardim adjacente à casa.

— Você está certo, Cirilo. Nunca!

O rapaz, diante do homem, estremeceu.

— É uma vida assim que eu sonhei para a minha filha. Uma vida de fartura e dignidade. Se eu que sou o dono de um circo, razoavelmente famoso, não tenho condições de dar tudo isso a Wanderleia, imagine você, um mero palhaço.

As lágrimas imediatamente vieram aos olhos de Cirilo.

— Eu sei que a Wanderleia gosta de você. Que desde pequenininha só tinha olhos para você. Quando percebi no que todo esse interesse poderia se transformar, eu amaldiçoei seus pais por terem-no adotado. Não era esse garoto por quem eu queria que Wanderleia se apaixonasse. Não mesmo. Neste mundo, Cirilo, a oportunidade de enriquecer só bate uma vez à porta de uma pessoa, às vezes nem bate...

Quando você desistiu da herança que poderia ter-lhe dado uma vida mais digna, tive a certeza de que você nascera mesmo para ser pobre. Pobre e ignorante. Pois só mesmo um estúpido abriria mão de algo que poderia transformar sua vida para melhor. Ao perder essa oportunidade, você assinou definitivamente, em minha opinião, um legítimo atestado de burrice.

O homem tomou ar antes de concluir:

– O incêndio do circo foi péssimo, mas houve um lado bom em relação a ele. Obrigou-me a vir para esta cidade com minha filha, onde ela pôde conhecer um moço de família abastada que pode lhe garantir um futuro promissor e feliz.

Breve pausa e Savério prosseguiu:

– Não quero que Wanderleia perca essa oportunidade, entende? Sei que você, por amá-la, vai concordar comigo. Vai também tomar o rumo da estação de trem, agorinha mesmo, e voltar para o circo que é seu lugar, deixando a minha Wanderleia ser feliz ao lado de um moço que tenha realmente condições financeiras de sustentá-la. Alguém que possa fazer dela uma moça importante na sociedade em que vivemos. Não pense que se você tivesse aceitado a herança que recebeu, eu teria permitido o casamento de vocês dois. Não! Você continuaria sendo um homem de circo, um mero palhaço.

As lágrimas escorriam pelo rosto bonito de Cirilo que tremia de tristeza e decepção por baixo de suas vestes.

– E as cartas, Seu Savério? – o moço perguntou a seguir. – As cartas que escrevi para Wanderleia e pedi ao senhor que entregasse?

O homem não precisou responder para que Cirilo compreendesse que ele nunca as havia entregado à moça.

– Wanderleia deve estar chegando – continuou Savério Constanzo. – Não quero que ela o veja aqui. Vá, enquanto há tempo.

Cirilo abaixou a cabeça e muito submisso acatou o que o homem lhe pedia. Todavia, ao avistar o carro, trazendo a moça, virando a rua, três quadras abaixo, Savério Constanzo pediu a Cirilo que se escondesse atrás dos arbustos que havia ali no bonito jardim, rente à mansão; e que não deixasse ser visto por Wanderleia em hipótese alguma, quando ali chegasse.

– Papai, o que faz aqui fora? – perguntou Wanderleia, assim que desceu do carro.

– Tomando um pouco de ar puro, filha – mentiu Savério, procurando manter a naturalidade.

– O senhor me parece tenso. Aconteceu alguma coisa?

– Não, Wanderleia. É apenas emoção pelo seu casamento, sonhei tanto em vê-la bem casada.

– Oh, papai...

A moça abraçou o pai, fazendo-o com que chorasse de verdadeira emoção.

– Eu a amo tanto, querida. Se sua mãe estivesse aqui para ver esse seu grandioso momento, Wanderleia, meu Deus, ela seria a mulher mais feliz do mundo. Acredite-me!

– Eu posso imaginar, papai...

– Agora vá, filha... Chegaram mais alguns presentes...

– Jura?

– Sim.

E fazendo um sinal discreto para Bernardina, que chegara de carro junto com a jovem, a mulher chamou pela sobrinha. Assim que ambas entraram, Cirilo saiu de trás do arbusto, com o rosto ainda mais devastado de tristeza pelo choque que levou com os últimos acontecimentos.

– Agora vá, Cirilo – determinou Savério, denotando impaciência.
– E que esse nosso encontro fique somente entre nós.

Inspirando o ar, tudo o que o moço conseguiu dizer, foi:

– O perfume dela... O perfume...

E abaixando a cabeça, submisso como sempre, partiu.

Savério Constanzo se manteve ali, vigiando o rapaz, enquanto seguia pela rua, até ter a certeza de que ele havia realmente partido. Quando Cirilo percebeu que não mais podia ser visto pelo homem, entrou no que seria um beco e ali se deixou agachar, para chorar seu destino. Nunca havia se sentido tão ferido na alma. Mas Seu Savério estava certo, ele nunca poderia dar a Wanderleia tudo o que ela merecia ter na vida. Que ela fosse feliz ao lado do tal sujeito que escolhera para se casar. Muito feliz.

Ele levou a mão ao peito e se lembrou do que Deus lhe disse uma vez, por meio de um sonho:

"Quando tempestades dificultarem sua caminhada, continue firme e forte, não desista, persista. Quando seus sonhos forem soprados para longe feito poeira, continue com esperança e fé em seu coração que a melhor solução virá para você, surpreendendo sua vida, maravilhosamente."

Emergindo de suas lembranças, palavras brotaram nos lábios de Cirilo:

– Não foi Deus quem me tirou Wanderleia, foram as circunstâncias... Se eu a amo, de verdade, e quero o melhor para ela, uma vida digna como acredito que ela merece ter, devo aceitar o que o destino nos reservou.

Ele se levantou, enxugou as lágrimas no dorso da mão e na manga da camisa, e retomou seu caminho para a estação. Era o melhor que tinha a fazer no momento. Quando lá, sentou-se num banco de madeira e mergulhou o rosto por entre as mãos e quando já se podia ouvir o trem, apitando a certa distância, Wanderleia chegou ao local.

– Cirilo – disse ela, despertando-o da introspecção.

Nem ele nem ela conseguiram evitar que seus olhos marejassem.

– Como soube que eu estaria aqui? – perguntou ele, assim que ambos ficaram frente a frente.

– Quando voltei para a casa da minha tia, e encontrei o papai ali em frente, parecendo aflito com algo, perguntei a uma das empregadas, assim que adentrei a mansão, se havia acontecido algo de errado enquanto eu e minha tia estivéramos fora. Ela me contou que um rapaz bonito havia estado ali, conversando com ele. Pôde vê-lo pela janela envidraçada. Não sei por que, deduzi ser você. Então inventei uma desculpa e pedi ao chofer que me trouxesse até aqui. Ainda bem que cheguei a tempo.

– A tempo de que, Wanderleia?

– De lhe perguntar por que se esqueceu de mim, Cirilo? Nenhuma carta, nenhum recado? Sei que andou ocupado com a reconstrução do circo, mas pensei que me mandaria pelo menos um "oi" pelo meu pai.

– E tão facilmente você também me esqueceu, Wanderleia.

Ela se aproximou dele ainda mais e se fez sincera mais uma vez:

– Depois de tudo o que nos aconteceu, temi que meu pai nunca mais se reerguesse. Temi até que morresse de infarto, de uma hora para outra. Com você tão distante e com meu pai, tão carente, acabei aceitando o pedido de casamento de um moço que conheci por insistência de minha tia. Ele não é má pessoa, é um cara e tanto, só não é... você, Cirilo. O moço com quem eu sonhei me casar a vida toda.

Ele fugiu dos olhos dela, respirou fundo e se fingiu de forte:

– O tempo muda tudo, Wanderleia...

– Não um amor como o nosso, Cirilo.

Segurando-se mais uma vez para se manter firme, diante dela, ele respondeu:

– A minha vida era uma antes de eu nascer, depois foi outra e, mais tarde, outra, novamente. Um eterno ciclo de mudanças e só nos resta aceitar essas mudanças para não sofrermos.

– Por que veio até aqui, Cirilo? Diga-me, por favor.

Os lábios dele secaram diante da pergunta.

– Diga-me!

– Vim para dar um recado urgente ao seu pai.

– Foi mesmo?

– Foi.

– Pensei que...

– Pois pensou errado. Por isso, não queria que me visse conversando com ele, para que não tivesse a falsa impressão de eu ter vindo atrás de você.

– Pois eu pensei mesmo que tivesse.

– Não, eu sinto muito.

O trem aproximou-se da estação, apitando mais fortemente e quem ia tomá-lo avançou na plataforma, perturbando a conversa dos dois.

– Bem, eu preciso ir – afirmou Cirilo, querendo na verdade ficar e pedir a ela que não levasse adiante aquele casamento. Mas ele não podia impedi-la de viver tudo aquilo que acreditava ter o poder de transformá-la numa mulher feliz e realizada.

– Adeus, Wanderleia.

– Adeus, Cirilo.

Ele procurou sorrir, acenou para ela e sem hesitar, entrou de vez no vagão do trem. Ela permaneceu ali, até o trem partir e se tornar invisível aos seus olhos.

Capítulo 20
Lucinda reencontra Lúqueo

O casamento de Wanderleia aconteceu na data prevista e ela estava linda dentro de um vestido branco cheio de rendas e com um véu magnífico, longo e brilhante. Não havia um sorriso sincero em sua face, apenas a palidez da tristeza encoberta por uma suave e bela maquiagem. Do primeiro ao último passo em direção do altar, a jovem se perguntou se estava agindo certo em se casar com Danilo Demóstenes. Ele a adorava, sem dúvida, mas e ela? Aprenderia a amá-lo com o tempo? Seria capaz de suportar os altos e baixos de um casamento ao seu lado, na alegria e na tristeza, na saúde e na doença?

Durante a cerimônia, Savério Constanzo parecia ter voltado a ser criança, tamanha a felicidade.

No circo, Cirilo se mantinha de pé, por uma força sobrenatural. Jamais alguém ali poderia supor que por trás de sua magnífica pintura de palhaço, havia um rosto dilacerado pela dor da perda da mulher que tanto amava.

Ao término de mais um espetáculo, quando o público já ia deixando o circo, dois meninos, acompanhados de seus pais, pararam em frente a Cirilo que procurava se entreter com todos, como sempre, para não ter de encarar o que dilacerava o seu coração.

– Mamãe, palhaço também chora? – perguntou um dos garotinhos.

167

— Claro que não, Mané! — adiantou-se o irmão, dando-lhe um peteleco na cabeça. — Palhaço é sempre feliz, está sempre sorrindo. Você alguma vez já viu palhaço triste? Nunca! Não é mesmo, mamãe?

A mãe procurou explicar:

— Meus filhos, por trás da pintura alegre de um palhaço, há um ser humano como todos nós, sujeito a tristezas e a alegrias da vida. Um homem que chora, sim, porque é humano. Um humano tão sensível como todos, diante dos altos e baixos da vida.

Os dois moleques se entreolharam, franzindo ligeiramente a testa e seguiram caminho, interessando-se por outras coisas que havia por ali.

Assim que a família se foi, Cirilo se sentiu novamente grato à vida por ter se tornado um palhaço, pois sendo um, podia esconder sua tristeza até mesmo da tristeza, por meio da maquiagem que cobria seu rosto. Algo que a maioria das pessoas não poderia fazer.

Assim que Savério Constanzo voltou para o circo, Lucinda decidiu tirar satisfações com ele. Invadiu seu trailer, sem bater à porta, e receber permissão para entrar. Entrou, cuspindo pelas ventas e foi logo dizendo, o que andava entalado na sua garganta:

— O senhor não tem coração, nem consideração. Depois de tudo o que Cirilo fez pelo circo.

Savério Constanzo, surpreso com o atrevimento da anã, respondeu, furioso:

— Pois ele não fez mais do que obrigação, afinal, ele depende daqui tanto quanto eu, você, cada um dessa trupe.

— Mas ele ama a Wanderleia!

— Mas ela não o ama.

— Ama, sim!

— Se o amasse realmente, teria vindo atrás dele e... De qualquer modo é tarde demais para qualquer sentimentalismo barato. Ela se casou com outro e nada poderá reverter essa situação. Queira se retirar, por favor.

– Isso não vai ficar assim, Seu Savério. Não pode, não é certo! Um amor igual ao dos dois, não pode morrer dessa forma, não é justo!

– Justo ou não, os dois estão separados para sempre. E agora, suma daqui, antes que eu a ponha no olho da rua, sua anã mexeriqueira e intrometida. Algo que eu faria sem arrependimentos.

Assim que a anãzinha se foi, Savério Constanzo voltou seus pensamentos para a filha e disse às paredes, com voz de pai amoroso, conectada diretamente ao coração:

– Foi melhor assim, Wanderleia, e um dia você há de me agradecer por isso.

Minutos depois, ao reencontrar Cirilo, Lucinda desabafou:

– Aquele homem é um ingrato. Teve a pachorra de dizer que me poria na rua só porque fui defender você e a Wanderleia.

– Você não deveria ter ido, Lucinda.

– Deveria, sim! Desde quando não podemos mais expressar o que pensamos? Defendermos as causas em que acreditamos? Por que temos de nos calar diante de tudo? Eu não sou de me calar!

Cirilo agachou-se diante da anã, pegou seus bracinhos e foi muito sincero:

– Obrigado por ter se preocupado comigo, conosco, mas Seu Savério agiu certo, ao forçar, direta ou indiretamente, Wanderleia a dar um rumo diferente para sua vida. Casando-se comigo, ela nunca poderia ter uma vida realmente digna. Faço votos para que ela seja feliz ao lado do moço que escolheu para se casar e dos filhos que tiver com ele.

– Ainda que isso dilacere o seu coração, Cirilo?

– Ainda assim, Lucinda. Por amor a ela sou capaz de fazer qualquer sacrifício. Até mesmo aceitar que ela se case com outro e descubra a felicidade ao seu lado.

Sem mais, ele abraçou a pequenina que chorou de tristeza por ele em seu ombro.

Depois de Cirilo alegrar Lucinda, contando-lhe algumas piadas, a anã voltou para sua barraca, bocejando sem parar, louca para se jogar na cama e ter uma bela noite de sono. Especialmente para se esquecer das injustiças da vida. Foi então que ela ouviu um barulho por trás da arara onde ficavam penduradas suas roupas.

– O que foi isso? – empertigou-se.

O ruído se repetiu.

– Um rato! Ai! – a anãzinha subiu na cadeira. – E agora? Grito ou saio correndo, pedindo por socorro, me esgoelando inteira? Ai...

Estava prestes a berrar, quando a voz de Lúqueo soou no local:

– Sou eu, sua anã boboca. Calma! Por favor!

Lucinda levou imediatamente a mão ao peito e o choque que transparecia em sua face era ao mesmo tempo de emoção e contentamento por rever o anão que tanto amava.

Lúqueo, muito humildemente, voltou a falar:

– Estou na pior, Lucinda. Preciso de abrigo e comida... Só você pode me ajudar.

– E-eu?!...

– Sim, você. Porque foi sempre a única a gostar de mim de verdade.

As palavras dele tocaram-na profundamente.

– Lúqueo, seu anão uva-passa, por que você ateou fogo ao circo?

– Porque eu estava com ódio, muito ódio do Cirilo e da própria Wanderleia por ela amá-lo e não a mim, que sempre fui louco por ela. Estava enfurecido também com a vida, por ter me feito nascer um anão, um anão feito uma uva-passa, como você mesma diz. Se eu fosse um homem normal, Wanderleia me amaria e se casaria comigo e tudo seria exatamente como eu sempre sonhei viver ao seu lado.

– O Cirilo é um homem normal, como você mesmo diz, e, mesmo assim, não pôde ficar com a Wanderleia, porque não era o tipo de genro que Seu Savério sonhou para ele.

– Aquele velhaco não passa de um bobão!

– Eu sei, mas de que adianta achar isso dele? Ele não vai mudar por causa disso.

– Infelizmente.

– Então, seu anão uva-passa, de que adianta se revoltar contra a vida? A pior revolta de um ser humano é contra si mesmo. É por não se gostar fisicamente e se revoltar por isso...

– Quer parar de dizer essas coisas que fazem sentido? Detesto ter de admitir que você tem razão.

Houve uma pausa em que ela ficou a admirá-lo, com os olhos apaixonados de sempre, até dizer:

– Pelo visto, você continua sendo o mesmo anão uva-passa de sempre.

– Não, Lucinda, não sou mais o mesmo. Pode não parecer, mas a solidão e a miséria em que fiquei nesses últimos meses, fizeram com que eu refletisse muito sobre a vida e reconhecesse os meus erros. Fui parar na sarjeta, fui chutado por crianças, adolescentes e adultos. Fui lambido por cachorro. E tudo isso para eu reconhecer que a minha vida era mesmo no circo, que eu amava tanto e que, por estupidez, ateei fogo.

– Você reconheceu mesmo o seu erro, Lúqueo? Jura?

– Você pode não acreditar, mas me arrependi tão amargamente do que fiz, que quis morrer de vergonha e ódio de mim mesmo. Quando soube que vocês iriam fazer as apresentações ao ar livre, eu, imediatamente comecei a divulgar os espetáculos pela cidade para onde eu havia fugido. Com isso muita gente foi assistir aos espetáculos.

– Então foi você o anão que os moradores da cidade vizinha nos contaram que estava promovendo o circo por lá?

– Sim, eu! Foi a única forma que encontrei para ajudá-los a reerguer o circo, reparar o mal que fiz a todos.

– Oh, Lúqueo nada disso precisava ter acontecido.

– Eu sei... Mas...

Houve uma pausa até ele perguntar:

– Você pode me abrigar aqui?

Ela engoliu em seco:

— Aqui?! Ninguém mais vai querê-lo aqui depois do que você fez. Ainda que tenha nos ajudado, de longe, a promover os espetáculos ao ar livre, eles não lhe perdoarão. Vão massacrá-lo. Podem até entregá-lo às autoridades.

— Quer dizer, então...

— Quer dizer que mesmo assim eu vou ajudá-lo.

O rosto dele se iluminou:

— Vai mesmo?

— Vou, porque não consigo dizer "não" a você e também porque lhe quero muito bem.

Ele deu um passo à frente, passou a mão pelo cabelo cor de abóbora dela e novamente sorriu, agradecido. Por dentro, Lucinda sentiu seu peito se incendiar, espantada, mais uma vez, pelo fascínio que o anão exercia sobre ela, despertando-lhe aquela paixão que só os céus poderiam explicar.

— Só que você terá de permanecer escondido aqui na minha barraca. Até que eu consiga fazer a cabeça de todos para aceitá-lo de volta ao circo.

— Farei isso.

— Para que ninguém o veja, você pode sair daqui, antes que todos acordem, e arranjar o que fazer na cidade em que estivermos nos apresentando, para que possa descolar algum trocado. Quando voltar para cá, esconda-se aqui na barraca e tudo vai correr às mil maravilhas. Quanto a comida, bem, darei um jeito de lhe trazer o que comer. Pode ser assim?

— Sim, para mim está ótimo.

— Que bom!

Nova pausa e, olhando com admiração para anãzinha, o anão se fez sincero mais uma vez:

— Obrigado... Mais uma vez obrigado por me acolher aqui.

E ao beijar sua maçã do rosto, Lucinda avermelhou-se toda.

Desde então, a pequenina passou a levar, discretamente, frutas e pratos de comida para sua barraca onde Lúqueo pudesse se alimentar sem que ninguém o visse.

— Lucinda? — perguntou Zandor, certo dia. — Aonde vai com essa comida?

— Ah?! — gaguejou a anã. — Deixar no meu quarto para eu comer depois.

— Nossa, você anda com uma baita fome, hein? Porque a vi encher o prato durante o almoço.

— Deu agora para vigiar o que eu como, Zandor?

— É que...

— Vai cuidar da sua vida, vai!

Sem mais, a anãzinha retomou seu caminho, andando serelepe como sempre.

Dias depois ao ver a cena se repetir, Zandor comentou com Malena:

— Será que ela está grávida, por isso anda comendo tanto?

— Grávida? Lucinda? De quem?

— Aí é que está.

Quando Malena a questionou a respeito, Lucinda foi severa com ela:

— Endoidou, Malena?!

— É que você anda comendo mais do que o normal...

— Foi o Zandor, não foi? Foi ele quem pensou isso de mim, não é mesmo? Não sei por que ele deu agora para controlar o que eu como...

— Não foi só ele quem percebeu, Lucinda.

— Sabe de uma coisa, Malena, todos deveriam cuidar bem mais de suas vidas, do que da dos outros, não acha?

— Bem, sim, de qualquer modo, se estiver precisando de alguma coisa, fale-me. Você sabe que pode contar comigo, sempre!

— Estou começando a duvidar.

A anã fez bico e quando Malena ia se retirando de sua barraca, a mulher barbada avistou outro travesseiro sobre a cama da pequenina.

— Lucinda, você anda por acaso de namorico?

O espasmo nos olhos da anã a entregou.

173

– Quem é ele, Lucinda, quem é? – entusiasmou-se Malena. – Que bom que você finalmente conseguiu se esquecer do Lúqueo, e abriu seu coração para outro homem.

– Prefiro manter segredo, por favor.

– Está bem.

– Ele é da cidade, assim que formos embora daqui, tudo estará acabado e... Deixe-me curtir esse momento tão belo, do jeito que é melhor para nós dois.

– Está bem, minha amiga. Eu nada direi. Fique tranquila.

Malena, ao comentar para Zandor a respeito do que descobriu, o malabarista e também trapezista do circo, sem saber ao certo por que, suspeitou que a anã não estivesse contando a verdade. Por isso, passou a espionar a barraca de zinco onde ela dormia até que viu Lúqueo, voltando para lá, certa noite, quando todos estavam ocupados com os preparativos para o espetáculo.

– Deus meu, é o anão filho da mãe... – exclamou Zandor, baixinho consigo mesmo. – Se os demais souberem que ele voltou para cá e Lucinda o está abrigando na sua barraca, vão matar os dois.

Ao comentar com Malena, a mulher barbada ficou perplexa:

– Quer dizer então que o tal amante da Lucinda é o Lúqueo?! Só podia ser ele mesmo, que boba fui eu! Por isso ela levava comida para lá, porque ninguém poderia saber que ele estava de volta ao circo. Zandor, meu amigo, ninguém pode saber que ele está de volta, se souberem...

– Mas Malena, minha querida, com Lúqueo morando aqui, às escondidas, eu, você todos nós estamos correndo perigo de vida. Ele já pôs fogo no circo uma vez e pode fazer novamente.

– Talvez ele tenha se arrependido. Duvido muito que Lucinda o tenha acolhido aqui se soubesse que ele poderia nos pôr em perigo novamente.

– Lucinda é muito apaixonada por ele, Malena. Vai acreditar em tudo o que ele lhe disser.

– Vamos falar com o Cirilo.

E assim fizeram os dois.

– Lúqueo, aqui?!!! – espantou-se o moço que imediatamente seguiu para a barraca de Lucinda, acompanhado de Malena e Zandor, para pegarem os dois anões desprevenidos.

Os três só não esperavam que tivessem sido ouvidos por outros membros da trupe que logo espalharam a notícia para os demais e também seguiram para o local. Em questão de segundos, a morada de Lucinda ficou cercada por todos.

– Malena, você me prometeu... – manifestou-se Lucinda, decepcionada com a amiga.

– Eu não disse nada, eu juro – defendeu-se a mulher barbada. – Foi Zandor quem suspeitou...

– Só podia! Ele nunca foi mesmo com a minha cara! Nunca me topou!

– Lucinda – respondeu Zandor, no mesmo instante. – O Lúqueo é esperto, pode estar enganando você só para tirar proveito próprio e, assim, atear novamente fogo ao circo.

Todos concordaram em uníssono:

– É isso aí!

Nilvan, fulo como nunca o viram antes, falou, com todas as letras:

– Eu vou dar uma sova nesse anão uva-passa!

– Eu também! Ele merece! – bradaram todos, especialmente os homens do circo.

– Ninguém toca nele! – berrou Lucinda. – Só por cima do meu cadáver!

Nisso, Savério Constanzo chegou ao local.

– O que esse anão demoníaco está fazendo aqui? – perguntou, fuzilando Lúqueo com os olhos. – Vou chamar a polícia agora mesmo. Você merece cadeia, seu anão perverso. Merece apodrecer na cadeia!

Lúqueo, que até então se mantivera protegido por Lucinda, deu um passo à frente e falou, finalmente, em sua defesa:

– Vocês todos estão certos por me odiarem. Eu fui mesmo horrível...

– Não adianta fazer beicinho agora não, seu anão safado –

protestou Palerma, também irado.

— É isso mesmo! — afirmou Nilvan, segurando-se para não pegar o anãozinho e lhe dar uma coça. — Não adianta também pedir desculpas nem se fazer de arrependido. Você vai nos pagar pelo que fez. Por sua maldade infinda. Vai, sim!

— Estou arrependido, pessoal... Juro que sim.

— É muito tarde para se arrepender. Você quase destruiu nossas vidas por completo.

— Eu sei e peço-lhes desculpas.

— E pensa que só porque nos pede desculpas vai sair impune do que fez? Não, não e não!

— Pessoal, calma! — interveio Cirilo, voltando-se para todos. — Como disse Jesus, certa vez: quem não tiver pecado que atire a primeira pedra.

— Cirilo, por favor!

— Sofremos muito, sim, com o incêndio no circo, mas pela graça de Deus nos reerguemos. Descobrimos que somos bem mais fortes quando unidos, mais fortes até do que antes para enfrentar as adversidades da vida.

— Suas palavras são muito bonitas, Cirilo, mas esse anão uva-passa merece levar uma boa sova para aprender a não se meter a besta conosco.

E quando todos foram para cima do anão, Lucinda gemeu e desmaiou.

— Ela está fingindo só para poupar o anãozinho que ela tanto gosta — opinou Nilvan, irritado.

Cirilo e Malena imediatamente tentaram reanimar a anã, mas em vão.

— Não é fingimento não, minha gente, ela realmente desmaiou — explicou Malena, aturdida. — É melhor a levarmos para o pronto-socorro.

E para proteger Lúqueo dos demais, Cirilo exigiu que ele fosse junto com eles.

— Esse danado vai aproveitar essa confusão toda para fugir de nós, mais uma vez — resmungou Nilvan, totalmente incapaz de perdoar ao anão.

— Não vai não, eu me responsabilizo — respondeu Cirilo, rapidamente.

— Você, Cirilo, cujo coração é de manteiga? Que nada!

Logo que chegaram ao pronto-socorro, Lucinda foi examinada e uma hora depois, o médico veio dar o diagnóstico àqueles que a acompanharam até lá.

— E então, doutor, é grave? — perguntou Lúqueo, verdadeiramente preocupado com a anãzinha.

— Bem, suponho que o senhor seja o marido dela...

— Não, sou apenas um amigo, trabalhamos no mesmo circo...

— Ela vai ficar bem.

— Que bom!

— E também o bebê.

— Bebê?!

— Sim, ela está grávida. Vocês não sabiam?

Todos se olharam, perplexos.

— Não! — foi Lúqueo quem respondeu. — Quer dizer então que ela vai ter um filho... Eu vou ter um filho...

Cirilo e Malena olharam novamente para o anão, tomados de perplexidade.

— Lúqueo! Você e Lucinda...

O anão se avermelhou todo.

— Aconteceu, ora! Também, dividindo a mesma cama.

Cirilo e Malena riram e saudaram o anão pela grande novidade.

— Um filho... — murmurou o anãozinho, levando a mão à cabeça e procurando um lugar para se sentar. — Nossa, que surpresa!

— Boa, espero?

— Sim, maravilhosa! Eu sempre quis ter um.

— Será que a Lucinda já está sabendo?

— Se está, guardou segredo.

Quando os três puderam ver a anã novamente, foi Lúqueo quem quis lhe dar a notícia:

177

– Lucinda, o médico falou que você está grávida...
– O quê?!
A anã desmaiou outra vez. Quando voltou a si, Lúqueo novamente se aproximou dela e disse:
– Você compreendeu o que eu disse? O médico falou que você está grávida...
Quando percebeu que ela ia desmaiar novamente, ele rapidamente chamou sua atenção:
– Não vá desmaiar de novo, por favor!
Mas que nada, Lucinda, de tão emocionada, perdeu novamente os sentidos. Quando voltou a si, ela, ainda muito emocionada, perguntou:
– É mesmo verdade, estou realmente grávida?
– Está sim – respondeu o anãozinho, pegando na mão dela.
Mas ela, um tanto impaciente, retrucou:
– Não quero saber de você, Lúqueo. Quero ouvir da boca do próprio médico.
Assim o doutor fez e a anã, chorando de emoção, murmurou:
– Nossa, eu, grávida, finalmente, que notícia mais maravilhosa!
– Sou eu o pai do bebê, não sou, Lucinda?
Ela, olhando-o com certo desdém, respondeu:
– Será?
O anão, avermelhando-se novamente, inflamou-se:
– Como assim: será? Está caçoando de mim? Com quantos mais você tem se envolvido nos últimos tempos? Eu pensei que era o único na sua vida. Não é à toa que eu sempre a achei uma anã mexeriqueira e irritante.
– Terminou?
– Não!
Malena interveio:
– Vocês dois querem parar de discutir? Aqui não é lugar para isso. Estão tumultuando o local. Chamando a atenção de todos.
– Que bom! – respondeu Lucinda, animada. – Assim divulgamos o circo.

Nova pausa e Lúqueo, ainda enfezado, quis saber:
– Esse filho, Lucinda, é meu ou não é?
– É lógico que é, seu bobo! De quem mais seria?
– Ora...
– Acho bom você assumir seu filho! Senão eu o processo.
– Farei, é claro. Se o pessoal do circo não me matar antes.
– Hum... Tomara que não, primeiro porque não quero que meu bebê nasça órfão de pai, e também, porque ainda quero me ver casada.
– Casada?
– Casada, sim!

E a notícia foi recebida por todos no circo com grande espanto, e desde que Lucinda estava grávida do anão, que a maioria detestava, e qualquer coisa que acontecesse a ele, prejudicaria a gravidez da pequenina, todos acabaram aceitando Lúqueo de volta ao circo.

– Mas saiba, Lúqueo – falou Nilvan bem reticente – que todos nós estamos de olho em você. Se der um passo em falso...

– Eu nada farei, Nilvan... Podem ficar tranquilos – respondeu o anãozinho com sinceridade.

– Acho bom, mesmo! E acho bom também você voltar a trabalhar, ocupar sua função no espetáculo. Ninguém vai ficar morando aqui de graça.

– Por mim, tudo bem.

E foi assim que Lúqueo voltou para o circo Esputinique e logo todos voltaram a vê-lo com bons olhos. Ele procurava dar o máximo de si em tudo que fazia e nas funções para as quais era requisitado.

Da mesma forma que o circo renascera das cinzas, Lúqueo renascera para a vida. Com uma visão mais feliz do mundo, de si mesmo, e de sua existência no cosmos.

Capítulo 21
Evaristo, livre outra vez

Com a pena reduzida por bom comportamento, Evaristo estava livre finalmente para recomeçar sua vida. Quando o trem parou na plataforma da estação da cidade onde ele nascera, o moço saltou do vagão e seguiu pelas ruas de paralelepípedos até chegar ao destino pelo qual tanto ansiava. Vestia calça jeans surrada e uma camisa em tom bege, manchada e amassada. Seus cabelos, de tão oleosos pareciam sujos, piorando ainda mais a sua aparência. Ao chegar a casa onde Giovanna vivera com os pais e, atualmente com o marido e o filho, ele parou, olhando fixamente para o local, por quase cinco minutos.

Ele estava de volta, depois de tanto tempo, ao lugar que jamais se apagou dos seus pensamentos. O lugar que frequentou desde que conheceu Giovanna Marinelli, a garota por quem desde criança seu coração falou mais alto.

Ao tocar a campainha, percebeu-se trêmulo e procurou se acalmar, respirando fundo e pausadamente:

– Calma, Evaristo, não vá morrer na praia, seu bobo. Você esperou tanto por isso, não estrague tudo agora.

Ele novamente respirou fundo e tocou a campainha. Não demorou muito para que Agson aparecesse à porta:

– Pois não?

Evaristo explicou ao que vinha, ainda que se percebesse sem forças para falar. Agson, depois de medi-lo de cima a baixo, respondeu:

– Vou ver se Giovanna pode atendê-lo. Um minuto, por favor.

O minuto de espera pareceu interminável. Quando Giovanna apareceu, foi nítido o susto que ela levou, ao vê-lo parado ali, em frente a sua casa, aguardando por ela.

– E-Evaristo – os lábios dela tremeram.

– Giovanna...

Ela não havia mudado quase nada desde a última vez em que se viram. Somente seus olhos não brilhavam mais como antes, denotando profunda alegria de viver.

– Voltei, Giovanna – falou ele, finalmente, transbordando de emoção. – Como havia lhe prometido, voltei!

Ela continuou sem ação, como se houvesse se transformado em pedra.

– Sou eu, sim, Giovanna.

Ele tomou a liberdade de abrir o portão da casa, por onde passou e chegou até ela.

– Esperei tanto por esse dia, meu amor – ele tomou-lhe a mão e a beijou, feliz por poder sentir novamente o calor do corpo da jovem amada.

Ela recolheu a mão no mesmo instante e a enxugou na calça. Ele, de tão emocionado pelo reencontro, não se ateve ao fato.

– Demorei? – indagou, inocentemente.

Ela, sentindo-se completamente perdida, sem saber o que fazer, respondeu:

– Eu não esperava por você assim tão...

Ele se explicou:

– Meu advogado conseguiu a absolvição do crime que cometi, alegando ter sido em legítima defesa.

– Conseguiu, é? Que bom! Isso é muito bom, Evaristo!

As palavras dela foram ditas com naturalidade, mas havia desespero por trás delas.

– Eu pensei em você a cada minuto dos dias em que fiquei longe.

– Bem... – respondeu ela, visivelmente constrangida.

Ele, então, afastou-se um passo, olhando fixamente para ela

e perguntou:

– O que foi? Não está contente por me ver?

– É que...

Nisso ouviu-se a voz de Agson soar de dentro da casa:

– Giovanna? Está tudo bem aí?

– Sim, sim, Agson. Tudo bem.

Houve uma breve pausa até Evaristo perguntar:

– Quem é ele, Giovanna? Esse...

Ela voltou a encará-lo e com frieza, respondeu:

– Ele é meu marido.

– Você se casou?! – o moço mal podia acreditar naquilo. Na verdade, não queria acreditar. Era doloroso demais.

Giovanna, com os olhos a ir e vir dos dele, tentou se explicar:

– É que eu pensei que você jamais sairia daquele lugar, Evaristo... Tive medo de que nunca pudéssemos nos casar como tanto queríamos, então...

Ele simplesmente disse:

– Você prometeu me esperar...

– Honestamente, eu não quis dizer que iria esperá-lo.

– Não, como não?! Foram essas as suas palavras, sim!

– Eu disse o que disse para tranquilizá-lo diante do inevitável destino que você acabou traçando para si, quando matou aquele homem.

– Quer dizer...

– Quer dizer que eu quis ser solidária com você.

– Solidária?

– Sim.

Novamente ela fugiu dos olhos dele, antes que ele notasse sua mentira. Mas ele logo percebeu qual era a sua intenção.

– Você mente, Giovanna. Mente descaradamente. Quando você me prometeu que me esperaria sair da prisão, você fez porque realmente queria me esperar. O que a fez mudar de ideia, bem, isso eu ainda não sei. Conte-me, por favor, quero muito saber. Preciso saber!

Ela mergulhou num silêncio temporário, até ter coragem suficiente para lhe responder à pergunta com total sinceridade.

– Eu tive de pensar em mim, Evaristo. No meu futuro e na minha reputação diante da sociedade. Pensei também nos meus filhos... Por mais que você tivesse pago por um crime, seu passado jamais seria esquecido na sociedade em que vivemos. Você seria sempre lembrado como um sujeito que matou fulano e foi preso por isso.

– Foi por isso, então...

– Foi! E espero que me compreenda e me perdoe.

Ele ficou em silêncio por alguns segundos, refletindo sobre aquela espantosa revelação, até ouvi-la pedir, mais uma vez, com voz arrastada:

– Perdoe-me, Evaristo, por favor, perdoe-me.

Ele voltou a mirar seus olhos, tão lacrimejantes e vermelhos quanto os seus e disse:

– Todo aquele amor que você dizia sentir por mim, Giovanna, onde foi parar?

Só então ela percebeu que aquele amor ainda estava em seu coração, mas não poderia lhe revelar, primeiro porque estava casada, segundo porque tinha um filho para criar. Terceiro porque não desejava enlouquecer nem a ele nem a si mesma.

Sem mais, ele afastou um passo, depois outro e mais outro, e logo estava correndo, desesperado, tropeçando nos paralelepípedos desencaixados das ruas de sua cidade. Aquele lugar, cheio de esperanças, havia subitamente se reduzido a pó. Ele já não sabia mais que rumo tomar, sua família o esperava, mas ele não desejava mais vê-los.

– Evaristo – balbuciou, Giovanna, esticando os braços à frente, num gesto desesperador. – Eu sinto muito...

Ao sentir as lágrimas quentes, escorrendo por sua face, ela imediatamente tratou de enxugá-las antes que Agson as visse. Assim que entrou na casa, o marido se voltou para ela e perguntou, secamente:

– Era ele, não?

Os olhos dela se iluminaram.

– Giovanna...

– Sim, ele – respondeu ela, enfim.

– Pelo seu abatimento, presumo que ainda guarde sentimentos por ele, não?

– É que eu e Evaristo tivemos tanto em comum, passamos praticamente uma década juntos. Foi tão difícil para mim encarar a nossa separação... Mas não se preocupe, Agson, agora estou casada com você, sou sua mulher, e uma vez casada, é para sempre. Jurei isso diante do altar. Além do mais, temos um filho para criar. Não seria nada bom para ele ter pais separados. Ainda mais, porque sua mãe preferiu um assassino a um homem de bem, na sociedade, como você.

Ele arqueou as sobrancelhas, visivelmente espantado com suas palavras. No entanto, Giovanna não se ateve ao fato, voltou-se para ele e concluiu seu raciocínio:

– Não se preocupe, Agson, eu sempre serei sua.

É obvio que ela ficara transtornada com a aparição de Evaristo, tanto que nem se deu conta do que realmente disse para o marido, e dos atos falhos que cometera. É porque ela ainda era realmente apaixonada por Evaristo, jamais fora por Agson. Casara-se com ele, pensando que poderia vir a amá-lo com o convívio, o que não aconteceu. Que pena...

Não demorou muito para Evaristo deixar a cidade, embrenhando-se pelo capinzal que se estendia até a cadeia de eucaliptos altos e verdejantes. Estava tão aturdido com os últimos acontecimentos, que ficara surdo para o canto dos pássaros e o murmúrio do balanço das plantas e dos grãos, provocado pelas batidas do vento. Ao avistar o rio que passava nas proximidades, convidou-se a ir até lá, onde se sentou às margens e procurou relaxar.

Aquilo, com certeza, acalmaria seus nervos, mas não. Nem a lembrança de que ele novamente era um homem livre, conseguiu tranquilizá-lo.

– Minha vida acabou – declarou, tristemente. Minha pena maior não foi o tempo que passei na prisão, e, sim, saber que Giovanna se casou com outro, não me esperou, não cumpriu o que me prometeu.

As mesmas palavras ele repetiu para sua mãe e seu pai, ao chegar à casa deles.

– Esqueça o passado, filho – aconselhou-lhe Silvina Orciolo. – Especialmente essa mulher que tanto o magoou e recomece sua vida.

– Eu ainda a amo, mamãe.

– Ela não o merece, Evaristo. Esqueça-se dela. É o que de mais sensato pode fazer por você de agora em diante.

Ele tentou. Para isso, mudou-se para uma cidade bem longe dali, na esperança de recomeçar a vida, o que não conseguiu. Assim, virou um alcoólatra, por acreditar, erroneamente, que a bebida poderia afogar suas mágoas.

Ele, como muitos, vivia dessa doce ilusão, de que nada levantava o moral de um homem, ao se sentir sozinho e desprotegido, do que uma boa garrafa de água ardente. De tão desiludido com a vida, Evaristo passou a dormir na sarjeta onde muitos mendigos faziam seu lar.

Certa noite, ao tirar mais uma garrafa de pinga de dentro de suas vestes, um colega de sarjeta foi para cima dele, eufórico:

– Onde conseguiu isso, homem? Divide com nós, divide!

– Pra lá, seus mortos de fome – enervou-se Evaristo, protegendo a garrafa como se fosse o seu bem mais precioso na vida. – Isso aqui é só para mim! Só para mim!

Sua repulsa não durou muito, logo teve pena dos que ali estavam e com eles dividiu parte da bebida. Foi entre um gole e outro que ele se abriu para os seus novos colegas:

– Já passei um bom tempo na cadeia, sabe? Sofri um bocado por ter de ver o sol nascer quadrado toda manhã.

– O que fez para ir parar no xilindró?

– Matei um homem. Foi durante uma discussão. Fui um cretino, um estúpido, uma besta! Por esse vacilo perdi anos de minha vida. Só não enlouqueci na cadeia, por causa de uma jovem... Uma linda jovem por quem me apaixonei desde que era um menino. No entanto, por pouco não enlouqueci quando fiquei livre e descobri que ela não me esperou sair da prisão, como havia me prometido. Casou-se com outro com quem já teve um filho. Para mim foi mais difícil lidar com essa realidade do que com o tempo que passei na prisão.

– Se ela gostasse mesmo de você, tanto quanto você gostava dela, ela o teria esperado.

– Foi por medo que ela se casou com outro.

– Isso é o que você quer acreditar.

– Não, meu caro, foi isso mesmo o que aconteceu.

– As mulheres são tão espertas que são capazes de fazer um homem acreditar que são doidinhas por ele, quando, na verdade, só querem se divertir às suas custas. Comigo foi assim, com muitos outros também. Pois é, eu também vim parar aqui por causa de uma mulher. Que coincidência, hein?

– Um dia, não sei quando, eu e Giovanna ainda ficaremos juntos. Essa é a única certeza que tenho da vida agora.

– Pois eu, se fosse você, esquecia-me dela de vez. Eu, de mulher, não quero nunca mais saber. Prefiro viver casado com uma garrafa de pinga à companhia de uma delas. Se um sujeito achegar-se a mim e me pedir um conselho sobre a vida, o único que vou lhe dar, será esse: nunca se apaixone. Porque é um prazer que vira uma dor insuportável no final. Uma ferida que jamais pode ser curada. É a maior delícia e, ao mesmo tempo, a pior pisa que alguém pode levar na vida. Afaste-se da paixão, torça o nariz para ela, mude de calçada, rua ou estrada se por acaso a vir vindo em sua direção. Ela vai tentar encantá-lo, vai tentar convencê-lo de que é a melhor coisa do mundo, mas não se iluda, quando você menos esperar, ela já o terá aprisionado a uma solidão a dois, a um feijão sem arroz, um destino ignorado, um ninho vazio...

Aquelas palavras doeram fundo em Evaristo, porém, mesmo sabendo que era verdade, ele ainda continuou alimentando esperanças em seu coração, por Giovanna Marinelli.

No circo, nesse ínterim, Cirilo também se confrontava com um desfecho completamente oposto ao que sonhou viver ao lado da mulher amada. Passava perto do trailer de Savério Constanzo quando ouviu o homem comentar, feliz, com Waldick:

– Caro mágico, vou ser avô! Minha amada Wanderleia está grávida! Grávida!

– Parabéns, Seu Savério!

– Muito obrigado, Waldick. Mal me aguento de felicidade!

Logo, todos estavam sabendo da grande notícia e espantados com a transformação que ela causou no dono do circo. Nunca o viram tão animado e paciente com todos, desde que Wanderleia havia se casado com Danilo Demóstenes.

Ao encontrar Cirilo, Malena tentou reerguer seu astral.

– Você deve estar se sentindo péssimo com a notícia, não?

– Eu não, Malena. Não tenho direito de me sentir mal por algo de bom que aconteceu a outra pessoa.

– Ainda que essa outra pessoa seja a moça que você tanto amou, ainda ama? Ainda que seja o filho que você esperou ter com ela?

– Mesmo assim. Procuro me alegrar por pensar que Wanderleia está feliz com a gravidez.

– Você tem razão, de que vale chorar pelo leite derramado, não é mesmo?

– Pois é.

Houve uma pausa até ela aconselhá-lo:

– Você deve partir para outra, Cirilo. Deve abrir seu coração para outra mulher. Amar novamente uma que possa realmente ficar com você.

– Estou decidido a isso já faz tempo, Malena. Já faz tempo. É que ainda não aconteceu, mas vai acontecer. Você verá.

– Deus queira que sim.

– Ele há de querer.

A mulher barbada enlaçou o amigo, brincando com ele para alegrá-lo.

Minutos depois, Malena, a sós, observava de longe o corpo escultural de Zandor, o malabarista e também trapezista do circo. Estava tão concentrada no que via que nem notou a aproximação de Waldick, o mágico.

— Que susto, seu danado! — agitou-se ela, diante do que lhe pareceu ser uma aparição repentina. — Surgiu feito mágica, foi?

— Porque sou mágico, minha amiga. Kabum!!! — respondeu ele, divertido como sempre. — Impressão minha ou você está paquerando o Zandor?

Diante da vermelhidão que cobriu o rosto da mulher, o mágico bem humorado respondeu:

— Nem precisa me responder, minha querida. Não, não, não!

— Já que é mágico – observou Malena.

— E dos bons! – vangloriou-se Waldick.

— Sei... E dos mais modestos também, suponho.

Ele, rindo, respondeu:

— Sempre fui da opinião de que o que é bom, deve ser mesmo elogiado. As pessoas têm problema com elogios, já percebeu? Ninguém pode se elogiar pelo que faz, porque vão parecer pedantes e metidas diante dos outros. Também não podem falar com orgulho do que fazem pela mesma razão. Para não parecerem esnobes. Para mim, isso não está certo. Tem de se elogiar, sim! Admitir que sentem orgulho do que fazem, de serem o que são, sim! Se o outro se incomoda com isso é porque não se elogia o suficiente, como deveria. Eu, por exemplo, sou talentoso, você é talentosa... Cirilo, Fofureza e Palerma são talentosos. Lúqueo e Lucinda também. Zandor, Nilvan e os demais, tanto quanto. O circo se faz com a união de talentos. Da mesma forma que se faz uma grande orquestra, uma grande peça teatral, um filme, um show, uma escola, uma boa administração...

Malena estava novamente impressionada com as pertinentes observações de Waldick Giordano. Ele era mestre em fazer comentários surpreendentes e reveladores.

— Mas você dizia... – continuou ele, voltando-se para ela.

— Eu só queria saber de você, sendo mágico como é, se há uma mágica que pode fazer um sonho se transformar em realidade. Um amor acontecer!

— Oh, Malena, minha querida... Se eu tivesse esse poder, eu

seria o homem mais rico da Terra.

Rindo de suas palavras, ela opinou:

– Você teve sorte no amor e na profissão, ao mesmo tempo, certo? Só que dizem que nunca se pode ter os dois na mesma proporção.

– Aí é que está, Malena. Ouvimos dizer muita coisa por aí, mas será que o que dizem é mesmo verdade?

Waldick novamente fez a mulher barbada rir, e, dessa vez, um pouco mais, movida novamente pela perspicácia do mágico sobre os fatos da vida.

– Voltando a falar de você, Malena – continuou Waldick, seriamente. – Já pensou em se declarar para o Zandor? Sem medo de receber um fora? Se não tentar, nunca vai saber se vocês dois podem vir a ser felizes juntos.

Muito desanimadamente ela respondeu:

– Zandor jamais vai se interessar por uma mulher barbada, Waldick. Beijar-me deve ser tal qual beijar um homem. Nenhum homem vai querer isso.

– É, nesse ponto você tem razão.

Quando Malena percebeu que Zandor vinha na direção dos dois, ela, imediatamente, pediu:

– Não lhe diga nada, por favor. Sentir-me-ia constrangida se ele souber o que sinto por ele e me rejeitar.

– Está bem, mas não acha que deveria pelo menos tentar se declarar?

– Não! É melhor viver amando em silêncio do que... você me entendeu.

Zandor chegou sorrindo para os dois e comentou:

– Pobre Cirilo, deve estar arrasado com a notícia da gravidez da Wanderleia. Ele gostava tanto dela.

– Gostava?! – retrucou Waldick. – Ainda gosta!

– Coitado. Ela parecia amá-lo também, não sei o que houve...

– Eu sei. Nisso tem dedo do Seu Savério. Pode apostar!

– Nossa, mesmo depois do que o Cirilo foi capaz de fazer para reerguer o circo, o homem continuou tratando-o como um capacho. Ele não merecia.

– Quem pode controlar a vida? – opinou Malena pela primeira vez, tentando evitar olhar para corpo esbelto e bonito do malabarista trapezista que, pedindo licença, sentou-se ao seu lado.

– Lembram-se da herança que o Cirilo recebeu – continuou Zandor a toda voz –, pois ele nunca deveria ter aberto mão dela. Com a soma recebida, ele poderia ter mudado de vida, e, com isso, Seu Savério consentiria com o casamento dele com Wanderleia. Foi muito precipitado da parte dele recusar o dinheiro, sem refletir a respeito.

– Mas se ele achou que o certo era não aceitar a herança... – opinou Malena, levemente constrangida por se ver tão perto do homem que tanto mexia com ela.

– Mas foram seus pais adotivos que quiseram lhe deixar a quantia – retrucou Zandor, convicto. – E se quiseram, ele deveria ter aceitado. Ele nunca mais vai conseguir uma bolada assim, por mais que trabalhe anos a fio. A vida toda sequer. Uma oportunidade dessas não bate à nossa porta mais de uma vez. Não, mesmo! Oportunidades são feitas para serem apanhadas e não desprezadas.

Waldick concordou com Zandor, enquanto Malena mal piscava diante do perfil do homem que tanto a atraía. Ela realmente era louca por ele e se ele já havia percebido, fingia que não, pelo simples fato de sentir repugnância de sua barba.

O dia terminou com Cirilo decidido, terminantemente, a encontrar um novo amor. Bonito, como era, chamava facilmente a atenção das moças das cidades por onde passava. Brincalhão e levemente galanteador, seduzia todas com muita facilidade. Nenhuma, no entanto, fora até então capaz de fisgar seu coração. E, assim, o tempo seguiu seu curso, resultando no nascimento do primeiro filho de Wanderleia com Danilo Demóstenes, o qual se chamou Márcio C. Demóstenes.

Enquanto isso, na cidade de Laranjeiras, Agson chegava a sua casa, contando animadamente para a esposa, sobre seus novos planos de viagem. Giovanna, como sempre, se opôs à ideia por causa do filho. Agson não se deixou intimidar, foi logo dizendo:

— Se você não vai, eu vou! Sinto muito. A vida é muito curta para se deixar de viver tudo o que ela tem a nos oferecer por causa de uma criança que logo na adolescência vai trocar a companhia dos pais pela dos melhores amigos ou da namorada. Vai me dizer que estou errado, Giovanna? E tem mais, deixar de aproveitar a vida, ainda mais quando se tem condições financeiras para aproveitá-la e no melhor estilo, é burrice. Pura estupidez!

A moça ficou imobilizada, sem saber realmente o que dizer.

— Giovanna, Giovanna, Giovanna... — continuou Agson em tom de repreenda. — Larga esse garoto com uma babá e viaje comigo... Aproveitemos a vida, já, aqui e agora! Amanhã pode ser tarde demais!

Incerta quanto ao que fazer, qual atitude tomar, Giovanna acabou decidindo ir com o marido. Mesmo porque começava a sentir medo de que se não fosse, a relação entre eles se prejudicaria ainda mais do que já vinha sendo nos últimos tempos.

Capítulo 22
A transformação de Malena

Nas semanas que se seguiram, o Esputinique foi erguido numa nova cidade cuja praça prometia grande público. Foi na noite em que o prefeito da cidade foi assistir ao espetáculo. Ao final, quando foi cumprimentar toda a trupe circense que ele, diante de Malena, sem pudor algum, tocou sua barba e deu um puxão.

— Ai — gemeu ela.

— Desculpe-me — adiantou-se o prefeito — eu sempre achei que era postiça.

E pondo as mãos sobre a boca, como faz quem se espanta com algo, completou:

— Você é mesmo barbada!

Malena respondeu:

— Por isso me chamam de mulher barbada.

Ele riu, divertido e a elogiou pelo trabalho:

— Seu número foi sensacional. Simplesmente sensacional, parabéns!

Foi diante dessa pequena passagem entre o prefeito e Malena, que Lucinda teve uma brilhante ideia.

— Malena, precisamos conversar! — disse a anã, lançando-lhe um olhar entusiasmado.

— Sobre o quê, Lucinda? Detesto quando você me olha assim, com esse olhar...

— Que olhar?

— De quem vai me pôr numa enrascada ou aprontar alguma.

– Não vou fazer nem uma coisa nem outra, minha querida. Vou simplesmente ajudá-la a se libertar de algo que a entristece e estreita os caminhos da sua felicidade, que eu sei.

– Ahn?

– Essa barba aí. Você não aguenta mais se ver com ela. Não só porque não lhe cai bem. Barbas são para os homens, não para mulheres, mas também porque elas repelem o sexo oposto, especialmente aquele por quem você delira de paixão.

– Fale baixo!

– Ele não está por perto.

– Mas alguém pode ouvi-la.

– E daí?! Que ouça! Eu não me importo.

– Mas eu, sim! É algo muito íntimo, não quero que as pessoas tomem conhecimento.

– Está bem, mas vamos ao que interessa. Você já pode se ver livre da sua barba!

– Eu nunca vou poder fazer isso, Lucinda, e já lhe apresentei as razões.

– O prefeito desta cidade acabou de lhe dar uma dica perfeita. Ele pensou que sua barba fosse postiça e, muito antes de saber que não era, vibrou mesmo assim com o seu número. Conclusão: não vai fazer a menor diferença para o público se sua barba for real ou postiça.

– Eu não posso fazer isso, Seu Savério não vai gostar nem um pouco.

– Que ele se dane.

– Aí ele me põe no olho da rua e...

– Minha querida, você dá mais ibope para o circo, lendo tarô, do que fazendo a performance da mulher barbada.

– Você acha?

– Tenho a certeza.

– Pelas cidades que passamos, todos a apreciam mais como taróloga do que como a mulher barbada. Por isso, não precisa ter mais medo de tirar a barba, pode usar uma postiça a partir de agora e ser feliz.

– Você acha mesmo?

– Sim!!! Vamos lá!

– Preciso pensar a respeito.

– Pense rápido. Sua felicidade está em jogo.

– E se depois de eu tirar a barba, o homem de que tanto gosto não se interessar por mim?

– É melhor viver da certeza do que da incerteza, não é mesmo?

– Sim... acho que sim.

Risos.

– Bobagem – continuou a anãzinha a todo vapor. – Se ele não se interessar por você, outro se interessa. Se nenhum se interessar é porque todos os homens são mesmo uns bananas.

– Você, falando, faz parecer tudo tão simples.

– É porque é simples mesmo!

Malena, pensativa, suspirou e disse:

– Eu poderia consultar o tarô para saber se minha vida vai dar certo sem minha barba, mas...

– Por que não consulta?

– Porque quando tiro o tarô para mim, não consigo ler coisa alguma com precisão.

– Já sei! Casa de ferreiro, espeto de pau!

– É isso!

Novos risos.

Depois de muito ficar entre o "sim" e o "não", dúvida que perdurou por dias, Malena finalmente encontrou coragem para tirar a barba como há muito desejava. Quando se viu no espelho, forte emoção invadiu seu peito. Era seu rosto, um rosto bonito, que ela mesma pouco tivera a oportunidade de admirar. Um rosto tão desconhecido para ela quanto para os demais que o vissem. Ela mal podia acreditar que havia tido coragem para fazer aquilo. Lágrimas inundaram sua face e logo ela estava a chorar de felicidade e realização.

Com carinho ela massageava com a mão direita o queixo e

as áreas adjacentes. Em seguida, pegou um estojo de maquiagem e começou a se pintar. Lápis preto em torno dos olhos, sombra discreta por sobre as pálpebras, um batom suave pelos lábios delicados, blush nas maçãs do rosto e pronto, ela ficara ainda mais bonita, uma verdadeira boneca.

Então ela se levantou de onde estava sentada, escolheu um vestido que poucas vezes fizera uso, de uma tonalidade rosa bebê, penteou os cabelos de forma exuberante e respirou, feliz, sentindo-se uma nova mulher. A mulher que, certamente, sempre foi e aprisionou dentro de si, por causa da personagem que criou para defender seu ganha-pão.

– Sorria, sorria – cantarolou ela, transbordando de felicidade. – O melhor da vida vai começar! Sorria, sorria, porque o show da vida não pode parar. Abram alas, porque essa é a minha vez de ser feliz... É a minha vez... de ser feliz!!!

E novamente ela sorriu para o seu reflexo no espelho, emocionada, e voltando a cantarolar, dançou consigo mesma no pequeno espaço que havia disponível dentro de sua barraca.

– Estou aqui para ser feliz, estou aqui porque a vida quis – cantarolou outra canção. – Estou aqui para ver o sol fazer tudo crescer, inclusive o meu amor por você...

A palavra "amor" ecoou mais forte e atingiu seu peito como uma flecha certeira de Eros, o deus do amor.

– Eu quero que ele me veja assim!

A decisão a alegrou ainda mais e, sem delongas, deixou o local, respirando profunda e alegremente o ar livre. Um passo aqui, outro acolá e um dos membros da trupe do circo, achegou-se e disse:

– Posso ajudá-la?

– Ahn? – espantou-se Malena, percebendo logo que o colega, de tantos anos, não a havia reconhecido.

– A senhora procura alguém?

Malena, sorrindo, respondeu:

– Você não está me reconhecendo? Sou eu, Malena.

O sujeito deu um passo para trás, esbugalhando os olhos como se houvesse visto um fantasma.

— Deus meu, é você mesma! — exclamou, estupefato.

Nisso outro se juntou aos dois e ao descobrir o que se passava, elogiou:

— Malena, mas que transformação! Você se tornou outra mulher!

Logo foi chegando mais gente e o burburinho chamou a atenção de outros mais. Quando Cirilo a viu, também a elogiou de imediato:

— Malena, como você está linda!

— Obrigada, Cirilo.

Lucinda foi a próxima a falar:

— Foi ideia minha! Muito minha!

Waldick Giordano, Nilvan e sua parceira do número de facas, também ficaram espantados, ao verem a mulher barbada, sem a barba. Palerma simplesmente perdeu a fala, enquanto Fofureza não lhe poupou elogios.

— Malena, você está um pitelzinho. Se eu fosse dez anos mais novo, eu pedia sua mão em casamento.

Todos riram. Ouviu-se então a voz grave e altaneira de Savério Constanzo soar a seguir, provocando arrepios em todos:

— Desde quando a mulher barbada de um circo, não tem barba?

As palavras do homem fizeram Malena perder toda a alegria.

— Se você não deixar sua barba crescer novamente, está demitida.

Lucinda respondeu por ela:

— Calma aí, Seu Savério. A Malena não precisa usar barba de verdade, pode ser uma postiça, de longe ninguém vai perceber. Mesmo porque, todos pensam que a barba da mulher barbada é falsa, ninguém faz questão que seja verdadeira.

— Eu faço.

— Fazia, porque de agora em diante Malena vai ser a mulher barbada de barba postiça. Além do mais, ela faz mais dinheiro para o circo, lendo as cartas do tarô do que sendo a mulher barbada.

— Aqui quem manda sou eu, sua anã intrometida! — retrucou

Savério Constanzo, de forma severa. – E quando digo que...

O dono do circo não foi além, Lucinda, com sua voz ardida, o interrompeu sem dó nem piedade:

– Seu Savério, foi graças ao tarô da Malena que não passamos fome, enquanto procurávamos por uma solução para os nossos problemas, depois que o circo se incendiou. Malena é uma heroína para todos nós e, por isso...

Dessa vez foi ele quem interrompeu a anã:

– Você é mesmo uma anã muito petulante, se continuar assim...

– Vai me demitir, é? – adiantou-se Lucinda, mais uma vez, sem ter medo da reação do homem. – Não se esqueça, Senhor Savério, de que foi graças aos nossos esforços que reerguemos o Esputinique. Enquanto fazíamos apresentações ao ar livre e Malena lia o tarô, o senhor se mantinha longe daqui, na casa de sua irmã... Se dependêssemos do senhor, ainda estaríamos atolados nas cinzas do circo incendiado.

O homem, pela primeira vez, ficou sem graça diante de todos.

– Ela pode ter ajudado, sim – disse ele, enfim, sem a soberba de sempre. – Somos todos muito gratos, mas...

– Nem mas nem meio mas – atacou a anã, novamente, irredutível. – Malena, de agora em diante, vai ser uma mulher barbada com barba postiça. Além de uma excelente leitora de tarô, como tem sido desde que começamos a reconstruir o Esputinique.

Sem mais, Savério Constanzo voltou para o seu trailer, mordendo os lábios e crispando as mãos.

– Alguém tinha de lhe dizer umas verdades – continuou Lucinda sem receio de que ele a ouvisse. E voltando-se para Malena, completou: – Você está realmente muito linda, minha amiga. Está ou não está, pessoal?

E todos responderam que "sim" fazendo grande alvoroço.

O próximo a reforçar seu elogio à ex-mulher barbada foi Palerma, que, novamente, mal conseguia olhar diretamente para os seus olhos, tamanha timidez exagerada e repentina.

– Você ficou mesmo muito bonita, Malena. Parabéns!

– Obrigada, Palerma. Muito obrigada.

Malena respondeu sem olhar diretamente para o palhaço, seus olhos procuravam, a distância, por aquele que ela mais queria encontrar: Zandor, o malabarista e trapezista de rosto bonito e corpo escultural.

Somente quando ele voltou para o circo, das compras que havia sido incumbido de fazer para todos na loja de secos e molhados é que ambos se encontraram. Ao avistar Malena, também não a reconheceu de imediato.

– Boa tarde – cumprimentou-a, olhando-a com certo interesse.

– Boa tarde – respondeu ela, corando até a raiz dos cabelos.

– Já a vi antes, não? – continuou ele, olhando-a com mais atenção.

Ela fez que "sim" com a cabeça e foi quando ele, arregalando os olhos e também se avermelhando todo, exclamou:

– Malena! Você?!

O rosto dela se iluminou.

– Por Deus, como você ficou diferente sem a... Juro que não a reconheci!

– Gostou?

– Sim, muito. Você está linda!

Naquele instante, Malena quis imensamente lhe dizer que fizera tudo aquilo especialmente por ele, pelo amor que nutria por sua pessoa, há muito, muito tempo. Mas conteve-se, pelo menos por ora.

Ao reencontrar Lucinda, a anã, morrendo de curiosidade, quis logo saber:

– E o que ele achou?

– Ele?

– Não se faça de boba, Malena. Estou falando do Zandor. O que ele achou de você?

– Ai... – ela suspirou. – Ele pareceu gostar, muito.
– Só isso?! – desapontou-se a anã.
– Bem, só.
– É um começo...
– É...
– Você esperava bem mais, não?
– Sim, acho que sim.

Foi na próxima noite de folga do circo que Palerma tomou coragem de convidar Malena para um passeio no centro da cidade. Diante do convite, a mulher sinceramente pensou que ele estivesse brincando.

– Falo sério, Malena. Não é brincadeira, não!

Os olhos dele revelaram bem mais do que as palavras, eram os mesmos olhos que ela via no espelho, ao pensar em Zandor.

– Hoje não vai dar, Palerma. Estou cansada. É nossa noite de folga, você sabe, feita para descansarmos.

– Tá, tudo bem, fica para uma próxima.

– Isso.

Malena esperava que Zandor lhe fizesse esse convite, não Palerma, o palhaço de corpo franzino, desprovido de músculo e beleza estonteante. Mas Zandor, como em todas as noites de folga, já havia se arrumado impecavelmente e saído para seduzir mulheres, onde quer que fosse. Sendo ele bonito de rosto e de corpo, seduzia facilmente o sexo oposto.

Na noite em questão, Cirilo acompanhou Zandor mais uma vez nas suas idas à cidade em busca de uma mulher para se divertir e relaxar. Cirilo aprendia muito sobre a arte da sedução com o colega de trabalho, que não se furtava, em momento algum, de renovar suas aventuras amorosas, em cada cidade a que chegava. Todavia, Cirilo nunca se satisfazia por completo com mulher alguma.

Nas semanas que se seguiram, Malena se esforçou ao máximo em chamar a atenção de Zandor para si. Por isso, passou a usar os vestidos que mais realçavam suas curvas, na esperança de se tornar atraente o suficiente para ele, o que não aconteceu. Ele não a via com outros olhos senão os de um bom amigo e colega de trabalho.

Palerma, por sua vez, encantava-se cada vez mais pela mulher imberbe, tentando lhe ser gentil e aguardando uma oportunidade para que pudessem ficar a sós, para prosearem mais à vontade e, assim, estreitarem os laços de amizade. Mas ela se recusava a deixá-lo se aproximar, por acreditar que Zandor pudesse sentir ciúmes dos dois, ou evitar de falar com ela por vê-los proseando.

Foi diante dos fatos, observadora como sempre, que Lucinda chamou Malena para uma nova conversa particular:

– O que foi dessa vez, Lucinda? Não gosto quando me olha com esses olhos de quem parece que vai me comer viva.

– E vou! Vou, sim! – respondeu a anã, ardida ao extremo.

– O que foi que eu fiz dessa vez, mulher?

– É o que você não fez, Malena. Ou melhor, está deixando de fazer.

– O quê? Posso saber?

– Pode. Você já notou que o Palerma está caidinho por você?

– Caidinho, não sei, mas mais simpático comigo, ah, isso, sem dúvida.

– Pois lhe digo que ele está amarradão em você. Enquanto aquele que você tanto adora não está nem aí contigo. Zandor é um mulherengo inveterado, por ter corpo bonito e atlético acha que pode seduzir todas as mulheres do mundo, sem nunca precisar ter uma em especial.

– E pode!

– Sim, mas é esse tipo de homem que você quer para si?

– Bem...

– Eu acharia um tipo desses um "porre".

– É que eu gosto dele, Lucinda.

– De que adianta gostar, se ele não se interessa por você?

– Você gostava do Lúqueo e ele também não lhe dava bola.

– Sim, mas Lúqueo nunca foi um garanhão vaidoso como o Zandor. Por isso lhe digo, ouça a minha sugestão.

– Lá vem você de novo com suas ideias malucas!
A anã elevou ainda mais o tom agudo para dizer:
– Saia com o Palerma, dê-lhe a chance de conhecê-lo melhor. O envolvimento de vocês pode vir a ser uma surpresa para ambos. Tente!
– Eu e Palerma? Mas ele é fisicamente o oposto do que me atrai num homem, Lucinda.
– Ele pode surpreendê-la. Ouça o que estou falando!
Malena pensou, pensou e acabou concordando:
– Está bem. Vou ser mais amigável com ele, mas saiba, desde já, que ele jamais terá chances comigo. Gosto de homem de corpão bonito, sarado e musculoso. Homem com H maiúsculo.
– Está bem, mas enquanto esse tal homem não aparece, lindo, sarado e musculoso, você dá chances para o Palerma, ok?
– O fracote, raquítico e esquelético do Palerma? – desdenhou a ex-mulher barbada. – Está bem. E por falar nele, para mim ele não passa mesmo de um palerma. Não poderia ter escolhido um nome mais apropriado para descrevê-lo.
E Lucinda frisou os olhos, reprovando seu comentário pelo olhar.

Desse dia em diante, Malena levou adiante a promessa feita a anã que ficou torcendo para que a amiga acabasse se interessando pelo palhaço que de fato parecia mesmo um palerma. Os dois começaram a conversar com mais assiduidade e até passeios faziam pela praça e rua principal da cidade. Mas Zandor ainda exercia grande fascínio em Malena, tanto que ela só pensava nele enquanto Palerma contava suas histórias que, para ela, não tinham graça nenhuma.
Foi então, depois de saborearem um delicioso sorvete de casquinha de doce de leite que Palerma, cansado de reprimir sua vontade de beijar sua acompanhante, lascou-lhe um beijo inesperado. Foi tão rápido que quando Malena se viu, estava presa aos braços dele, com ele novamente a beijando doce e intensamente. Ao término, a mulher estava sem fôlego.

– V-você... – gaguejou ela resfolegante.

– Sim, Malena, sou louquinho por você.

– Você não deveria ter...

– Por que não? Se eu gosto de você e você...

Ela o impediu de completar a frase:

– Eu não gosto de você, Palerma. Sonho com outro homem há muito, muito tempo.

– É o Zandor, não é? Toda mulher é caidinha por ele. Também, com aqueles músculos, aquele porte atlético...

Ela achou graça de suas palavras e ele também. Rindo, ele passou a falar de como seria sua vida, se tivesse o porte físico do trapezista, despertando finalmente a atenção dela.

Naquela mesma noite, ao voltar para o circo, Malena ficou sentada ao luar, apreciando as estrelas, deixando ecoar dentro de si uma sensação boa e reconfortante jamais sentida. Foi então que Zandor apareceu, pegando-a de surpresa. Diante do seu gritinho de susto, ele, imediatamente se desculpou:

– Não queria assustá-la.

– É que... – ela gaguejou, levantando-se rapidamente.

Ele então ficou a um palmo de distância do seu nariz, mirando seus olhos e disse, sedutoramente:

– Quer dizer então que você é a fim de mim?

Sua pergunta a deixou completamente sem graça, com vontade de se transformar numa avestruz para abrir um buraco na terra e esconder seu rosto.

– Não tenha vergonha, Malena. Somos amigos... Somos quase irmãos.

– É que...

Ele tocou-lhe o rosto e sem tirar os olhos dos dela, sedutoramente a beijou. Foi como se o mundo para ela, naquele instante, tivesse se transformado numa saraivada de fogos de artifício, tamanha alegria que sentiu.

– Obrigado por gostar de mim, Malena. Esse beijo é de agradecimento. Se você quiser, podemos dar um rolê pela cidade...

Ela, ainda se sentindo aturdida com tudo, voltou a beijá-lo, dessa vez, tomando a iniciativa. Quando teve fim, afastou-se e correu para sua barraca.

– Malena, espere! – chamou ele, mas ela não esperou.

Assim que adentrou sua morada, a ex-mulher barbada ficou a caminhar em círculos, feito uma leoa presa numa gaiola.

– O beijo... – repetia ela, volta e meia, enquanto alisava os lábios e suspirava. De repente, tomada de súbito calor, deixou a tenda e foi atrás daquele que a surpreendera totalmente aquela noite.

– Palerma, posso falar com você? – chamou ela, junto à entrada de sua cabana de zinco.

Ele logo apareceu, já vestido para dormir e disse:

– Malena... O que houve?

– É que... Vim lhe dizer boa noite.

– Boa noite?

– Não.

– Não?

– Sim.

– Sim?

Ela suspirou, irritada com sua falta de eloquência, e procurou se fazer clara:

– Sabe o que é, Palerma?

– Diga.

– Gostaria que você me beijasse de novo.

– O quê?!

– É isso mesmo o que você ouviu. Beije-me, por favor!

E diante da lerdeza do sujeito, ela mesma tomou a iniciativa, fazendo com que ele, em seguida, se entregasse ao beijo, abraçando-a e lhe dando a certeza de que por ele, seu coração havia batido muito mais forte do que por Zandor, quando ele a beijou.

– V-você... – balbuciou ela, corada e feliz.

– E-eu...

– Sim, você! É com você que eu vou me casar. Já está

decidido.
— E quanto ao Zandor?
— Ele não é tudo o que pensei que fosse. Não é capaz de...
— De quê?
— De levar uma mulher às alturas.
Ela riu e ele ficou ainda mais sem entender nada.

Moral da história: às vezes precisamos arriscar fazer mudanças em algumas áreas da nossa vida, tal como fez Malena, ao retirar a barba. Precisamos arriscar também no amor. Nem sempre aquele por quem o nosso coração bate mais alto é a pessoa que vai nos levar às alturas, incendiar a nossa alma de alegria e prazer. É, em suma, a pessoa certa para nos casarmos.

Todos no circo ficaram felizes ao ver duas pessoas como Malena e Palerma, descobrindo o amor, e se surpreendendo com seus efeitos benéficos. Até mesmo Zandor ficou feliz com a união dos dois, algo que jamais faria com mulher alguma, pois nada queria de sério senão divertir-se.

Semanas depois aconteceu o casamento de Palerma e Malena e a alegria mais uma vez contagiou todos no circo. Lucinda e Lúqueo aproveitaram a ocasião para também se casarem e, com isso, fazerem uma festança só para todos.

Tanto Malena quanto Lucinda estavam lindas, trajando vestidos de noiva de cetim, feitos por uma costureira de mão cheia, da própria cidade em que o circo estava se apresentando.

Lúqueo também estava muito elegante num terno feito pela mesma mulher, enquanto que Palerma optou por se casar, trajando um de seus ternos coloridos de palhaço, para sobrar mais dinheiro para comprar os comes e bebes para a festa depois do casório. A cerimônia acabou acontecendo em meio ao picadeiro no dia de descanso do circo. Foi um dia memorável, com direito a muitas fotografias e dança. Até os leões pareciam mais alegres por ver tanta gente feliz ao mesmo tempo.

Nas semanas que se seguiram a notícia de que Malena também estava grávida contagiou todos tanto quanto os futuros papais.

Havia agora um clima mais alegre na atmosfera do Esputinique, algo que há muito não se sentia.

Quando o bebê de Lucinda e Lúqueo nasceu, foi outro dia memorável para todos. Lúqueo mal cabia de felicidade por tão grande acontecimento. A criança nasceu sadia e viçosa e recebeu o nome de Chaplin em homenagem a Charlie Chaplin.

– Ai – suspirou Lucinda – estou tão feliz! Tão feliz.

E não era para menos: o nascimento do filho, e o casamento com Lúqueo haviam transformado sua vida em mais alegrias do que tristezas.

Meses depois nascia o bebê de Malena, transformando novamente sua vida com Palerma, em pura alegria e emoção.

Cirilo, por sua vez, escondia-se da tristeza, pintando-se de palhaço e procurando acreditar que seu rosto alegre de palhaço era a sua verdadeira face. As próprias estripulias que aprontava no picadeiro diante do público, ajudavam-no a se alegrar e esquecer-se da tristeza que habitava o seu coração.

Capítulo 23
Evaristo recebe ajuda espiritual

Evaristo, por sua vez, continuava largado na sarjeta, sem dinheiro e sem nenhum pingo de respeito por si mesmo e o Criador que tanto fez para lhe possibilitar a VIDA. Foi então, em meio a situação caótica que ele mesmo se punha, que ele foi surpreendido pela aparição de um espírito de luz. Ao se ver diante de tão bondosa criatura, Evaristo deu um pulo para trás

— Quem é você? O que quer? – perguntou com voz oscilante.

— Sou um amigo, vindo do Além.

— Do Além?

— Sim.

Evaristo continuou boquiaberto.

— Mas, meu amigo, por que se surpreende com a minha aparição se tantos livros leu, descrevendo esses fenômenos? Livros que tanto lhe ensinaram, cujos temas dialogou com seus companheiros de cela, abrindo portas para o conhecimento e o crescimento pessoal e espiritual de cada um.

— Os livros...

— Sim... Quantos e quantos não leu, não é mesmo?

— Li muitos, certamente.

— No entanto, como faz a maioria, esqueceu-se de pôr em prática aquilo que aprendeu na leitura e tanto alegrou seu coração.

— Esqueci... Esqueci, sim.

— Esqueceu, por que, Evaristo?

Os olhos do ex-presidiário verteram-se em lágrimas no mesmo instante:

– Esqueci, provavelmente, porque a vida me foi cruel.
– A vida?
A pergunta o fez olhar mais atentamente para o espírito.
– Bem... – gaguejou ele. – Acho que fui eu o verdadeiro responsável pela vida me ter sido tão cruel, não é mesmo?
– E continua sendo. Atolando-se nesse lugar sujo e deprimente, encharcando-se de bebida, e desperdiçando o seu recomeço após ter ficado livre da prisão.
– Desperdiçando...
– Sim. Você recebeu a liberdade de volta e o que fez dela, até então? Quantos não gostariam de gozar da mesma liberdade?
– Verdade.
Houve uma pausa até o espírito dizer:
– O conteúdo daqueles livros, Evaristo, são para mudar as atitudes das pessoas. Torná-las melhor e mais condizentes com a alegria de viver. Não são para entretenimento apenas. São para o crescimento espiritual de cada um. Evolução! Lê-los por entretenimento é bom também, mas lê-los para que aprendamos a tomar atitudes mais cristãs, é o objetivo maior dos céus.
– O senhor tem toda razão... É que fiquei tão desesperado depois que descobri que a mulher que eu tanto amava, não havia esperado eu cumprir minha pena, para que pudéssemos nos casar.
– Não se desespere mais. Reaja! Sua mãe, seu pai e seus irmãos, seus familiares em geral, sofrem por vê-lo nessas condições, ainda mais sabendo que você não precisa estar aí.
– Minha mãe, minha irmã...
– Sim, seus familiares e também seus amigos. Encarnados e desencarnados.
– Tenho amigos no Além, também?
– Lógico. Quantos não fez que já partiram para o lado de lá?
– Verdade. Nunca havia me dado conta do fato.
– Pois bem...
Evaristo estava verdadeiramente abobalhado diante do que via e ainda se perguntando se o que via era real.
Com muito carinho, o espírito completou:
– Chegou a hora de você pôr em prática, o que aprendeu com

a leitura daqueles livros mediúnicos, para que possa viver e levar o bem, inspirado por esses livros do bem.

Evaristo, muito emocionado, concordou:

— O senhor tem novamente razão. Vou seguir o seu conselho. É mesmo um desperdício ter aprendido tanto com aqueles livros formidáveis, ter percebido que o que se diz ali, faz sentido, e não pô-los em prática.

— É isso aí. Sinto-me feliz por vê-lo novamente, pensando com lucidez.

Evaristo sorriu emocionado novamente e admitiu, segundos depois:

— Pode parecer que Giovanna Marinelli foi a culpada pelo que me aconteceu, mas não. O único culpado nisso tudo, quanto a nossa separação, fui eu mesmo. Eu seria ainda mais estúpido do que já fui insistindo em culpar os outros pelos meus desatinos. Somos totalmente responsáveis pelo que fazemos.

— Sim, Evaristo, agora você está definitivamente interiorizando a sabedoria dos céus. Compreendendo de vez as leis que regem o Universo.

Evaristo nunca se sentira tão tocado como agora.

— Se eu pudesse pedir perdão a Deus pelo que fiz...

— Mas você já pediu, Evaristo. Lembra-se? Antes de dormir e logo após acordar, você juntava suas mãos em sinal de louvor e Lhe pedia, emocionado perdão pelo que fez. Deus ouve a todos! Você fez mais do que isso, Evaristo. Você admitiu para si mesmo que errou. Inúmeros são aqueles que não se arrependem e pedem perdão ao Criador, e, por arrogância, vaidade e egocentrismo, permanecem nos vales mais torpes e deprimentes que existem nesse mundo tangível e, no mundo do Além. Impossibilitam o avanço desse indivíduo como espírito em colônias benéficas, tomadas de luz.

— Sua aparição me faz compreender, que devo, de agora em diante, dedicar minha vida a Deus.

— Dedique-se por meio de atitudes que possam realmente elevar o bem a si próprio e aos seus semelhantes.

— Assim farei.

Aquilo foi mais do que uma promessa, foi um pacto de amor

entre Evaristo Orciolo e Deus. Assim, o espírito desapareceu diante dos olhos do moço, e, sem que ele soubesse, continuou a segui-lo, amparando-o, quando necessário, sem impedir que aprendesse terminantemente a contar com suas próprias capacidades e talentos internos, virtudes que o ser humano só descobre quando ousa expressar todo o seu potencial.

Foi num Centro Espírita que Evaristo encontrou as portas abertas para ser útil ao próximo. Nesse ínterim, ele procurou sua família e pediu perdão a todos, por todo sofrimento que lhes causou, ainda mais, depois que desapareceu sem lhes deixar notícia. Chegou, sim, a pensar em procurar Giovanna em sua casa, para trocar pelo menos uma ideia com ela, mas logo percebeu o quanto o reencontro poderia feri-lo novamente.

Foi no próprio Centro que frequentava que Evaristo conheceu uma nova mulher com quem acreditou poder recomeçar sua vida amorosa. Ainda que amasse Giovanna, ele precisava reencontrar a felicidade ao lado de outra alma feminina. Tudo correu bem até a família da moça tomar conhecimento de seu passado, o que para eles era imperdoável. Visto que o casamento com a moça o poria contra a sua família, Evaristo achou melhor afastar-se dela para evitar discórdias. Assim sendo, ele continuou solteiro, vivendo de aventuras amorosas com moças que nada de sério queriam com um homem, senão sua companhia por alguns minutos.

Nesse ínterim, algo triste voltou a acontecer no Esputinique. Logo após amamentar o bebê, Cirilo apareceu para falar com Lucinda.

– Cirilo, meu querido, que bom vê-lo!

– Como vai, Lucinda? E o grande Chaplin?

– Cada vez mais chorão, acho que é assim no começo.

– Acho que sim.

Prestando melhor atenção ao moço, a anã enviesou o cenho:

– O que foi? Você me parece triste com alguma coisa. É por causa da Wanderleia? Pelo visto você nunca mais vai se recuperar disso, não é mesmo?

– Estou triste sim, Lucinda, mas é por outro motivo. Trata-se

do Zé Bolha.
— Zé Bolha? Ele está doente?
O silêncio de Cirilo respondeu mais do que mil palavras.
— Não, Cirilo, não me diga... Eu amava aquele leão.
— Eu sinto muito, Lucinda.
Ela chorou e ele a consolou.
— Justo agora que eu estava tão feliz por estar casada e com um filho... Parece até que nunca podemos ficar felizes por completo. Toda vez que há alegrias logo há também tristezas. Viver é uma eterna oscilação entre alegrias e tristezas, não acha?
— Sim, mas lembre-se de que ele já estava velhinho, viveu um bocado... Foi aplaudido por milhares e milhares de pessoas...
— Eu sei. Mesmo assim, a gente não quer ver morto quem a gente tanto gosta.
— Eu sei... Uns partem, outros nascem, a vida é assim, Lucinda. Antes você só tinha o Zé Bolha, hoje você tem o Chaplin... Não que um ocupe o lugar do outro, não acredito nisso, cada qual tem seu lugar insubstituível na nossa vida, mas, pelo menos, você não está só.
— Isso é verdade.
— O importante agora é que você tem o Chaplin e o Lúqueo como companheiros.
— Sim, os dois homens da minha vida.
Fez-se um breve silêncio até ela dizer:
— Posso ir vê-lo?
— Tem certeza disso? Não seria melhor guardar somente a imagem dele, vivo, em sua memória?
— Eu não me importo.
Cirilo segurou o pequeno Chaplin nos braços para que a anã pudesse ver Zé Bolha, o leão que tanto amou, pela última vez.
— Eu não entendo, sabe? — desabafou ela com Nilvan, o domador que se mantinha ao seu lado, dando-lhe apoio. — Como podem existir na face da Terra, homens e mulheres que não conseguem se apaixonar por criaturas tão lindas como esta?
Ela se referia ao leão morto a sua frente.
— Esses animais, selvagens, entre aspas, são os únicos que não matam os de sua própria raça — continuou ela, entre lágrimas,

acariciando o corpo de Zé Bolha. – Bem diferente do homem que é capaz de matar o próprio irmão, até mesmo a própria mãe para tirar dela o que possui, por ganância e cobiça; capaz também de matar um animal simplesmente por esporte, para matar o tédio, entreter o tempo ocioso.

– Infelizmente existem muitos homens assim, Lucinda, o que me faz sentir vergonha da humanidade – opinou Nilvan que fora domador do Zé Bolha durante anos. – Com tanto para se ver de bonito na natureza e se entreter, ainda há homens que precisam caçar e matar para preencher o tempo ocioso. É lastimável.

– Sim, lastimável.

Ambos enxugaram as lágrimas.

– Diga-me, Nilvan, você que foi sempre tão ligado aos animais... A morte é o fim deles ou há, em cada um, como há em nós, um espírito, uma alma.

– Alguns estudiosos sobre a vida no Além dizem que os animais têm também espírito* e que muitos após a morte ficam vagando por entre aqueles que o criaram. Foi o que ouvi falar. Se é verdade eu não sei.

– Seja o que Deus quiser, não é mesmo?

– Sim, Lucinda, o que Deus quiser.

Não houve no circo quem não se sensibilizasse diante da morte do leão, foi como se um membro da trupe tivesse morrido. Um integrante querido e respeitado por todos que sabiam que a união era a maior responsável pelos grandes espetáculos do Esputinique.

---

*Para maiores informações, sugerimos a leitura do livro "Animais nossos irmãos" do autor Eurípedes Kühl, Editora Petit.

Capítulo 24
Giovanna e o inesperado

Em Laranjeiras, enquanto isso, Giovanna se encontrava com o filho, na sala de estar, ouvindo um programa na rádio, quando o menino deu pela falta do pai:

– Cadê o papai, mamãe?

– Boa pergunta, meu querido! Hoje ele está demorando um bocado para chegar. Nunca demorou tanto assim.

Levou mais uns quarenta minutos até que Agson Alessander finalmente aparecesse, exalando um forte bafo de cachaça, sinal de que havia bebido além da conta.

– Agson, estava preocupada com a sua demora.

– Preocupada?

– Sim. Saiu de tarde para ir ao banco e não mais deu sinal de vida. O que houve? Por que demorou tanto? Por que bebeu assim?

– O que houve? Por que demorou tanto? Por que bebeu assim? – repetiu ele, fazendo voz de mulherzinha. – Chega! – berrou, enfurecido. – Eu não lhe devo satisfações!

– Fale baixo, por favor, o nosso filho...

Ele voltou a imitá-la, debochado:

– Fale baixo, por favor, o nosso filho...

Então ele se rompeu numa gargalhada sinistra e quando ia deixando o cômodo, Giovanna, seriamente perguntou:

– Trouxe o dinheiro que lhe pedi? Tenho de acertar com o leiteiro amanhã de manhãzinha. Depois com a padaria e...

– Acabou, Giovanna, acabou!
– O que acabou, Agson?
– O dinheiro! Acabou!

Ela fez ar de impaciência e respondeu, ainda mais séria dessa vez:

– Não estou para brincadeira, Agson. O dinheiro, por favor!

Ao estender a mão na sua direção, ele lhe deu um tapa, ardido.

– Está surda, por acaso? – berrou. – Acabou! O dinheiro acabou, foi-se, sumiu, babau!

– Hoje você está mesmo impossível, Agson – completou ela, visivelmente decepcionada com seus modos. – Impossível!

Ele a interrompeu, bruscamente:

– Não foi só o dinheiro que acabou, Giovanna. Não, não, não!!! O meu amor por você também acabou! Acabou da mesma forma que o dinheiro que você tinha.

As palavras dele a assustaram novamente.

– Você está bêbado e como todo bêbado não sabe o que diz! Eu mesma irei ao banco amanhã de manhã buscar a quantia. Direi ao leiteiro para passar mais à tarde.

– Vai perder seu tempo – desabafou ele, provocando sua ira novamente. – A conta está a zero.

Ela, recusando-se a acreditar no que ele dizia, respondeu, apressada:

– Não pode estar, eu herdei dinheiro à beça.

– Mas nada é eterno, minha querida. Tudo acaba! Da mesma forma que o dinheiro acaba, acaba o amor. O que não é de se espantar, afinal, tudo na vida tem seu começo, meio e fim, não é mesmo?

Ela voltou a enfrentá-lo com o olhar, enquanto ele, denotando certo prazer na voz, repetiu:

– Acabou, Giovanna! Acabou!

– Chega de falar besteira, Agson! Vá tomar um banho e beber uns bons copos de água para recuperar a lucidez...

– Vou nada.

213

Sem mais ele foi até seu quarto, apanhou uma mala, jogou dentro dela o que coube de seus pertences, voltou à sala e disse:

– Cuide do garoto, tá? – e com um aceno de mão, completou: – Tchau!

– Agson, você não é mais um moleque.

Ao tocar na maçaneta, Giovanna emitiu os primeiros sinais de verdadeira preocupação.

– Onde você pensa que vai?

– Ainda não sei. Mas o mundo é tão grande... Tenho um leque de opções.

Sem mais, ele partiu e Giovanna, girando a cabeça de um lado para o outro, disse para si mesma:

– Não é à toa que dizem que a bebida transtorna os homens.

Naquela noite ela foi dormir crente de que o marido retornaria para casa, assim que recuperasse o bom senso, o que não aconteceu, constatou ela, logo ao amanhecer.

Depois de deixar o filho na escola, Giovanna foi às compras no mercado onde mandava marcar e pagava tudo no final do mês. Depois de lá se dirigiu para o banco.

– Sua conta está a zero, Dona Giovanna – informou o gerente, sem fazer rodeios.

– A zero? Não pode ser.

– O que restou, seu marido sacou ontem à tarde. Não era muito.

– O senhor não pode estar falando sério, quero falar com o gerente agora mesmo!

– Sou eu o gerente, Dona Giovanna.

– Eu herdei uma verdadeira fortuna...

– De fato, cuido da conta da senhora neste banco desde que recebeu sua herança, mas seu marido gostava de aplicar na bolsa, apostar em corrida de cavalos e, com isso, o dinheiro foi se acabando. Vocês também gastavam muito mensalmente e com viagens ao exterior...

– Não pode ser. Agson não pode ter feito uma coisa dessas.

– Tudo o que fez teve o seu aval. Todos os documentos sempre chegaram até mim com a assinatura da senhora.

– Sim, eu assinava tudo por confiar nele, nas suas empreitadas.

– Eu sinto muito.

Ao deixar a mesa do gerente, pelo trajeto até a porta, Giovanna teve a impressão de que todos os olhos estavam voltados na sua direção, rindo disfarçadamente dela, por ter sido feita de boba pelo marido, e, por não ter mais nada de sua vultosa herança. Pela calçada até o carro, teve a mesma sensação e ela não estava errada, o acontecimento logo se tornou a fofoca número um da cidade. Não se falava noutra coisa.

Do banco, Giovanna seguiu até o escritório do Dr. Clementino, que sempre fora o advogado de confiança de seus pais, para pedir melhor esclarecimento sobre seus bens. O homem, pacientemente, explicou:

– De sua vasta herança, Giovanna, só restou a casa onde você mora. Desde que se casou, você vendeu tudo o que tinha por sugestão de seu marido, para aplicar noutras coisas que pudessem ser mais rentáveis do que casas de aluguel.

– Não pode ser...

– Eu tentei avisá-la, Giovanna, lembra-se? Mas você não me deu ouvidos. Você não poderia ter dado carta aberta ao seu marido, para comandar suas finanças, por mais que confiasse nele.

Ela suspirou, enquanto seus olhos se vertiam em lágrimas.

– Eu confiava nele... Pensei que ele se importasse com o nosso filho, que jamais seria louco de deixá-la sem um tostão.

O homem demonstrou pena, expressando seus verdadeiros sentimentos pela moça. No entanto, a parte mais difícil em tudo aquilo para Giovanna, foi ter de dar a notícia ao filho:

– Seu pai foi embora, Igor.

– Embora? Para onde? Quando volta?

– Para onde, não sei, meu querido, quando volta, acho que nunca mais.

– Por que, mamãe?

– Porque as pessoas são assim, Igor, imprevisíveis, especialmente os homens.

Giovanna abraçou o menino, apertado, enquanto lágrimas rolavam por sua face entristecida e pálida, pelo profundo choque que levara naquele dia.

– Mas a mamãe está aqui, meu querido – comentou ela a seguir. – Para protegê-lo e ampará-lo.

O garotinho se agarrou ainda mais a ela que chorou desesperada, por aquele revés de sua vida.

Quando as contas começaram a chegar, Giovanna desesperou-se.

– Eu nunca trabalhei na vida, não sei o que vou fazer para me sustentar de agora em diante. Com a herança que meus pais deixaram, nunca pensei que precisaria trabalhar. Agora, não sei o que fazer – desabafou ela com sua empregada, logo após dispensá-la do serviço.

Sem forças para mais nada, Giovanna deixou seu corpo cair no sofá e desligou-se de si. O pesadelo dos últimos dias parecia não ter fim. Então seus olhos se prenderam num dos porta-retratos com fotos dela e do marido. O sorriso bonito dele agora a incomodava profundamente, parecendo-lhe demoníaco, o que a fez pegar o vaso que havia em cima da mesinha de centro e arremessá-lo contra as fotos. Foi um estardalhaço só, pedacinhos para todo lado.

– Eu o odeio, Agson! Odeio! – gritou ela, explodindo novamente num pranto agonizante.

Foi então que ela se lembrou de Evaristo Orciolo. Só ele poderia ajudá-lo em meio a toda aquela virada do destino. Imediatamente ela partiu em sua busca. Ao chegar à casa de seus pais, Giovanna foi recebida pela empregada. Diante de Silvina Orciolo, mãe de Evaristo, Giovanna muito humildemente falou:

– Boa tarde, Dona...

A mulher a interrompeu de imediato:

– Veio atrás dele, não é, Giovanna? Para que ele a ajude diante do que aconteceu, não é mesmo? Já estou sabendo de tudo... Quem não está? A cidade não fala noutra coisa.

— Preciso mesmo falar com o Evaristo, Dona Silvina... Eu...

A mulher novamente a interrompeu:

— Você o humilhou tanto, Giovanna. Acabou com a vida dele. Prometeu que o esperaria e...

— Foi Evaristo quem acabou com a vida dele ao cometer aquela tolice, Dona Silvina! Teríamos nos casado e tido filhos como planejamos se ele não tivesse...

— Aquilo que aconteceu ao meu filho foi uma fatalidade, um desatino e ele pagou caro por isso.

— Eu também paguei, pois nossos planos foram destruídos.

— Você prometeu esperá-lo.

— Prometi, sim, sem perceber a princípio que ele poderia morrer na prisão ou se esquecer de mim enquanto estivesse lá. Eu não podia jogar a minha vida fora.

— E as cartas de amor que ele enviava para você, não foram o suficiente para provar que ele ainda a amava?

Giovanna desconversou:

— Ouve-se tanta coisa a respeito da vida dos prisioneiros, que...

As duas se silenciaram por instantes.

— Vá embora, Giovanna. Vá, agora, por favor.

— A senhora tem de me dizer onde posso encontrar o Evaristo. Preciso desesperadamente falar com ele.

Negando com a cabeça, a mulher respondeu:

— Jamais vou lhe dizer. Ele agora está em paz e quero que continue assim.

— Dona Silvina, por favor.

— Por favor, digo eu! Agora se retire.

— Eu preciso muito do Evaristo, Dona Silvina. Eu tenho um filho para criar...

A mulher fez sinal para a empregada acompanhar a visitante até à porta e, em seguida, deixou o aposento. Giovanna partiu dali, horrorizada com o que vivera há pouco, arrependida, amargamente, de ter se prestado àquele papel que a humilhou tanto. Pelas ruas, de volta a sua casa, ela chorou mais uma vez sua desgraça e

217

amaldiçoou Evaristo pelo desatino que os separou e destruiu suas vidas.

    Diante dos olhares de todos na cidade, especialmente daqueles que sempre a invejaram por ter nascido no seio de uma família próspera, e também daqueles com quem ela nunca fora simpática, Giovanna, sentindo-se cada vez mais humilhada, tomou uma decisão:

    – Aqui não fico mais nem um minuto. Vou vender a casa e com o dinheiro, mudarei com o Igor para outra cidade.

    Assim ela fez e com toda a mobília. Partiu com o filho, na calada da noite, deixando contas e mais contas para pagar, dando um calote em todos que sempre confiaram na sua pessoa, especialmente, em seus pais que sempre honraram suas dívidas.

    Numa nova cidade, Giovanna, hospedou-se com o menino num hotel até alugar uma casa, o que conseguiu fazer sem um fiador, porque o proprietário estava desesperado para alugar o imóvel. Exigiu apenas três aluguéis pagos adiantados como caução.

    – Aqui recomeçaremos a nossa vida, meu filho – anunciou Giovanna, abraçando o menino. – Recomeçaremos, sem nunca mais olharmos para trás.

    Falar é fácil, descobriu Giovanna tempos depois. Por mais que tentasse, seus olhos viviam voltados para o passado, época feliz em que viveu ao lado dos pais, num cotidiano abastado e invejado por muitos. E também namorando Evaristo Orciolo, com quem sempre quis se casar e ser feliz, na alegria e na tristeza, na saúde e na doença.

    Quando Evaristo voltou à cidade para rever sua família, nenhum deles ousou contar-lhe o que realmente havia acontecido a Giovanna Marinelli. Depois de tudo o que ela lhe fizera, não achavam certo os dois acabarem juntos. Se Evaristo soubesse que o marido de Giovanna a havia abandonado na miséria, certamente ele trataria de ir atrás dela, onde quer que estivesse para ajudá-la e ficar, de uma vez por todas, ao seu lado.

    E assim o tempo seguiu seu curso...

Capítulo 25
Tristeza e decepção

Houve um dia, então, que um casal de senhores que tomava conta de um Centro Vocacional da cidade em que o Esputinique se apresentava, chegou ao circo para pedir uma gentileza a todos.

— Boa tarde, gostaríamos de falar com o responsável pelo circo — disse o homem, muito simpático.

Visto que Savério Constanzo havia viajado para a casa da filha, Cirilo respondeu por ele.

— Pois não, em que posso ajudá-los?

— Atendemos a quase 300 crianças carentes em nosso Centro. Ali elas aprendem muito do que lhes pode ser útil no futuro.

— Que maravilha! — elogiou Cirilo, que sempre admirara esse tipo de lugar.

— Pois bem, nossa garotada é louca por circo, mas não tem condições financeiras para assistir a uma apresentação. Por isso, gostaríamos de pedir a vocês, se possível, certamente, alguns ingressos de cortesia para eles. Caso não possam, pediríamos a vocês, então, apenas um miniespetáculo, somente com os palhaços, o que já seria suficiente para alegrá-los.

— Certamente. Vou falar com meus companheiros e darei a resposta aos senhores ainda amanhã. Podem me deixar o endereço, por favor?

— Sim, sim. Aqui está.

— Obrigado.

Ao comentar com os colegas da trupe, Nilvan foi o primeiro a lembrar Cirilo que Savério Constanzo não gostava que fizessem apresentações gratuitas, ainda que fossem para crianças carentes.

– Mas são crianças carentes, meu caro! Eu mesmo fui uma, até ser adotado.

– Eu sei, Cirilo, só que o Seu Savério... Bem, você sabe o quanto ele é osso duro de roer. Pode encrespar conosco se fizermos algo sem a sua autorização.

– Eu assumo a responsabilidade.

– Piorou. Aí que ele vai cair matando em cima de você. Sabe bem o quanto ele implica com sua pessoa.

– É isso mesmo! – opinou Zandor, seguido de Fofureza e Palerma.

Waldick Giordano deu seu parecer então:

– Por outro lado, o Cirilo está certo em atender ao pedido dessa gente. Não custa nada e, além do mais, os espetáculos nesta cidade têm ficado lotados de terça a domingo, incluindo as matinês. Há tempos que não vemos uma praça tão boa.

– Verdade! – concordaram todos.

– Não se esqueçam, meus caros amigos – continuou Waldick –, que quando precisamos de cadeiras para fazermos nossas apresentações ao ar livre, depois do incêndio, conseguimos também porque alguém quis muito nos ser solidário.

Novo burburinho.

– Portanto...

Quando os diretores do Centro Vocacional souberam que toda garotada poderia assistir ao espetáculo na íntegra, numa matinê especial, terça feira à tarde, vibraram. A criançada lotou o circo, fazendo do espetáculo um dos mais marcantes já realizados pela trupe do Esputinique.

Quando Savério C. regressou e soube do ocorrido, sem a sua autorização, ficou tiririca. Foi para cima de Cirilo, espumando de raiva, quase a ponto de esmurrar o rapaz.

– Quem você pensa que é, para dar ordens enquanto estou fora? Eu ainda sou o proprietário deste circo!

— Sei, que é, Seu Savério, só achei que o senhor não se importaria que fizéssemos um espetáculo desse porte, ainda mais depois de tudo o que passamos para reerguer o circo. Muita gente foi generosa conosco quando mais precisamos, nada mais justo do que retribuir o gesto, ainda que para pessoas diferentes, não acha?

— Besteira! — resmungou o homem que saiu, bufando dali.

Ao saber dos achaques do patrão, Lucinda tomou as dores por Cirilo. Deixou o filho com Lúqueo que, mesmo pedindo para ela não se intrometer no assunto, foi ignorado.

— Esse Seu Savério, quem ele pensa que é? O rei da cocada branca? O rei da paçoca amassada? Bah!

A anã estava furiosa. Chegava ao trailer quando ouviu a voz forte e retumbante do patrão, falando com as paredes. Tentou ouvir seus resmungos, mas captou apenas algumas palavras:

— Não pode ser... Wanderleia... Eles não podem se reencontrar.

Lucinda repetiu, baixinho, para si mesma, as palavras e voltou atrás na sua decisão de falar com o chefe, naquele instante. Logo deduziu o que estava prestes a acontecer. De algum modo, Wanderleia iria ao circo, e Savério Constanzo não queria que ela se reencontrasse com Cirilo, de forma alguma.

A próxima parada do Esputinique aconteceu na cidade onde Wanderleia e o marido estavam passando uns dias, por isso a moça teria oportunidade de ir ao espetáculo, rever os amigos que fizera ali desde que nasceu. Seu pai, no entanto, tentou, de toda forma, fazê-la desistir da visita, e não conseguiu. Só então contou a todos o que estava prestes a acontecer.

Quando Cirilo soube da grande novidade, seus olhos brilharam. Malena então lhe disse:

— Você está feliz por saber que vai poder rever Wanderleia, não é mesmo, Cirilo?

— Todos estão, concorda?

— Sim, mas...

— Minha história de amor com Wanderleia, pertence ao passado,

Malena, hoje ela é uma mulher casada e grávida de seu segundo filho, segundo sabemos.

– Verdade.

– Então... O que me resta senão aceitar os fatos?

– Mas é que... Um grande amor não deixa de existir somente porque temos de encarar os fatos.

– Eu sei. Não deixa mesmo. Tanto que eu continuo amando a Wanderleia, mesmo depois de ela ter se casado com outro. Você mesma se apaixonou por Zandor, durante anos e, de repente, descobriu que Palerma poderia fazê-la muito mais feliz. Isso prova que nem sempre o amor que queremos para nós é o que vai nos dar o amor de que necessitamos.

– É, mas você e Wanderleia se amavam reciprocamente. Um amor que brotou e criou raízes desde a infância. Um amor sincero. No meu caso, é diferente. Eu amava Zandor que não me amava. Hoje, pensando melhor, acho mesmo é que eu amava seu corpo atraente, não ele em si. Palerma nunca teve olhos para mim, até eu tirar minha barba e realçar meus dotes femininos. Ou seja, nossa história não começou desde que éramos pequeninos, como a sua com Wanderleia.

– Eu sei... Cada um, uma história.

– Pois é.

Houve uma pausa até ela completar:

– Quero vê-lo bem bonito esta noite, Cirilo.

– Bonito?!

– Sim, bonito e brilhante! Para que quando a Wanderleia o vir, perceba o que jogou fora.

– Não fale assim.

– Desculpe.

Realmente, naquele dia, Cirilo foi mais cuidadoso com sua aparência. Correu até a um barbeiro, fez a barba e cortou o cabelo de forma impecável. Até no banho foi mais demorado. Mal sabia ele, que Savério Constanzo mantinha os olhos atentos aos seus passos, por receio de que ele ousasse procurar Wanderleia, caso tivesse descoberto, sabe lá Deus como, seu endereço na cidade.

Nesse ínterim, Lúqueo tentava acalmar Lucinda que tivera um ataque de ciúmes, ao perceber que seu marido ia rever aquela que amou durante anos, cuja paixão, não correspondida, foi capaz de fazê-lo atear fogo ao circo.

– Calma, Lucinda... Calma. Eu não amo a Wanderleia como antes. Não para me casar com ela. Amo-a, simplesmente, como pessoa, por tudo de bom que vivemos no circo. Além do mais, hoje ela está casada e com um filho e eu tenho você e nosso Chaplin adorado.

A anã voltou a se debulhar em lágrimas.

– Calma, meu amor. Pra que tudo isso? É de você que eu gosto. É você que eu amo. É você a...

Ela o interrompeu, pedindo:

– Diz que eu sou a mulher da sua vida, diz...

O anão, rindo, obedeceu.

– Mais alto! – exigiu ela com sua voz irritante.

Ele novamente atendeu ao seu pedido.

– Diz agora que me ama – tornou ela ainda mais melindrosa.

Ele fez.

– Diz agora que sou a mãe mais dedicada a um filho.

Novamente ele fez o que ela pedia. Ela, sorrindo, completou:

– Agora diz que sou a anã mais linda do planeta.

Aí ele ralhou.

– Ah, Lucinda, agora você já está querendo demais, né?

A pequena voltou a chorar, histérica.

– Você não me ama, eu sabia!

– Larga de mimo, Lucinda! Você já é bem crescidinha para fazer isso.

– Crescidinha, eu?!

O anão arregalou os olhos e riu.

– É... Crescidinha você não é mesmo. Desculpe.

Ela acabou rindo com ele, uma gostosa e descontraída gargalhada.

Há tempos que ninguém ali no circo via Savério Constanzo tão irritado. O receio de que o reencontro entre a filha e Cirilo pudesse reacender a paixão dela por ele, o martirizava a cada segundo. Todavia, Wanderleia não pôde ir ao circo naquela noite. Grávida de seu segundo filho, ela passou mal e o médico a aconselhou ficar em repouso absoluto. O fato acabou sendo encarado por Savério Constanzo como uma bênção do destino.

Naquela noite, quando quase todos já haviam se recolhido, Malena foi atrás de Cirilo que ficara longe das imediações do circo, contemplando as estrelas, com um olhar triste e vazio.

– Você está decepcionado, não está? – perguntou ela, assim que se achegou a ele. – Por que ela não veio, não é mesmo? Você esperou que ela viesse para que pudesse matar um pouco da saudade que dilacera o seu coração. É ou não é? Eu sinto muito, meu amigo, sinto mesmo, do fundo do meu coração. Você não merecia...

– Temos de aceitar o nosso destino, Malena. Você aceitou o seu, eu devo aceitar o meu.

– Sim, Cirilo, aceitei porque percebi que o homem com quem eu tanto sonhava em me casar, jamais poderia me fazer tão feliz quanto eu desejava. Bem diferente do outro, por quem eu não tinha interesse algum até ser beijada por ele de forma surpreendente e amorosa.

– Quem sabe não acontece o mesmo comigo, Malena? Ao beijar outra mulher, eu descubra que ela, sim, é a certa para eu me casar. Só espero que ela esteja disposta a seguir comigo junto ao circo que é a minha vida. Caso contrário, terei de me conformar com a solidão, compreender de vez, que o destino me quis só, o que se há de fazer?

– Nada disso estaria acontecendo com você se...

– Não diz mais nada, Malena. Devemos evitar falar a respeito daquilo que sempre nos fere tanto. O que os olhos não veem, o coração não sente, não é isso o que dizem?

– Sim, meu amigo. É o que dizem...

Os dois voltavam para suas respectivas barracas, quando Savério Constanzo apareceu, repentinamente, como se fosse um fantasma. Mediu-os de cima a baixo, detendo os olhos por mais tempo em Cirilo e transmitindo, por meio do olhar, a seguinte frase: "Estou de olho em você!".

Cirilo abaixou a cabeça, submisso como sempre, e partiu, depois de lhe dizer "Boa noite!". Em seguida, encontrou Lucinda, aguardando por ele em frente a sua morada no circo.

– O chefão tá que nem uma sarna atrás de você, Cirilo – disse ela, aguda e irritadiça. – Acho que está com medo de que você vá atrás da filhinha adorada e a convença a largar do marido para viver finalmente o amor lindo que sente por você.

– Não diga isso, Lucinda.

– E eu por acaso digo alguma mentira? Acho que não!

Cirilo não foi o único a ficar chateado naquela noite, Wanderleia também se chateou, escondendo as lágrimas do marido, por não ter podido ir ao Esputinique, rever seus amigos queridos, em especial, Cirilo. Ela ainda guardava em seu coração, todo o amor que um dia foi desperto pelo convívio dos dois, desde que eram crianças a fazer estripulias pelo interior e exterior do circo. Um amor que brotou na infância, fortificou-se na adolescência e continuava a crescer, ainda que encoberto pelas trapaças do destino.

O circo partiu da cidade, sem que ninguém visse Wanderleia, que acabou tendo o bebê, antes do esperado, ficando impossibilitada de visitar o local, para rever seus amigos queridos. O bebê se chamou Cláudio em homenagem ao avô.

Nesse ínterim, Savério Constanzo tratou logo de arranjar uma cidade bem distante, para levar seu circo, a fim de evitar que a filha, assim que se recuperasse do parto, fosse assistir ao espetáculo e, com isso, reencontrasse Cirilo Salamandro. O reencontro poderia ser desastroso para o casamento dela, ainda mais agora com dois filhos.

E assim o tempo seguiu seu curso, transformando vidas, conectando pessoas de diferentes partes do país, transformando corações pela força do bem e do mal... Jamais, porém, a vida é feita somente de tristezas, há sempre alegrias, brotando dos mais diferentes lugares e das formas mais inesperadas.

Capítulo 26
Insensatez/1968

Três anos haviam se passado desde os últimos acontecimentos relatados. O centro de nossa história, agora, é a cidade de Arapanés, no interior de Minas. Um lugar aconchegante de mais de 80 mil habitantes.

A rua que findava no maior ginásio estadual da cidade, estava como sempre, àquela hora da noite, muito mal-iluminada pela luz amarelada e fraca que vinha dos poucos postes espalhados pelo local. O ginásio, mergulhado no breu, lembrava uma mansão assombrada e assustadora.

Havia uma mulher, seguindo para lá. Como todo deficiente visual, usava uma bengala para poder se guiar melhor pelo lugar. Chamava baixinho pelo gato que havia desaparecido de sua casa, preciosidade do filho. Foi então que, subitamente, ouviu alguns gemidos em meio a alguns barulhos que não soube precisar muito bem o que era.

Próximo ao ginásio, na parte menos iluminada, havia um corpo estirado ao chão, na posição fetal, esvaindo-se em sangue. O agressor, levou um susto, ao perceber que havia sido flagrado ali, em tão criminosa situação. Imediatamente ficou em alerta.

"O que fazer? Correr? Não esperava por aquilo."

– E-eu...

O choque o fez falar sem pensar. Suspendeu o que ia dizer, ao perceber o quanto aquela testemunha seria capaz de destruir, para sempre, sua reputação. Por isso, ele tinha de calá-la, antes que o delatasse. Sem delongas, foi para cima dela, endereçando-lhe um olhar assassino. As mãos abriam e se fechavam feito garras. Ele iria matá-la, tinha de fazê-lo, para se safar de um escândalo.

Mais um passo, e outro, e mais outro até que ele parou, porque só então notou que ela era cega. A mulher usava um vestido preto de algodão, e seus cabelos castanhos estavam presos num coque, penteado que envelhecia sua aparência uns dez anos. Ainda assim, o rosto era bonito e ele nunca a tinha visto antes. Sendo ela cega, jamais poderia reconhecê-lo.

Ufa, respirou ele, aliviado.

A cega continuava voltando os olhos para um lado e para o outro, como se farejasse o ar.

Foi então que os dois ouviram um estalo, como se alguém tivesse saltado do muro ali próximo, para uma superfície de lata e corrido para longe. Alguém mais presenciara tudo aquilo, concluiu o agressor, decidindo fugir dali antes que aparecesse mais gente e as autoridades, o que seria ainda pior.

Sem mais, ele partiu, enquanto a cega voltou a andar até colidir com o corpo caído ao chão. Voltou então para sua casa, estugando os passos, esquecendo-se completamente do gato que saíra para procurar. Ao vê-la, andando apressada, sua vizinha procurou acudi-la.

– O que houve? Você me parece assustada.

Os lábios da deficiente visual se moveram por diversas vezes, demonstrando total incerteza se deveria ou não relatar o que descobriu. Por fim, ela contou o que descobrira e a vizinha chamou uma ambulância e a polícia.

A vítima, um rapaz de dezoito anos, foi levada imediatamente para o hospital onde foi internado em estado grave. A família agradeceu à cega por tê-lo encontrado e agido rápido para salvá-lo.

No dia seguinte, só, em sua casa, envolta somente pelas quatro paredes de sua sala de estar, a deficiente visual foi surpreendida por leves batidas à porta de sua morada. Imediatamente ela gelou. Seria o agressor?, pensou. Não, não poderia ser. Ele não poderia saber onde ela morava... Se bem que poderia sim, afinal, uma cega não teria ido muito longe de onde residia, ainda mais à noite, concluiria ele. E especulando um aqui e outro acolá, se haveria uma cega, morando nas proximidades do ginásio, os moradores do bairro, rapidamente a indicariam.

A conclusão a fez gelar novamente. Não abriria a porta de jeito algum. Fosse quem fosse, que pensasse que ela não estava e partisse. Mas as batidas se repetiram, insistentemente, para o seu total desespero. Desta vez, um pouco mais fortes. Ouviu-se então a voz da vizinha chamando por ela, insistentemente.

Sem ver outra escolha, Giovanna Marinelli tomou finalmente coragem para ver quem era. Lourdes, sua vizinha, estava ao lado de um homem alto e fardado, algo que Giovanna, depois de ter ficado cega, não poderia notar. Lourdes achou por bem anunciá-lo.

– Querida, a polícia quer falar com você.

– Polícia?! O que houve?

As pálpebras dos olhos dela tremeram, ligeiramente.

– Aconteceu algo com o meu filho?

– Não, não. Pode ficar tranquila.

A cor voltou violentamente ao rosto da mulher que ouviu o policial dizer, a seguir:

– Queremos falar com a senhora sobre o ocorrido ontem à noite.

– Ah, sim – suspirou Giovanna.

– Podemos entrar?

– Sim, sim...

Ela recuou o corpo para lhes dar passagem e, assim que se acomodaram no sofá da sala, o policial falou:

– Giovanna Marinelli...

– Eu mesma.

O sujeito se inclinou para frente e disse, com precisão:

– Sobre ontem, aquela barbaridade ocorrida com o jovem de 18 anos, o que a senhora pode nos dizer a respeito? Ao que parece, a senhora foi a única testemunha do acontecido.

O que ele disse pareceu-lhe completamente absurdo. Ela o olhou com certa raiva, a mesma que transpareceu em sua voz:

– Como eu poderia testemunhar alguma coisa, meu senhor, se sou cega?

Ele a olhou com espanto, sentindo-se sem graça por ter dito o que disse.

— O senhor não havia percebido?! — continuou ela, irritada. — Sou uma cega, uma cega!

Ela rompeu-se num choro agonizante e Lourdes a consolou:

— Calma, querida. Muita calma.

— Por que tenho eu de lembrar a todos que sou cega? Lembrar, dói, falar a respeito, dói mais ainda.

— Eu sinto muito — desculpou-se o policial, tentando encontrar palavras para apaziguar a situação.

Mas Giovanna parecia demonstrar cada vez mais indignação e revolta. Parecia estar prestes a mandá-lo embora quando, estranhamente, a calmaria predominou:

— Desculpe-me... estou nervosa.

— É compreensível, depois do que presenciou.

— Nem diga. Pobre rapaz... Tão jovem.

— Sim. Dezoito anos apenas.

— Qual é mesmo o nome dele?

— Rocco. Rocco dos Santos.

— Oh, sim... Eu estava tão nervosa ontem que não gravei o nome do coitadinho. Ele ainda está em coma?

— Sim, e em estado grave.

O rosto de Giovanna demonstrou pesar, enquanto seus olhos voltaram a lacrimejar. Após breve pausa, o policial, com cautela, pediu:

— Gostaria muito que a senhora me respondesse a algumas perguntas, se puder.

— Está bem. Pode perguntar — Giovanna parecia mais equilibrada agora.

O sujeito enfiou a mão no bolso e de lá tirou um bloquinho para anotar as informações. Começou, perguntando:

— Pouco antes de a senhora quase tropeçar na vítima, a senhora ouviu alguma coisa?

— Ouvi sons que não soube definir o que eram e gemidos.

— Deve ter sido dos socos e pontapés que o rapaz recebeu de seu agressor.

— Pode ser...

— Ouviu algum dos agressores dizer alguma coisa?

— Agressores?! Era mais de um?!

229

– Não se sabe ainda, mas pode ter sido mais de um, sim!
– Não que eu me lembre.
– É que dizem que um cego tem mais percepção do que se passa ao seu redor, do que muitos que podem enxergar.
– Eu sei.
– Então...
– A afirmação do senhor está corretíssima em relação àqueles que nascem cegos ou se tornam um, quando ainda na infância ou na adolescência. Não é meu caso.
– Não?!
– Não. Eu fiquei cega há muito pouco tempo. Vítima de uma doença rara e grave.
– Eu sinto muito.
– Ainda é muito difícil para mim ter de encarar esta realidade, aceitar meus limites... Não é fácil, não, mesmo.
– Eu posso imaginar o quanto é difícil.
– Não pode, ninguém pode, a não ser que sinta na própria pele o que estou passando.
– Sem dúvida – respondeu ele em tom de quem pede desculpas.
– Voltando ao triste episódio de ontem... A senhora, por acaso, ouviu alguma conversa entre a vítima e o agressor?

Giovanna pensou um instante.
– Não – respondeu, enfim.
– Tem certeza?
– Absoluta!

O homem já ia passando para a próxima pergunta quando ela o interrompeu, delicadamente:
– Policial?
– Sim.
– Corro perigo por eu ter testemunhado esse quase assassinato? Mesmo eu sendo uma cega?
– Minha senhora, nunca se sabe. De qualquer modo, vamos manter um guarda de olho na sua casa. Para qualquer eventualidade.
– Eu agradeço muito.
– É nossa obrigação.

E Giovanna pareceu mais calma desde então.

Capítulo 27
Igor faz um amigo

Três anos depois dos últimos relatos (1971)
A primeira apresentação do circo Esputinique, na cidade de Arapanés, teve a honra de ter o ilustre prefeito da cidade, acompanhado de sua família. A prefeitura ajudara o circo, cedendo o terreno gratuitamente para a temporada de espetáculos.

O Sr. Savério Constanzo foi pessoalmente agradecer a presença da ilustre figura antes de o espetáculo ter início.

Alcebíades Vilar, o prefeito de Arapanés, era um sujeito grandalhão, com um vozeirão de tenor, tal como um típico italianão louco por massas. Ao abraçar Savério Constanzo, Savério receou que o abraço quebrasse uma de suas costelas. O sujeito fez com que todos no circo se lembrassem do prefeito Felício Morato da cidade dos Roseirais, de quem, no final, acabaram se tornando amigos.

Foi na manhã de terça-feira, por volta da hora do almoço, que Cirilo avistou um garoto, perambulando pelas dependências do circo. Ele andava sozinho, espiando tudo com grande interesse. Cirilo achou melhor preveni-lo dos problemas que poderia ter ali, se não tivesse prudência.

– Olá! – Cirilo o cumprimentou.
O menino voltou-se para ele, com um sorriso belo e feliz.
– Você é do circo? – perguntou, interessado.
– Sou, sim – respondeu Cirilo, prontamente.

231

– É o malabarista?

– Não.

– O trapezista?

– Também, não.

– O mágico?

– Não.

– Quem é você então? O dono do circo?

– Aquele que faz todos rirem.

O menino, fazendo ar de interrogação, respondeu, rapidamente:

– O palhaço não pode ser, não tem cara de palhaço!

– E desde quando palhaço tem uma cara específica?

– Todos têm a cara branca, uma bocona e um nariz vermelho. Você é um homem normal.

Cirilo riu e o menino continuou, seriíssimo:

– Eu já vi palhaço por foto e, também na escola, quando há algum teatro...

– E no circo?

– No circo, nunca!

– Não?!

– Quando um aparece na cidade, eu só fico de longe, espiando, a distância.

– Quer dizer que você nunca foi ao circo?

O menino respondeu, balançando negativamente a cabecinha, de um lado para o outro. Jamais, em toda a vida, Cirilo encontrara uma criança que não tivesse assistido a um espetáculo circense. Por fim, perguntou:

– Desculpe a minha curiosidade, mas... É porque seus pais não têm condições de pagar o ingresso para você assistir ao circo, que você até hoje não viu um?

– Também. Mas é mais por causa da minha mãe que não gosta de circo, especialmente de palhaços.

– É. Gosto é gosto. Não devemos discutir.

Cirilo tentou construir na mente, a imagem de uma mulher que não gostasse de palhaços. Seus pensamentos foram interrompidos pela frase seguinte do garoto:

— Quando eu crescer eu quero ser um trapezista.

— Sério?! Mas para isso você precisa treinar muito.

— É?

— Sim, anos de treino para saltar de um lado para o outro, arriscando a própria vida.

— Mas se eu cair, a rede me segura, não?

— Mesmo assim é preciso saber cair para não destroncar o pescoço, por exemplo.

O menino fez ar de dúvida.

— Qual é o seu nome?

— Igor.

— Muito prazer, Igor. Meu nome é Cirilo, mas todos aqui me conhecem pelo nome de João Balão, o palhaço.

O garoto pareceu não ouvi-lo, sua atenção foi desviada pelo inconfundível cheiro de carne assada, vindo do local onde o pessoal do circo fazia suas refeições. Ao perceber que o menino havia engolido em seco e, massageava à altura do estômago, Cirilo logo lhe perguntou:

— Pelo visto você já está com fome, hein?

— Estou sim. É que faz tempo que não tem carne em casa. Não assim, com esse cheiro bom.

— Quer almoçar conosco?

— Posso?! — os olhos do garoto brilharam.

— É meu convidado.

— Jura?! Você é mesmo um cara e tanto.

O menino devorou o prato, repetindo três vezes.

— Se comer mais vai passar mal — Cirilo o alertou.

— É que eu estava com muita fome.

— Eu sei, todos nós percebemos.

Risos.

— Você precisa se alimentar melhor, Igor — aconselhou Zandor. — Se quiser realmente ser um trapezista como eu, precisa ganhar músculos.

— Pode deixar!

– Qual dos números do circo você gostou mais? – perguntou Zandor a seguir. – Aposto que foi o meu!

– Que nada – brincou Malena –, foi o meu!

– O meu! – berrou Lucinda, divertida.

– Como posso saber se eu ainda não vi o espetáculo?

– Pensamos que tivesse vindo neste fim de semana de estreia. Quando virá, então?

– Não virei, minha mãe não permite.

– Como, não?

– Ela não gosta de circo. Não sei bem se é de circo ou de estranhos. Ela tem medo de estranhos.

– Mas nós somos gente boa!

– Diz isso para ela, ora!

Novas risadas. Malena perguntou a seguir:

– É por causa do dinheiro para o ingresso que sua mãe não permite que você venha ao circo?

– É, não! Dinheiro ela tem, tem sim, já vi.

Todos riram novamente, certos de que o garoto era muito carismático e divertido. Foi Fofureza quem sugeriu a seguir:

– Que tal se você vier assistir ao espetáculo de graça?

– À noite?! E eu vou dizer para minha mãe, o quê? Que fui à missa?

Novas gargalhadas.

– Venha então assistir à matinê do próximo sábado – sugeriu Waldick.

– Diga a sua mãe que foi à casa de um amigo – sugeriu Fofureza.

– Você está me pedindo para mentir para ela?

– Bem...

O menino, olhando seriamente para Ariovaldo Bertazo, deu-lhe um "puxão de orelhas" com palavras:

– Mentir não se deve. O senhor não sabia?

Fofureza, avermelhou-se até a raiz dos cabelos. Esquecera-se, como muitos, da árdua lição que a vida lhe dera, ao mentir para o filho.

Cirilo, após breve reflexão, sugeriu:

– Daremos convites de cortesia para você vir com seu amigo e os pais dele. Que tal? Daí você diz a sua mãe que virá ao circo na companhia deles, o que ela certamente não se importará. O que acha?

– É uma boa ideia. Vou chamar o Leo. Ele vai adorar. Os pais dele são também muito pobres.

– Ótimo, está combinado.

Como o pessoal do circo previu, a mãe de Igor permitiu que o filho fosse ao espetáculo na companhia do amigo e de seus pais. O garoto mal piscou os olhos diante dos números e, ao final, não sabia precisar qual deles fora o melhor. Foi um dos dias mais marcantes de sua vida que, assim que voltou para a casa modesta em que vivia com a mãe, contou-lhe, tim-tim por tim-tim, tudo a respeito do espetáculo.

Desde então, a amizade entre Igor Marinelli e a trupe do circo Esputinique cresceu imensamente. Todos os dias, após fazer sua lição de casa, o menino, acompanhado de seu amigo Leo, visitava o circo e acompanhava os ensaios do pessoal.

– Eu gostaria muito que conhecesse minha mãe – disse Igor, certo dia para Cirilo. – Sendo você um palhaço, poderia alegrá-la um pouco. Ela é sempre tão triste.

– Mas você me disse que ela não gosta de palhaços...

– Mas você é tão bacana e já falei de você, tenho certeza de que ela vai apreciar muito a sua visita.

– Acha mesmo?

– Sim.

– Então irei.

O garoto sorriu, verdadeiramente feliz pela resposta.

Ao chegarem a casa onde Igor e Giovanna moravam, Cirilo e o menino encontraram-na, mergulhada na penumbra, pois a única luz a iluminar seu interior, provinha da janela semiaberta da sala de estar. Com o dia frio e nublado, a claridade não era muita. Igor puxou Cirilo pela mão até a sala onde havia uma televisão preto e branca, pequena, e um sofá marrom rasgado. Na poltrona, ao lado, estava Giovanna, como sempre, trajando um vestido preto de algodão.

– Mamãe, este é o meu amigo palhaço de quem lhe falei. O mais engraçado do circo. O mais engraçado do mundo!

Um sorriso amarelo escapou dos lábios dela, que procurou receber a visita com simpatia.

Foi então que Cirilo a reconheceu. Ele mal podia acreditar que a mãe do garoto era Giovanna Marinelli. Chegou a piscar os olhos, duas, três vezes, como se quisesse lubrificá-los para ver melhor. Mas não havia dúvida, era ela mesma, a própria.

Pouca diferença havia ocorrido nela desde a última vez que a vira, cerca de seis anos antes daquela data. Apenas uns fios grisalhos e um pouco mais de peso diferenciavam a Giovanna de outrora, da atual, sentada a sua frente. Foi a voz dela que o despertou do transe.

– Com vai? – sua voz soou calma e convencional. Diante do silêncio repentino do recém-chegado, ela repetiu: – Com vai?

– B-bem, bem... – atrapalhou-se Cirilo. – Muito prazer.

– Muito prazer.

Ele tomou coragem de lhe estender a mão, aguardando ser reconhecido por ela, naquele instante. O que não aconteceu.

– Fico feliz por saber que meu filho o admira – continuou ela com ar satisfeito.

– Ele é um excelente garoto.

– Sim, de quem muito me orgulho.

Ela pronunciou as palavras de maneira normal, mas aos ouvidos sensíveis de Cirilo pareceu que havia desespero por trás delas. Tê-lo-ia ela finalmente reconhecido?

Trechos do passado, vividos entre os dois, passearam silenciosamente por sua memória. Ah, como ele gostaria de saber o que se passava por trás daqueles olhos verdes e aparentemente distantes. A voz dela tornou a despertá-lo:

– Então, você é um palhaço... Como é a vida de um palhaço? Deve ser interessante, não?

Ele, um tanto atabalhoadamente, respondeu:

– Fazer as pessoas rirem não é tão fácil quanto se pensa. É mais fácil emocionar o outro do que fazê-lo rir.

– Mesmo?! Jamais pensei que fosse difícil.

Quanto tempo mais ela levaria para reconhecê-lo?, perguntou-se Cirilo, intimamente.

– De qualquer modo deve ser um trabalho gratificante, não? – comentou ela a seguir.

– É, é sim...

O silêncio pairou a seguir, algo desconfortável, pelo menos para Cirilo. Giovanna voltou a falar:

– Confesso que nunca gostei muito de palhaços. Jamais fui ao circo por causa deles. O meu interesse foi sempre pelo mágico, pelo trapezista, e pelos malabaristas. Os palhaços, bem, desculpe-me a franqueza, sempre os achei dispensáveis. Mas meu filho e o resto do mundo os ama, o que me faz pensar que há neles algo que não posso perceber.

– Pode ser... Igor havia me dito que a senhora não gosta de circo em geral.

– Não é que eu não goste, tenho medo. São pessoas estranhas, que chegam de repente a sua cidade e, bem... Sempre ouvi dizer, desde pequenina, que devemos tomar cuidado com os estranhos.

– Eu também, quando pequeno, recebi o mesmo conselho.

– É tão difícil lidar com isso, não? Porque todo mundo, antes de se tornar seu amigo, é um estranho para você.

Cirilo riu:

– É verdade.

– Não é?

Silêncio novamente até ela perguntar:

– Desculpe-me, mas sempre tive curiosidade de saber... O palhaço pinta o rosto para se tornar engraçado ou para esconder a feiúra?

Cirilo tornou a achar graça. Ainda rindo, respondeu:

– Muitas vezes pelos dois motivos. Em muitas noites, é para

esconder a tristeza e a saudade de quem tanto amou ou ainda ama, mas não pode ter ao seu lado. Por baixo da pintura ninguém pode ver as sevícias que transparecem na sua face, não é mesmo?

– Sevícias, sim... Quem já não foi vítima das mais cruéis sevícias da vida, não mesmo? Todos, penso eu, têm de encará-las. Eu já suportei tantas, mas nenhuma foi tão pior do que, você sabe...

– Sei?

– Sabe, não sabe?

Ele fez ar de interrogação e pelo seu silêncio, ela pôde compreendê-lo melhor.

– Ah... Só agora entendo... Meu filho nada lhe disse, não foi?

– Ele disse apenas que a ama muito e que a senhora não aprecia palhaços e circos em geral.

– Foi só?

– Sim.

– E você também não notou?

– Havia algo para eu notar, o quê?

– Ora, meu caro, que estou cega.

Capítulo 28
Cirilo e Giovanna, novamente face a face

Cirilo teve a sensação de que o chão havia desaparecido sob seus pés e ele agora caía de um penhasco, como um personagem de desenho animado. Só agora ele entendia por que ela não o havia reconhecido e se mantinha amistosa com ele. Porque havia ficado cega. Cirilo arrepiou-se diante da descoberta.

– Eu não sabia... – gaguejou. – Tampouco notei. À meia luz, não pude enxergá-la direito.

– Normal. Igor diz que quando escancaro a janela, aqui fica mais claro, mas hoje está tão frio.

– E também nublado, por isso há pouca luz.

– Não faço uso da luz, porque, para mim, não faz diferença. Além do mais, quem apaga não paga, não é mesmo? – Ela riu. – Com a falta de dinheiro em que vivo...

Cirilo inquietou-se:

– Seu marido é falecido?

– Oh não, sou separada.

Ela lhe contou sua triste história e ao término, Cirilo sentia profunda pena dela.

– Eu sinto muito, por tudo.

– Como lhe disse há pouco: quem já não foi vítima das mais cruéis sevícias da vida, não é mesmo?

Ela suspirou e foi adiante, num desabafo:

– Tantas vezes eu chorei, em segredo, minha desventura. Não sei, até hoje, como pude suportar meu destino carregado das mais tristes e sinistras cores.

— Pelo visto somos mais fortes do que pensamos, não?

— É o que dizem, não é?

— Mas você... Desculpe-me a senhora...

— Pode me chamar de você. Temos quase a mesma idade, não?

— Sim.

— Pois bem, você dizia...

— Eu dizia que somos mais fortes do que pensamos e você não é exceção. Pelo pouco que a conheço e, pelos desafios que a vida lhe impôs, você continua firme e forte.

— Porque talvez eu não tenha tido escolha.

— Sim, mas... isso não apaga seu mérito.

— É verdade.

Novo silêncio.

— O Igor o adora, sabia? Acho que gosta mais de você como pessoa do que como palhaço.

— Igor é um garoto adorável.

— É, sim. Agora me diga qual é o seu verdadeiro nome. Digo, por trás do nome do palhaço?

Quando Cirilo percebeu que se dissesse a verdade a Giovanna, ela poderia se zangar e proibir Igor de vê-lo, o que seria sofrido para o menino, ele imediatamente fez uso de uma mentirinha para o bem de todos:

— Meu nome é Lúqueo.

— Lúqueo?!!! Que nome diferente, não?

— É, não é? Não sei onde meus pais estavam com a cabeça na hora que me deram esse nome.

Risos.

— Por falar em pais... sinto saudade dos meus. Muita saudade! Eles se preocuparam tanto comigo, em me deixar bem financeiramente para que eu nunca passasse necessidades na vida e, no entanto, acabei nessas condições deploráveis.

— Mas você não está só.

— Realmente não. Recebo ajuda das poucas, mas eficazes

instituições de caridade desta cidade, onde ricos fazem suas doações para ajudar pessoas desamparadas e cegas como eu. Que bom que ainda existem pessoas que se importam conosco, digo, com os menos afortunados.

— A bondade humana é muito vasta... E a maldade humana também, infelizmente. Todavia, penso que noventa por cento da raça humana é feita de pessoas do bem. Apenas dez por cento de pessoas más. Não evoluídas, eu diria.

— Só mesmo dez por cento? — ela estranhou. — Penso que o ser humano é mau por natureza.

Ele riu.

— Jean-Jacques Rousseau dizia que o ser humano é bom por natureza, a sociedade é que o corrompe.

Ela, muito reflexiva, opinou:

— Acho que penso diferente, porque vivi sempre cercada de pessoas más e invejosas por eu ter sido filha de um homem com boas condições financeiras.

— Pode ser...

— Você não me disse se é casado.

— Sou solteiro.

— Mas há uma moça, não?

— Houve, houve sim. Mas não deu certo. Preferi então ficar sozinho.

— E alguém pode ser feliz, sozinho?

A pergunta desarmou Cirilo:

— Nunca refleti a esse respeito. Mas agora que mencionou, bem, acho que é possível, sim, ser feliz sozinho. Se eu considerar o fato de que muita gente casada vive infeliz, sou levado a crer que a união não é determinante para a felicidade de uma pessoa. Pode ajudar, ampliar, talvez, mas garantir, nem sempre.

Os dois se silenciaram novamente e foi quando Igor reapareceu de banho tomado, cheirando a sabonete. Sorriu para os dois e foi até a mãe para que sentisse seu cheiro e aprovasse seu banho.

— Muito bem, Igor. Tomou banho certinho.

Ela beijou-lhe o dorso da mão, que levou até seus lábios.

– Meu filho é a grande alegria da minha vida.

– É um garoto e tanto.

Igor foi até Cirilo que brincou com seus cabelos, divertindo-o, novamente, e ampliando a sensação de já conhecê-lo de outrora. Enquanto o menino foi para a cozinha, tomar um leite, Cirilo voltou-se para Giovanna e perguntou:

– Há muito que você está assim?

– Assim como?

– Bem...

Ele se atrapalhou com as palavras.

– Cega? – concluiu ela. – Há quase três, quatro anos. Nem me lembro ao certo quando foi, procurei esquecer. Coisas ruins a gente procura esquecer, não é mesmo?

– Sim, de fato.

Naquela noite, no circo, após a apresentação, Malena foi ter uma palavrinha com Cirilo. Percebera que ele estava cabisbaixo, preocupado com algo muito sério. A chegada dela a sua barraca, despertou-o de suas pungentes e amargas reflexões.

– O que houve? Você me parece preocupado.

– Estou, sim, Malena. É que hoje me aconteceu algo surpreendente. Reencontrei uma pessoa que jamais pensei rever em toda vida. Nossos caminhos se cruzaram no passado e novamente agora e, bem, apesar de ela me odiar, não ter feito questão alguma de ser minha amiga quando nos conhecemos... eu senti pena dela.

– Pena?

– Sim. Ela está cega.

– Cega?

– Cega. E assim que descobri, fiquei sem chão diante dela. Foi horrível. Queria ter-lhe dito alguma coisa bonita, alguma palavra de conforto, mas nada consegui senão procurar fingir, para mim mesmo, que aquilo não era real.

– E ela como reagiu, ao reencontrá-lo?

– Ela não me reconheceu, não poderia, está cega.

– Quer dizer que ela não sabe quem você é?
– Exato! Apresentei-me com outro nome.
Cirilo explicou a seguir seus motivos para ter agido assim.
– Que loucura, não? Vocês dois se reencontrando dessa forma? Até parece coisa de destino, não acha?
– Sim.
Cirilo relembrou a seguir o que passou ao lado de Giovanna Marinelli no passado. Seu gênio forte, seu egoísmo insuperável. A vida não lhe havia sido boa, não; fora tão traiçoeira quanto ela lhe fora no passado. A dor a fez mudar, e só ele percebia a profundidade da frase: se não mudamos pelo amor, mudamos pela dor.
Novamente ele se arrepiou e para acalmar seu coração, orou para os seus primeiros pais adotivos: Dorival e Alba Marinelli para que protegessem a filha e o neto.

Em Laranjeiras, Evaristo reaparecia para rever a mãe e a família. Silvina Orcilo, como sempre, emocionava-se, ao rever o filho tão amado. Abraços apertados e redobrados foram trocados pelos dois, em meio a muitas lágrimas de saudade e de emoção. Minutos depois, quando mãe e filho tomavam café e comiam pão quentinho saído do forno, Evaristo falou de Giovanna Marinelli outra vez:
– Sabe, mãe, eu já perdoei Giovanna faz muito tempo. Digo, perdoei, porque me senti realmente apunhalado nas costas por ela ter se casado com outro e não ter me esperado. Foi um baque, sim, um choque, mas aprendi, com os espíritos, que nada nos serve melhor do que o perdão diante daqueles ou daquilo que nos magoou. Eu mesmo pedi perdão a Deus pelo que fiz, a àquele que matei e a sua família. Como posso querer receber o perdão se eu mesmo não for capaz de perdoar a quem tanto me feriu?
A mulher concordou, enquanto ele, calorosamente, pousou sua mão na dela e completou, com voz vinda direta do coração:
– Sei o quanto a senhora também ficou magoada por Giovanna não ter me esperado, mamãe, por isso peço à senhora, agora, que lhe perdoe caso ainda não tenha feito.

A mulher fugiu do olhar do filho, procurando se servir de mais um pouco de café.

– Mamãe – falou ele seriamente. – Perdoe-lhe, por favor.

– Por que isso agora, Evaristo?

– Porque é importante para Deus. Perdoe, vamos! Pelo menos prometa-me que vai tentar.

– Não. Acho que nunca farei.

– Tente.

– Não quero. Já diz o ditado "Quem meu filho a boca adoça, adoça a minha também". O oposto é também verdadeiro.

– A senhora vai se sentir muito melhor se lhe perdoar, acredite.

A mãe voltou a encará-lo:

– Diga-me, Evaristo, você realmente conseguiu perdoar a ela? Mesmo depois de ela tê-lo trocado por aquele qualquer? Conseguiu, mesmo?

– Sim, juro por Deus.

– Que nada – a mulher fez um gesto de desdém com os ombros. – Mas ela teve o que mereceu. Ah, sim! Teve, sim!

– Teve o que mereceu? Do que a senhora está falando?

Só então Silvina se deu conta de que havia falado mais do que devia.

– Responda-me, mamãe. O que a senhora sabe a respeito de Giovanna Marinelli que eu não sei?

– Nada, não, Evaristo.

– Fale-me, por favor.

Ela tentou ocultar dele a verdade, mas diante de seu olhar de bondade, ansioso por notícias da mulher por quem ainda era louco de paixão, ela acabou lhe contando tudo. Evaristo estava perplexo ao término da narrativa:

– Quer dizer então que o marido da Giovanna acabou com toda a herança que ela recebeu e, depois sumiu pelo mundo? Deixando-a com o filho e com um monte de dívidas...

– Sim e ela precisou vender suas joias e a casa onde moravam para ter dinheiro para sobreviver.

– O quê?! Quando isso aconteceu?

– Já faz uns seis anos.

– Por que a senhora nunca me contou isso, nas vezes em que estive aqui, visitando vocês?

– Porque você, apaixonado como ainda é por ela, seria capaz de correr atrás dela, para ajudá-la diante das circunstâncias em que se encontrava.

– Eu a teria ajudado, mesmo!

– Eu sabia! Por isso eu nada lhe disse e proibi qualquer um da nossa família de lhe dizer a respeito.

– A senhora deveria ter me contado.

– Não, não e não! Ela não merecia.

– Mamãe, o que é isso? Quanto rancor no coração.

– Giovanna Marinelli não agiu corretamente com você, Evaristo, por isso...

A mulher parou, mirou os olhos do filho, tão lacrimejantes quanto os seus e, só então, concluiu:

– Ela esteve aqui, sabe? À sua procura.

– Giovanna?!

– Sim. Veio só porque estava desesperada. Mas eu não lhe dei seu endereço. Se tivesse dado, ela o teria procurado, e feito você de bobo, novamente. Isso não era certo. Você não merecia algo assim. Não, mesmo!

– Mamãe, isso não foi correto da sua parte.

– Agora a culpada sou eu, Evaristo? Ela é quem age incorretamente com você e a culpada sou eu? Ah, por favor!

– Onde posso encontrar Giovanna, agora?

– Ninguém sabe. Ela, de vergonha pelo que lhe aconteceu, foi embora da cidade, sem deixar paradeiro.

– Alguém da família dela deve ter notícias.

– Seus parentes eram distantes e, os poucos amigos que tinha aqui, nunca mais souberam dela.

– Que horror...

– Como eu lhe disse, ela teve o que mereceu.

Desde então, Evaristo Orciolo ficou a pensar em Giovanna Marinelli, procurando, insistentemente, encontrar seu paradeiro. No Centro, ao falar dela, a entidade de luz pediu a ele que orasse muito pela moça, pois, no momento, ela carecia de muita oração e proteção divina.

A tarde caía bonita em Arapanés quando Cirilo chegou à casa de Igor e Giovanna Marinelli, levando pão francês para que mãe e filho tomassem um gostoso e farto café da tarde. Chamou pelo menino e nada de ele aparecer, então tomou a liberdade de adentrar a morada e ir até a pequena varanda, aguardar pela chegada dos dois. A porta da frente tinha uma pequena portinhola de vidro, design típico dos anos cinquenta e estava aberta, por onde ele voltou a chamar pelos moradores:

– Ô de casa.

Nada. Ansioso para usar o banheiro, tomou a liberdade de mover a maçaneta na esperança de que a porta estivesse destrancada e, assim, pudesse adentrar a morada e fazer uso do toalete. Por sorte estava. Se algum vizinho o visse, entrando ali e achasse estranho, que chamasse a polícia, depois ele lhes daria as devidas explicações. De qualquer modo muitos já haviam se acostumado com ele, pois, volta e meia, ele aparecia acompanhado de Igor que se tornara seu maior amigo mirim nas últimas duas semanas.

Ele acabava de usar o banheiro, lendo com curiosidade o título de um romance que havia ali, sobre um móvel, quando Giovanna entrou na casa pela porta da frente. Por um momento vertiginoso, Cirilo não conseguiu respirar. Quis sumir dali, evaporando-se como água, tamanha a vergonha que sentiu por ter de explicar, o que fazia ali, sem ter recebido consentimento da dona da casa para entrar na casa. Ele seguia para a sala quando, subitamente, avistou o reflexo de Giovanna por intermédio de um espelho, que havia dependurado numa das paredes do lugar em que ela se encontrava. O que viu, o fez recuar o passo e se manter estático. Giovanna arremessou a bengala para longe e bufou. Parecia irritada, muito irritada. Jogou-se na poltrona e tornou a bufar. Ele, então, adentrou o aposento, bem no momento em que ela gritou, aguda e histericamente.

– V-você... – balbuciou Cirilo, chocado. – Você pode ver...

E a cena se congelou como que num filme ou novela de TV.

Capítulo 29
Olhos nos olhos

Cirilo estava em choque, seu queixo e seus lábios tremiam tais quais os de Giovanna que se mantinha olhando na sua direção, atônita.

– Você pode ver... – repetiu ele, expressivamente.

– Não... – respondeu ela, rapidamente. – Assustei-me porque ouvi seu movimento.

– Isso não é verdade.

– É sim, eu juro!

Ele fixou os olhos nos dela, fitando-a, firmemente.

– Diga a verdade, Giovanna.

– Estou dizendo a verdade...

De repente, a sala estava rodando, Giovanna se sentia tonta e enjoada.

Ele então levou seu rosto até ficar a um palmo de distância do dela, olhando fixamente para seus olhos esverdeados. Só então perguntou:

– Você sabe muito bem quem sou eu, não é mesmo, Giovanna? Sempre soube.

Ela estremeceu.

– Você é o palhaço que meu filho adora.

– Sou mais do que o palhaço, Giovanna. Sou Cirilo, o filho que sua mãe devolveu para o orfanato e que você reencontrou anos depois, quando sua mãe estava à beira da morte, porque ela queria o meu perdão. Sou aquele que você fez assinar um documento desistindo de toda herança que seus pais me deixaram.

O olhar dela agora era de terror.

— Não sabia que era você! Juro que não! Você deveria ter me dito quando comentei que sua voz me parecia familiar.

— Temi que se eu lhe dissesse a verdade, você me afastaria do menino, o que o deixaria magoado.

— E faria mesmo, pode ter certeza.

Houve uma pausa até ele voltar a falar, sem deixar, por momento algum, de encará-la com desconfiança, em busca de algo que a delatasse, revelando de vez que não estava cega. Quando não mais suportou seu silêncio, Giovanna se rebelou:

— Vai permanecer mudo até quando? Se não tem mais nada a dizer, por favor, vá embora.

Ele respirou fundo e voltou a perguntar:

— Por que você se finge de cega, Giovanna?

— Eu não me finjo de cega, Cirilo. Pare com isso! Se eu não fosse cega, já teria sabido que era você desde a primeira vez em que esteve aqui e teria impedido o seu contato com o meu filho. Ele é tudo que tenho de mais precioso na vida.

— Ainda assim, não estou convencido de que você esteja realmente cega.

— Ora, por favor.

Nova pausa até ele voltar a falar:

— O que aconteceu realmente com a sua fortuna, Giovanna? Todo o dinheiro que herdou e mais a parte que me cabia?

— Perdi tudo por causa do meu marido.

— Mas ele me parecia ser uma ótima pessoa.

— Também pensei que fosse, mas, enganei-me redondamente. Não era com ele que eu ia me casar, entende? Era com Evaristo Orciolo. Quando você esteve em casa para visitar minha mãe, eu namorava Evaristo. Ele era o grande amor da minha vida. Sempre foi. Só que num momento de estupidez, ele matou um sujeito e foi condenado por isso. Acabei me casando com outro diante de tais circunstâncias. Um indivíduo que me levou no bico. Enquanto ele não torrou meu último centavo, não sossegou. Assim que conseguiu, abandonou-me! Sumiu! Deixou-me com uma mão na frente e a outra atrás, para criar meu filho. Foi horrível. Péssimo. Fiquei desesperada. Então, o pior aconteceu, quando pensei que nada mais de ruim poderia me acontecer, veio a cegueira e...

Ela chorou e novamente ele voltou a sentir pena dela.

– Não fique assim – disse ele, tentando confortá-la.

– Como não, diante do estado em que me encontro? A vida me foi muito injusta. E eu sempre fui tão boa, tão boa...

Ela chorou ainda mais.

– Olhe aqui, Cirilo – continuou ela sem reticências – não se sinta envergonhado por sentir pena de mim. É de dar pena, mesmo. Mas saiba que encarei meu destino de peito aberto. Tinha um filho para criar, não poderia agir diferentemente.

Ele, naquele instante, sentiu vergonha de si mesmo por ter duvidado dela, de que era cega e se tornara uma pessoa melhor, mais humana e de caráter. Se ela pudesse enxergá-lo, teria visto o rubor subir-lhe à face e a tristeza transpassar seus olhos escuros por ter pensado o que pensou.

Quando ele novamente arriscou um olhar na sua direção, ela o olhava com ares de piedade.

– Eu sinto muito – conseguiu dizer ele, verdadeiramente consternado com a sua situação. – Eu já vou indo. Perdão por tudo o que disse. Foi muito estúpido da minha parte ter suspeitado de você, levantando falso testemunho.

– Tudo bem, Cirilo. Já passou.

Ele novamente se despediu e se dirigiu à porta.

– Já vou indo. Volto outra hora.

– Tudo bem. Vou tomar meu banho agora.

– Até.

Ao abrir a porta, a cisma de que Giovanna estava mentindo para ele, voltou a importuná-lo. Ele tentou lutar contra ela, mas acabou vencido. Sendo assim, ele fechou a porta sem passar por ela. Se Giovanna estivesse realmente cega, não perceberia o que ele fez, tampouco se intimidaria em ir tomar seu banho. Giovanna, no entanto, pareceu incerta quanto ao que fazer, levou quase dez minutos até que se decidisse levantar do sofá e seguisse para o banheiro, aos fundos do corredor. Fez tudo com muita vagareza e quando estava prestes a ir se banhar, inspirou o ar, como se suspeitasse da presença de alguém ali na casa.

– Há alguém aí? Igor, é você, filho?

Cirilo precisou de muita força de vontade para permanecer em silêncio, respirando baixinho, sob a penumbra, como uma estátua. Quando estava prestes a desistir daquilo que acabara considerando uma estupidez, Giovanna adentrou o banheiro e se fechou ali dentro. Ele não esperava que ela fizesse aquilo, o que seria normal, afinal, membros de uma família quando vão tomar banho, ainda que estejam sozinhos em casa, fecham a porta do banheiro com chave. Novamente, ele se sentiu um estúpido, agindo daquela forma. O melhor a se fazer, o quanto antes, era partir dali, para que não passasse ainda mais vergonha do que já estava passando. Assim, ele foi embora. Seguiu pela calçada, rememorando tudo o que vivera há pouco. Suspeitara, descabidamente de Giovanna, de sua triste condição e, agora, ele se culpava imensamente por aquilo.

– Foi medíocre da minha parte ter feito o que fiz. Muito medíocre – condenava-se ele, sem parar. Foi então que uma cena vivida há pouco voltou a sua mente, causando-lhe grande impacto. Ele se viu no banheiro da casa de Giovanna, urinando, quando o título de um livro lhe chamou a atenção: "Da paixão nasceu o adeus". Ele intimamente concordara com o título. Vivera aquilo da pior forma possível.

– Da paixão nasceu o adeus... – repetiu Cirilo, baixinho, querendo muito compreender por que se lembrara daquilo naquele instante.

Levou quase vinte passos até que ele se desse conta de que não fora o título do livro que lhe chamara a atenção e, sim, o fato de haver um livro, romance, no banheiro e com um marcador de páginas ao meio. Quem ali leria um romance daquele porte se na casa só viviam Giovanna e Igor? Ela, uma deficiente visual, ele um garoto que não se interessaria por esse tipo de leitura. Em seguida, ele se lembrou da estante da sala, onde viu alguns livros sobre ela.

Imediatamente Cirilo rodou nos calcanhares e voltou para a casa de Giovanna Marinelli. Chegando lá, adentrou o quintal, ansiando para que nenhum vizinho o visse. Assim ele pôde espiar pela janela o que a dona da casa fazia naquele instante. Para seu espanto, ela se encontrava sentada no sofá, numa posição em que a luz do sol, filtrada pela janela, pudesse iluminar com clareza as páginas do romance que ela lia, com grande interesse.

Sem poder mais se conter de raiva, Cirilo foi até a porta da frente da casa e bateu. Quando ela o atendeu, ele passou por ela feito um raio, cuspindo pelas ventas.

– Você quase conseguiu me enganar, Giovanna – disse ele, furioso.

– O que foi desta vez, Cirilo?

– Giovanna, não minta mais, é feio.

– Lá vem você de novo me insultando com palavras.

– Eu a vi pela janela, lendo um livro. Agorinha mesmo!

Ela não esperava por aquilo, tanto que seu rosto se contorceu num inesperado espasmo.

– É isso mesmo o que você ouviu, Giovanna. Eu a vi, lendo.

– Lendo? Ora... Lendo o quê?

– Esse livro aqui.

Ele foi até o sofá e quando não encontrou o romance, procurou por ele em cima da mesinha com abajur.

– Estava aqui, agorinha mesmo. Você o segurava nas mãos. Seus olhos se moviam de um lado para o outro, entretidos com a leitura.

– Cirilo...

Ele agachou-se e olhou debaixo do sofá.

– Aqui está ele! – exclamou vitorioso. – O livro que lia há pouco, com grande interesse. Que motivos teria você, para escondê-lo debaixo do sofá, senão para que eu não suspeitasse da verdade?

Ela voltou a rir, sem graça e respondeu:

– Estava apenas folheando as páginas...

– Mentira!

– Para recordar a época em que eu lia muito.

– Folhear só por folhear? Ah, Giovanna conta outra, vai, por favor!

Ela amarrou o cenho.

– Fora da minha casa. Você está me ofendendo.

– Vou sim, mas não antes de você me contar a verdade. Por que se finge de cega? Sem uma boa explicação, eu não vou deixá-la em paz.

O silêncio caiu pesado entre os dois que, a seguir, permaneceram imobilizados. Foi Giovanna, minutos depois, quem rompeu aquele momento tão constrangedor, quando não mais conseguiu se conter. Teve apenas o cuidado para não elevar a voz, a ponto de que alguém mais nas imediações pudesse ouvi-la.

– Eu odiei você, Cirilo, não faz ideia o quanto eu o odiei por vê-lo na minha frente e ter de fingir que não o via. Ah, como eu odiei esse momento. Era humilhante demais para mim, reencontrá-lo neste estado, depois de tantos anos.

– Que ironia do destino, hein, Giovanna? Encontrarmo-nos dessa forma tão inusitada.

– Foi pirraça do destino, isso sim!

– Você realmente interpretou muito bem, por nem um minuto eu supus que estivesse fingindo.

Ela deu de ombros e, novamente, bufou, expelindo irritação.

– Com tanta gente para eu me encontrar nesse mundo, fui me encontrar justamente com você. Isso prova mais uma vez para mim, que alguém lá em cima, realmente não me suporta.

– Por que me odeia tanto, Giovanna? Por quê?

– Meu pai foi capaz de deixar parte da minha herança para você. Onde já se viu? O pior é que minha mãe concordou. Eu jamais engoli isso. Encarei o que fizeram como uma traição. O que foi, de fato, em minha opinião.

Giovanna cravou a mão nos cabelos e o puxou de forma irritada.

– Tudo aquilo era meu, entende? Meu!

– Não, Giovanna, tudo aquilo era do seu pai e da sua mãe. Uma vez sendo deles, eles tinham liberdade de fazer o que bem quisessem com o dinheiro e os bens que possuíam.

– Falou a voz da sabedoria.

– De qualquer modo... Eu nunca me importei com o dinheiro. Por isso abri mão de tudo que seu pai e sua mãe quiseram deixar para mim.

– Ah tá. Conta outra! Você voltou atrás, lembra?

– Voltei para pedir emprestado, para ajudar a reconstruir o circo que perdemos num incêndio abominável. Tratava-se de um empréstimo.

– Ah, vá!!! Era desculpa sua. Você se arrependeu de ter aberto mão da herança e, tentou recuperá-la me dando um truque. Com lágrimas nos olhos para tentar me convencer.

– Você está muito enganada, Giovanna. Muito enganada. Posso provar que lhe disse a verdade.

– Pouco me importam as suas explicações, eu só quero que me deixe em paz. Que suma da minha vida, para sempre!

Ele, sem recuar os olhos dos dela, insistiu mais uma vez na pergunta;

– Não a deixarei em paz, Giovanna, não antes de me contar por que você se finge de cega. É só isso o que eu quero saber.

Ela amarrou o cenho ainda mais.

– Estou esperando sua resposta – insistiu ele, seriamente.

– Não lhe devo satisfações da minha vida. Agora vá embora!

– Eu só quero ajudá-la. Além do mais, gosto do menino, gosto muito. Sinto que ele também gosta de mim.

A cor voltou violentamente ao rosto dela que se inclinou para frente e disse, com cólera:

– Você queria o quê? Que eu fosse faxineira para sustentar a mim e ao meu filho? Que eu me tornasse uma doméstica?

– Um trabalho digno como outra qualquer – respondeu Cirilo à altura.

– Para você, talvez, que escolheu essa vida miserável de circense.

– Uma vida digna, digamos de passagem.

– Digna?! Digna uma bulhufa!

– Eu ainda não compreendi. O que tem a cegueira a ver com o trabalho que poderia exercer para se sustentar?

Nem bem ele concluiu sua pergunta, a resposta ecoou na sua mente, instantaneamente:

– Já sei... Você se finge de cega para poder viver das doações que as entidades dão aos deficientes visuais. Meu Deus... Não posso acreditar que tenha se rebaixado a tanto.

– Fiz o que fiz por causa do Igor, seu imbecil. Ele é tudo o que mais amo na vida.

– Que nada! Faz o que faz porque é uma mulher mimada, uma dondoca inveterada, metida e nojentinha.

– Você não tem o direito de falar assim comigo.

– Você! Você!...

Giovanna agora ia de um lado para o outro, passando a mão repetidas vezes pelo o cabelo, num tique nervoso.

– Eu me senti humilhada! Destruída e humilhada – desabafou, nervosa. – Fingir-me de cega foi a única solução que encontrei, para me sustentar com mais dignidade.

– Fingindo-se de cega?!

– Você não passou o que eu passei na vida.

– Não passei?!

– Eu sou mulher! Comigo é diferente!

Houve outra pausa, mais longa desta vez, até que ele, finalmente, lhe disse o que pretendia fazer em relação à farsa:

– Eu vou entregá-la à polícia, Giovanna.

– Você não teria coragem. Ama o pequeno Igor. Ele vai odiá-lo se souber que foi você quem me entregou para a polícia.

– Nisso você tem razão – respondeu ele com amargura.

– Então... Só quero que pense no Igor. É por ele que lhe peço para não contar nada a ninguém, por favor. Eu lhe suplico.

– Pelo menos você pensa em alguém.

Ela concordou, balançando positivamente a cabeça, enquanto lágrimas começavam a rolar por sua face. Ambos se silenciaram por quase três, quatro minutos, até que Cirilo se lembrasse de algo muito importante.

— Epa, espere aí — exclamou, emergindo para a realidade. — Foi você não foi, quem testemunhou a agressão que um jovem sofreu anos atrás? Soube do caso, sem querer, na barbearia que passei a frequentar desde que o circo chegou à cidade. Disseram que houve uma testemunha, uma cega...

Ela mordeu os lábios.

— Era você, sim! Eles pensam que você não viu nada, mas viu tudo, tudo!

— Fala baixo.

— Você sabe quem fez aquilo, não sabe?

— Estava escuro, não pude ver o rosto do infeliz.

— Não mesmo?

— Não! Você acha que eu me calaria diante de uma tragédia como aquela?

A intuição de Cirilo lhe disse que "sim", mas, seu coração preferiu lhe dar um voto de confiança.

— Desculpe-me por ter pensado que seria capaz de se calar diante de uma barbárie dessas.

— Não desculpo, não! Agora vá embora, por favor.

— Giovanna, não quero sua inimizade... Quero ser seu amigo.

— De você não quero nada além do seu voto de compreensão, pelo Igor, que você diz gostar tanto.

Diante da imobilidade dele, ela perdeu novamente a compostura:

— Você é surdo, por acaso? Quero que parta, agora, vamos!

— É uma pena que tenha se tornado uma mulher tão amarga.

— Se você tivesse passado por tudo o que eu passei, me compreenderia melhor. Eu perdi o grande amor da minha vida, por ele ter feito uma burrada, em consequência, casei-me com um homem que acabou com tudo o que eu tinha, condenando-me a uma vida miserável para poder sustentar a mim e a meu filho. Quer mais?

Ele apenas respondeu:

– É melhor eu ir. Até mais.

Ela nada disse.

Cirilo voltava a pé para o circo, repassando detalhadamente tudo o que havia descoberto e presenciado na última hora.

– Giovanna Marinelli... – murmurou, pensativo. – O que ela fazia com o povo daquela cidade não era certo. Não, mesmo.

Lembrou-se da mentira que Ariovaldo Bertazo, o Fofureza, inventou para acobertar sua condição de palhaço, para seu filho, e as consequências desastrosas que criou para ambos, por causa da mentira.

O próprio Igor não gostava de mentiras. No dia em que almoçou no circo, diante da sugestão de Fofureza para que mentisse para a própria mãe, o garoto se rebelou contra, no mesmo instante. Portanto, iria ser um tremendo baque para ele saber que a mãe se fingia de cega, ainda mais para angariar fundos para se sustentar, tirando a caridade de quem realmente precisava.

Capítulo 30
Cirilo e Giovanna, face a face, mais uma vez

No dia seguinte, logo pela manhã, Cirilo acordou disposto a investigar o caso de agressão testemunhado, indiretamente, por Giovanna Marinelli. Colheu todos os dados possíveis na polícia e com o barbeiro que se tornara seu amigo. O jovem agredido chamava-se Rocco dos Santos, saíra aquela noite para se exercitar, correndo, como era de hábito, quando parou nas imediações do colégio, para descansar, e foi surpreendido por um homem que começou a esmurrá-lo e chutá-lo com fúria demoníaca. O garoto passou meses entre a vida e a morte, pois os pontapés que recebera na cabeça o atingiram profundamente. Quando despertou do coma, lembrava-se muito pouco do que acontecera naquela noite.

– Que história mais triste, não? – comentou Cirilo com o barbeiro.

– Sim. O irmão do jovem jurou, de pés juntos, que não vai sossegar enquanto não encontrar o agressor do irmão.

– Houve alguma outra testemunha além da cega?

– Não se sabe ao certo. A própria cega afirmou, na ocasião, ter ouvido passos de outra pessoa ali, além do agressor. Alguém que saiu correndo.

– Sei...

– Só que essa outra pessoa nunca procurou a polícia para dizer o que viu. Provavelmente por medo do que o agressor pudesse fazer com ela, ou com algum membro de sua família, ou...

– Ou? – Cirilo se interessou ainda mais.

– Ora, meu caro, para chantagear o agressor.
– Chantagear?!
– Sim. Se sabe quem é ele e ele é alguém de posses... Pode estar extorquindo dele grande somas de dinheiro até hoje.

Cirilo ficou pasmo diante da hipótese.

Meia hora depois, encontrava-se novamente diante de Giovanna, em sua sala de estar. Olhando-a com profundo descaso, ele se fez claro mais uma vez:

– Eu fui um tolo, Giovanna... Um completo imbecil, ao ter acreditado em você mais uma vez.

Ela não se deixou abalar, continuou enfrentando-o pelo olhar.

– Você me fez sentir pena de você – continuou ele num tom de raiva e tristeza ao mesmo tempo. – Eu perdi o sono por sua causa. Até mesmo chorar por você, eu chorei, Giovanna.

Ela, com total descaso, respondeu:

– Chorou porque quis, eu não pedi.

– Eu sei.

Ele tomou quase um minuto, mirando os olhos dela, inquiridoramente, até perguntar:

– De onde vem o dinheiro para você pagar o aluguel desta casa e a vida moderada que leva com o pequeno Igor?

Ela, deixando escapar um sorrisinho amarelo, respondeu:

– Já lhe disse: das doações que recebo!

– Elas não seriam suficientes para manter esse nível de vida, não, mesmo.

– Isso é você quem diz.

Ele deu um passo à frente, olhando desafiadoramente para ela e arriscou um palpite:

– Você paga tudo isso com o dinheiro que extorque do agressor daquele jovem, não é mesmo? Você o viu e passou a chantageá-lo. É com esse dinheiro que você deu uma guinada em sua vida, não é?

– Mentira.

— Seus vizinhos me contaram que sua vida melhorou de três anos para cá. E você disse a todos que isso aconteceu porque passou a receber uma mesada de um tio distante, que ao saber da sua cegueira, decidiu ajudá-la, financeiramente. Sei que isso é mentira.

Um leve tremor nas pálpebras dela revelou sua tensão interior.

— É isso, não é, Giovanna? Você faz ideia do risco que está correndo, ao chantagear um quase assassino? O risco que está correndo seu filho? Se esse bandido descobre que é você a pessoa que o vem chantageando...

— Sou uma cega, todos sabem disso, inclusive ele, portanto estou acima de qualquer suspeita. Ouvimos um barulho na hora em que ele agrediu o tal rapaz, um barulho, certamente provocado por um gato, mas ele e eu, temporariamente, pensamos que havia mais alguém ali, que testemunhara a agressão. Ele provavelmente pensa que o chantagista é essa tal figura misteriosa, não eu, uma cega indefesa.

— Giovanna, Giovanna, Giovanna... Não confie tanto na sorte que está tendo.

— Já faz três anos que o chantageio e ele até hoje nada desconfiou. Também não lhe tiro uma grande soma de dinheiro. Para ele, o que peço, é quase nada. Acredite-me.

Cirilo ficou temporariamente sem saber o que dizer.

— Vai me entregar? — perguntou ela, sem suportar mais o seu silêncio.

— Não!

— Não?! Por quê?

— Porque tenho bom coração.

— Você, bom coração?

— Sim. Quero lhe dar uma chance.

— Uma chance?!

— Sim, para se redimir diante dos fatos. Esse sujeito tem de pagar pelo que fez.

— Não há como provar que foi ele.

259

– Você pode provar! Você foi testemunha!

– Eu sou uma cega! Todos sabem que sou cega! Como posso ter visto algo sem o poder da visão?

– Você vai contar a todos a verdade.

– Nem morta!

– Vai, sim!

– Não, não e não! Isso acabaria com a minha vida!

– Mais acabada do que já está, Giovanna?

– Não me ofenda, você não tem esse direito.

– Tenho respeito à verdade, à moral e aos bons costumes.

– Ah, tá, vai dar agora uma de bom samaritano para cima de mim? Faça-me o favor.

– Você mente para todos, Giovanna, o que é feio, e esconde da polícia um assassino.

– Um quase assassino! A vítima sobreviveu. Esqueceu-se?

– Mesmo assim, a família e a sociedade têm o direito de saber quem fez aquilo com o jovem.

– Sem o pouco que aquele imbecil me paga, eu não tenho como sobreviver.

– Tem, sim!

– Não tenho! Tentei trabalhar em diversas coisas e não me dei bem em nenhuma. Só faltou me tornar uma doméstica. É isso o que você quer? Que eu me torne uma doméstica?

– Que mal teria?

– Caso não se recorde, eu sou Giovanna Marinelli, filha de Dorival e Alba Marinelli.

– E eu fui, por um tempo, filho adotivo dos dois.

– Ah, por favor, Cirilo... Poupe-me de seu sentimentalismo barato.

– De qualquer modo, você tem de contar tudo à polícia.

– Nunca!

– Vai, sim!

– Não vou, não! Tenho uma ideia melhor.

– Melhor?

– Eu sei como podemos ficar muito bem financeiramente,

Cirilo. Ouça-me!

— Não quero ouvir.

— Eu insisto — reforçou ela, teimosamente. — É uma oportunidade única. Vou lhe propor uma vida digna. Com dinheiro, muito dinheiro! Você não pode ser tão burro para recusar. Deve ter um pingo de ambição por trás dessa cara deslavada de palhaço.

Ele tornou a olhar para ela, horrorizado, e perguntou:

— De que dinheiro você está falando, Giovanna?

— Ora, Cirilo...

— Você está, por acaso, me propondo...

— Sim! Pedirei dessa vez ao agressor uma grande soma, suficiente para dividirmos meio a meio.

— Extorsão? Chantagem?! Você quer que eu tome parte disso?

— Não, seu besta! Quero que tome parte do dinheiro que eu posso conseguir e que poderá mudar sua vida financeiramente.

Ele estava bobo, novamente, com a surpreendente mudança e falta de caráter da mulher a sua frente.

— A mentira só nos causa transtornos, Giovanna.

A seguir ele lhe contou tudo o que Ariovaldo Bertazo fez para esconder do filho sua condição de palhaço no Esputinique.

— Eu entendo o seu amigo palhaço — argumentou ela, seriamente. — Se eu fosse filha dele, eu mesma pediria para ele mentir, para não passar vergonha diante dos meus amigos. Um palhaço... Quer coisa mais insignificante do que ser um palhaço? Desculpe-me, Cirilo, mas sou sincera.

Sorrindo, sarcasticamente, ela completou:

— Ser palhaço é tão medíocre, que deve ser por isso que você nunca se casou. Que mulher se interessaria por um? Só uma tola.

Suas palavras o atingiram em cheio, como uma flecha embebida em veneno.

— Eu sempre odiei palhaços — continuou ela com o propósito de feri-lo realmente. — Sempre os achei sem graça e feiosos.

— Cada um tem seu gosto, Giovanna, não é o que dizem?

– É... É o que dizem.

A fim de dar um basta naquele encontro desagradável, Giovanna achou melhor concordar com Cirilo, até que o circo fosse embora da cidade, quando ele, finalmente, a deixaria em paz. Assim, pelo menos, ela acreditava.

– Está bem, Cirilo, farei o que me pede.

Um sorriso largo tomou a face do moço:

– É assim que se fala, Giovanna. Você vai se sentir muito melhor depois. Acredite.

– Tenho certeza.

Assim que Cirilo partiu, Giovanna se viu novamente pensando na possibilidade de extorquir do agressor, uma soma muito maior dessa vez, para poder fugir para uma outra cidade, onde pudesse recomeçar a vida, longe da monotonia que se tornou a sua, vivendo ali.

O agressor novamente recebeu o comunicado e, dessa vez, se irritou um bocado com a exigência. Já tentara noutras vezes, descobrir quem o chantageava, mas nunca teve êxito. O dinheiro pedido na carta sem remetente, era para ser deixado, como sempre, dentro de um envelope junto à estátua de São Benedito numa das igrejas do município. Segundo o chantagista, a soma seria destinada a uma instituição de caridade, e o agressor acreditara até então que aquilo era realmente verdade. Para ele, o chantagista era de bom caráter, fizera ele pagar pelo que fez de uma forma benéfica a quem realmente precisava.

Toda vez que Giovanna precisava apanhar a quantia, ela se passava por outra mulher, fazendo uso de perucas e óculos de diferentes armações, roupas volumosas, que nada tinham a ver com o seu porte físico. Até mesmo de grávida ela se vestia, muitas vezes, fazendo uso de um travesseiro preso à barriga. Ninguém relacionaria suas personagens à cega, frágil e inocente, chamada Giovanna Marinelli, que só se vestia de preto e jamais usava pintura.

Dessa vez, no entanto, o agressor surpreendeu Giovanna, prestes a apanhar o dinheiro. Foi algo tão inesperado que ela acabou se entregando pelo olhar. Ele já a vira em algum lugar, pensou rapidamente o agressor. Onde? Não demorou muito para perceber que o rosto dela em muito se assemelhava ao da cega que também estava presente naquela noite fatídica. Desde então, ele ficou de olho nela, a distância, refletindo sobre sua condição de deficiente visual.

    Igor havia ido para o circo, mais uma vez, a convite de Cirilo, quando Giovanna foi surpreendida pela aparição do agressor em sua casa. Ele, muito cuidadosamente, invadiu o local pela porta dos fundos que dava acesso à cozinha.
    – Olá, Dona Giovanna – chegou, dizendo. – Surpresa por me ver?
    – Eu... eu... Quem é?
    Giovanna, gelou, e o salto que deu ao vê-lo, deixou mais do que claro para o recém-chegado de que ela realmente podia enxergar tudo.
    – Não se faça de sonsa – continuou ele, olhando furiosamente na sua direção. – Sei bem que nunca foi cega. Inventou essa mentira para se fazer de pobre coitada e viver da piedade das pessoas de bom coração. Não bastando isso, decidiu me chantagear para ter mais regalias.
    – O senhor está louco! Sou cega, sim!
    Ele a agarrou firme pelos braços e se fez severo, mais uma vez:
    – Mentirosa, fingida, ladina! Fui um estúpido, como todos mais da cidade, em acreditar na sua farsa. Dia após dia, hora após hora, eu vivi me perguntando: quem seria a pessoa que estava me chantageando? Excluí a senhora, que era a pessoa mais provável, por estar lá, àquela hora, por ser cega, e, no entanto, era a senhora o tempo todo. Dona Giovanna Marinelli, a senhora foi sórdida comigo e com todos da cidade.
    – E o senhor, prefeito? – revidou ela, finalmente. – O que dizer do senhor que foi capaz de agredir um jovem até quase levá-lo à morte? Se fui sórdida, o senhor foi muito mais.

Ele rilhou os dentes enquanto torcia os braços dela, com raiva.

– O senhor está me machucando.

– É para machucar mesmo – revidou ele, espumando de ódio. – Por sua causa, eu perdi três anos de sono tranquilo. Por medo de um escândalo.

Ele a empurrou contra a parede, deixando Giovanna, desta vez, visivelmente desesperada.

– Até dias atrás, eu achei que a quantia que me era extorquida era usada com pessoas carentes. Uma forma de me redimir pelo que fiz àquele adolescente. Fui tão tolo em acreditar que alguém pudesse estar fazendo isso em prol do próximo. Só mesmo uma sórdida como a senhora para...

Ele não conseguiu terminar a frase, avançou sobre ela, segurando firme seu pescoço a ponto de sufocá-la.

– Por que não me mata? – questionou Giovanna, quase sem voz.

O sujeito permaneceu olhando para ela, com olhos cada vez mais saltados e avermelhados.

– Diga logo o que quer de mim, vamos! – tornou Giovanna, resfolegante, quando ele a soltou.

– Vou dizer, vou dizer, sim – respondeu ele, recuando uns passos. Então puxou uma cadeira para se sentar, respirou fundo e se pôs a falar, mais calmo dessa vez:

– Antes eu quero que saiba, da minha boca, os motivos que me levaram a fazer o que fiz. Naquela noite eu fui atrás de um traficante, um ser desprezível que havia convencido meu filho a experimentar drogas para torná-lo viciado e, com isso, ganhar dinheiro com seu vício. De olho no meu filho, descobri que ele se encontraria com o tal sujeito, naquela noite e naquele local. Então dei um jeito de prender meu filho em casa e fui no lugar dele, para acertar de vez as contas com o demônio. Mas cometi um equívoco tremendo. Descontei minha raiva no sujeito errado. Pensei que o adolescente que estava lá, sei lá fazendo o quê àquela hora, era o mau caráter. Eu deveria ter verificado antes de tê-lo agredido, mas eu estava tão nervoso, tão nervoso que me adiantei diante dos fatos, perdi a cabeça, me precipitei. Foi horrível!

— Quer dizer que o senhor se desforrou na pessoa errada?

— Sim, e isso foi o que mais me feriu.

— Eu faço ideia.

— Faz mesmo? Você, uma chantagista fingida, que vem enganando uma cidade inteira para viver da piedade e caridade alheias? Ah, por favor... A senhora não vale nada!

— Também tenho meus motivos para ter agido dessa forma.

— Por vagabundice, preguiça, vaidade... Qual delas?

— Meu ex-marido me abandonou depois de gastar tudo o que herdei de meus pais. Fiquei na miséria com um filho para criar. Nunca soube trabalhar em nada...

— Aprendesse.

— Nunca me aperfeiçoei em nada. Nem cozinhar direito, eu sei.

— Mas talento para enganar e chantagear os outros, isso a senhora aprendeu rapidinho, hein?

— Foi a única forma que encontrei para sustentar meu filho. Eu tinha vergonha, sabe? De ter de trabalhar, e das pessoas me verem trabalhando para os outros, justo eu, Giovanna Marinelli, que sempre tivera de tudo na vida. Seria humilhante demais para mim, acredite!

— Não tenho pena da senhora.

— E quer que eu tenha pena do senhor? O senhor também agiu incorretamente.

— Foi um equívoco.

— Então, o senhor deveria ter dito a todos.

— Poderiam me interpretar errado. Seria um escândalo. A oposição acabaria comigo. Seria a ruína total da minha carreira de político. E a política é tudo para mim!

— Sendo o senhor, prefeito de Arapanés, achei que a quantia que eu lhe pedia não lhe faria falta.

— Desde quando um prefeito como eu ganha o suficiente para arcar com as despesas da família e, ainda mais, de uma chantagista vulgar como a senhora?

Ela calou-se e ele se levantou, de forma abrupta, riscando o chão com os pés da cadeira, ao afastá-la abruptamente.

– A questão agora é: o que eu vou fazer com você? O quê?

Sem mais, ele foi até a cozinha de onde voltou com um copo que a forçou a segurar.

– Beba! – disse, autoritariamente.

Giovanna queria simplesmente gritar por socorro, mas o desespero a deixou completamente sem voz.

– Beba! – insistiu Alcebíades Vargas ainda mais autoritário. – Beba!

E novamente os lábios dela se moveram, sem emitir som algum. Era seu fim...

Capítulo 31
Justiça seja feita

Foi quando ele se voltou para a parede que Giovanna correu com toda força que dispunha para a porta da sala. Quando ele percebeu, tentou agarrá-la, mas ela foi mais rápida, correu para a rua, apavorada, em busca de alguém que pudesse salvá-la. Ao avistar um guarda do outro lado da rua, Giovanna correu em sua direção, desesperada. Seus lábios estavam brancos, provocando espanto no policial que nunca vira antes tanto terror num rosto humano.

– Ele vai me matar, ajude-me!

– Calma, minha senhora...

O homem, ao avistar Alcebíades Vilar, o prefeito da cidade de Arapanés, vindo atrás dela, surpreendeu-se.

– Não foi nada, seu guarda – adiantou-se Alcebíades, fingindo calmaria. – Dona Giovanna se assustou comigo, acho que pensou que eu fosse um bandido.

Estendendo a mão para a mulher, Alcebíades completou num tom forçosamente amável:

– Venha, minha querida. Eu a acompanho até sua casa.

O guardinha ficara tão aturdido com tudo que nem se deu conta do fato de que Giovanna havia repentinamente recuperado a visão.

– Eu não vou – retrucou ela, se pondo atrás do milico. – Ele quer me matar. Não confie nele.

– Ele é o prefeito desta cidade, minha senhora – respondeu o guarda, imediatamente. – Jamais faria mal a uma cidadã.

– Exato – concordou Alcebíades, abrindo um sorriso fingido. – Sendo eu, o prefeito desta cidade, você acha que eu faria mal a um morador?

Rindo, novamente forçado, o homem agarrou Giovanna pelo braço e insistiu:

– Venha, Dona Giovanna.

Nisso, uma viatura da polícia chegou ao local, acompanhada de mais outra. O delegado estava junto. Ao vê-lo, Alcebíades imediatamente incorporou o papel de ilustre prefeito, que sempre usava para agradar a todos. Disse:

– Delegado, que bom vê-lo aqui!

– Boa noite, prefeito – respondeu o homem, prontamente. – Recebemos um chamado urgente da vizinha à casa de Dona Giovanna Marinelli. Dizendo que o senhor invadira a casa dela e a estava ameaçando de morte.

– O quê? Imagine.

Giovanna, apesar da sensação desconfortável que sentia no lábio superior, procurou falar em sua defesa:

– É verdade sim, delegado. Ele ia me matar.

– Por qual motivo, minha senhora? O que a senhora fez para... – Ele suspendeu a frase, substituindo-a por outra: – A senhora pode ver agora. Desde quando recuperou a visão? Até hoje pela manhã a senhora ainda era cega e agora...

Giovanna se apressou em lançar óleo sobre as águas revoltas.

– Minha visão voltou repentinamente.

Pela primeira vez, ele olhou com surpreendente desconfiança. Nesse momento, alguns vizinhos já haviam saído à frente de suas casas e assistiam, com grande interesse, ao que se passava ali.

– Está bem – admitiu Giovanna, quando teve finalmente coragem para admitir a verdade. – Não estou mais cega já faz algum tempo, só não contei a todos porque temi que pensassem que eu estivera fingindo antes e...

– Mentira! – explodiu Alcebíades, furioso. – Ela nunca foi

cega! Fingiu o tempo todo para viver da caridade e da bondade de muitos.

– Isso é verdade, Dona Giovanna?

Giovanna decidiu mudar o foco do assunto:

– Foi ele, delegado! Foi o prefeito quem agrediu aquele adolescente há três, quatro anos atrás. O senhor deve se lembrar que eu estava presente quando isso aconteceu, caminhava pela rua em busca do gato do meu filho e... Alguém mais o viu e o chantageia desde então, ele pensou que era eu e, por isso, veio atrás de mim, esta noite para me silenciar.

Ela chorou forçosamente, na esperança de comover todos e se safar dessa. O delegado, diante do relato impressionante, voltou-se imediatamente para Alcebíades Vilar.

– O que ela disse é verdade, prefeito?

O homem acabou confessando que "sim" e explicou seus motivos para ter feito o que fez e não ter dito nada.

– Fui atrás do maldito traficante de quem meu filho comprava drogas! – salientou Alcebíades, impostando a voz. – Foi para defender a minha família que eu fiz o que fiz.

– Mas prefeito, segundo o laudo médico, o rapaz continuou sendo chutado e pisoteado mesmo quando já não lutava mais para se defender. Além dos cuspes e escarros que recebeu já estando indefeso.

– Eu estava fora de mim! Errei sim, mas...

– Senhor prefeito, o senhor está preso. Por agressão, e por ter tentado matar Dona Giovanna Marinelli.

– Pois se eu vou preso, Giovanna Marinelli também tem de ir. Pois me chantageou durante todos esses anos. Roubando-me a paz, a paz que perdi naquela maldita noite.

– Vamos apurar o caso. Dona Giovanna, a senhora também terá de nos acompanhar até a delegacia.

– Eu não posso ir, tenho um filho...

Mesmo sob protesto, Giovanna entrou na viatura. Antes, pediu a vizinha que cuidasse de Igor por ela, assim que voltasse do circo.

– Fui eu quem o pus aqui, lembra? – berrou Alcebíades Vilar com o delegado, assim que foi conduzido pelo mesmo até o veículo.

– Lembro-me sim, senhor – admitiu o delegado sem deixar de fazer o que lhe cabia como autoridade.

– E é assim que me trata depois de tudo que fiz por você?

– Quer dizer que na opinião do senhor, pelo que me fez, devo soltá-lo, é isso?

– É o mínimo que pode fazer por uma pessoa tão importante e benéfica a todos quanto eu, não acha?

O homem zangou-se:

– Senhor Alcebíades, isso não seria correto.

– Correto?

– Sim, senhor! Não é porque o senhor me ajudou a ser quem sou, que devo me fazer de cego diante do que o senhor fez àquele jovem. O que é certo, é certo!

– Pois eu vou me safar dessa, como acontece com todo político e rico nesse país. Quando isso acontecer, vou tirá-lo daqui, e devolvê-lo à vidinha medíocre e pobre que sempre levou, antes de eu me interessar pela sua pessoa.

O delegado estava mais uma vez, deveras surpreso com a transformação ocorrida naquele que, até então, pensara ser orgulho para a cidade em que viviam, o estado e a nação.

– Senhor Alcebíades Vilar, o senhor será julgado pelo que fez. Justiça será feita. Tudo o que disser pode ser usado contra o senhor no tribunal.

Quando Giovanna voltou para casa, escoltada por dois policiais, já havia uma quantidade significativa de vizinhos espalhados pela rua.

– É ela! É Ela! – elevou-se um burburinho.

Naquele instante, Giovanna queria novamente morrer de vergonha, e sumir dali, o quanto antes, para não ter de encarar aquelas pessoas. Cirilo também estava presente, ao lado de Igor. Acompanhara o menino até sua casa e quando soube do ocorrido, decidiu aguardar pela volta de Giovanna. Assim que os três entraram na casa, Igor tomou um copo de leite e foi para cama. Cirilo permaneceu ali, querendo ser prestativo.

– Pode ir – disse Giovanna, enfim, procurando evitar o seu olhar.

– Tem certeza de que vai ficar bem?

– Sim. Só não quero ouvir sermão da sua parte. Dizendo que me avisou que as coisas acabariam mal. Por favor.

– Está bem. Amanhã eu volto para ver o Igor e...

– Okay.

Ele já havia aberto a porta, preparava-se para partir, quando ela o chamou:

– Cirilo.

Ele se voltou para trás no mesmo instante:

– Sim.

– O delegado disse que eu posso perder a guarda do meu filho pelo que fiz. Não permita que isso aconteça comigo. Eu não saberei viver sem ter o Igor ao meu lado, e ele não tem quem possa cuidar dele. Seu pai sumiu já faz anos e... Não quero ver o Igor morando num internato. Não, nunca!

– Deus queira que nada disso aconteça, Giovanna. Nada posso fazer para ajudá-la senão orar para Deus.

Ela suspirou e disse:

– Já é alguma coisa, Cirilo. Obrigada.

Pela primeira vez, havia realmente bondade em sua voz. Com um leve aceno, Cirilo novamente se despediu e partiu, sob a luz do luar, rememorando toda a confusão daquela noite.

Quando a família do adolescente agredido soube de toda a história, revoltou-se, especialmente contra Giovanna, por ela saber da verdade e ter escondido de todos, para tirar proveito daquilo.

– Alguém tem de ir tirar satisfações daquela mulher! – esbravejou Célio, o irmão de Rocco, o jovem agredido.

– Meu filho, pelo que se comenta por aí, essa mulher já sofreu um bocado. Além do mais, depois de ter enganado toda uma cidade, duvido muito que continue tendo amigos por aqui.

– Ela tem de ser expulsa da cidade, mamãe! – exaltou-se Célio, furioso. – O certo mesmo seria ela pagar pelo que fez, atrás das grades de uma prisão.

– Ela corre o risco de perder o filho para o conselho tutelar.

– Eu acho é pouco.

– O importante é que o nosso Rocco continua entre nós. Sobreviveu àquela barbaridade.

– Pois eu ainda acho que o Rocco merece justiça bem maior do que essa.

– O prefeito está preso. Vai perder o cargo. Quer mais punição do que isso?

Célio, por hora, achou melhor não dizer mais nada.

As consequências pela farsa de Giovanna logo chegaram ao extremo. No dia seguinte, ao cair da tarde, uma multidão se reuniu em frente a sua casa, manifestando indignação pelo que ela fez com todos ali. Em coro gritavam:

– Fora! Fora da cidade! Fora!

Alguns chegaram a catar pedrinhas do chão para arremessar contra a casa em que ela vivia com o filho. Outro baque aconteceu dias depois, quando o conselho tutelar chegou para tirar Igor da guarda da mãe.

– Meu filho, não! Não! – gritou Giovanna, agarrando-se à criança que chorava, desesperada, sem entender nada.

Nenhum vizinho dela foi capaz de lhe estender a mão diante de um momento tão sofrido como aquele. O único a aparecer foi Cirilo, que quando soube do ocorrido, tentou confortá-la com palavras de esperança.

– Você vai recuperá-lo, Giovanna. Acredite.

– O que vai ser de mim agora, Cirilo? Sem meu filho, sem ter com que me manter.

– O circo está prestes a partir, Giovanna.

– E eu com isso, Cirilo?

– Venha conosco.

– Com vocês?! Pirou?

– No circo, pelo menos você terá onde se abrigar, poderá trabalhar e, com isso, se reerguer. Será temporário.

– Eu, Giovanna Marinelli, morando num circo? Por favor, Cirilo. Eu odeio circos! Detesto!

– Só estou querendo ajudá-la. Só isso.

Antes de o circo partir, Cirilo procurou Igor Marinelli no local aonde agora morava, para se despedir.

– Nunca mais vou ver a minha mãe, Cirilo? – perguntou-lhe o menino, com lágrimas nos olhos.

– Vocês ficarão separados por um tempo, Igor, mas logo ficarão juntos novamente.

– Por que a mamãe teve de mentir para todos, Cirilo? Se ela não estava cega, por que fingiu que estava?

– Sabe, Igor, ela teve lá seus motivos, quando você for maior, poderá compreender melhor o que a levou a fazer o que fez.

– E quanto a você, Cirilo? Nunca mais o verei?

– Nunca diga nunca, meu amiguinho. Um dia...

– Leve-me com você, Cirilo. Não me deixe aqui, por favor!

– Mas aqui você também é bem tratado.

– Mesmo assim eu quero ir com você.

– Com o circo?

– Sim!

Cirilo riu, fingindo alegria quando na verdade estava morto de tristeza pela criança.

– A vida de circo não é somente feita de alegrias, Igor. Ela é...

Assim ele tentou convencer o garoto a permanecer onde estava, até que Giovanna pudesse novamente reaver sua guarda. Dali, Cirilo partiu mais uma vez para a casa de Giovanna, para conversar com ela. Ao encontrá-la de malas prontas, alegrou-se:

– Decidiu vir conosco, então?

Ela riu, um riso triste e amarelado:

– Não. Vou-me embora daqui para outra cidade, não muito

longe desta, onde eu possa fazer algum dinheiro para me reerguer, e recuperar meu filho.

– Está certo. Se você acha que esse é melhor para você, boa sorte.

– Obrigada.

Os caminhões do Esputinique deixavam a cidade quando Cirilo avistou Giovanna, no acostamento, com duas malas, aguardando uma carona. Ele imediatamente fez sinal para o motorista parar, saltou do caminhão e foi até ela.

– Giovanna.

Sua aparição a pegou de surpresa, ela só o reconheceu quando o poeirão baixou.

– Deixe-me em paz, Cirilo.

Ele deu um passo à frente e, muito seriamente, falou:

– Venha conosco.

Os olhos dela se fecharam, fazendo grande esforço para não chorar. Estendendo-lhe a mão, ele insistiu:

– Venha.

Negando com a cabeça, ela respondeu:

– Não. Isso não é lugar para mim.

– E esse acostamento, por acaso, é?

Ela engoliu em seco e se engasgou com o pó.

– Larga de manha e venha conosco, Giovanna – insistiu o moço. – No circo, pelo menos, você terá onde se abrigar e o que comer, até que possa melhorar de vida.

– E você acha mesmo que isso ainda seja possível?

– Sim, plenamente. De mãos dadas com Deus, tudo será possível.

– Há muito que desfiz meus laços com Deus, Cirilo.

– Você pode ter-lhe dado as costas, Ele, não, acredite-me!

Ela novamente engoliu em seco e quando voltou a encará-lo, seu rosto se mostrava cada vez mais embrutecido.

– Se eu for com você – disse ela, após breve hesitação –, promete que me ajuda a reaver meu filho? É por ele que eu vivo,

é o que há de mais valioso em minha vida.
– Prometo.
– Mesmo?
– Sim.

E diante da buzina do caminhão, para lembrar Cirilo que eles precisavam continuar caminho, o moço gentilmente pegou as malas de Giovanna Marinelli, colocou-as nas traseira do caminhão, em seguida voltou até ela, e a conduziu para dentro do veículo.

"A vida dá voltas", tanto Cirilo quanto ela já haviam ouvido falar a respeito, inúmeras vezes, jamais pensaram, porém, que aconteceria de forma tão radical com os dois.

Capítulo 32
Um novo começo...

Durante a viagem, Giovanna, parecendo outra pessoa, desabafou:

– O que restou de mim, Cirilo? Nada, não é mesmo?

– Giovanna, eu também perdi o grande amor da minha vida, e apesar de toda a tristeza que senti, e ainda sinto, entro toda noite de espetáculo naquele picadeiro, vestido de palhaço, com um sorriso na cara, ainda que efeito de uma mera pintura, para divertir as pessoas. Ao ver o público, rindo das minhas palhaçadas, eu me alegro também, porque, acredite ou não, a alegria sempre contagia todos. Até mesmo o mais deprimido ser do planeta.

Ela pareceu não ouvi-lo, disse simplesmente:

– Eu odeio a vida, Cirilo. Odeio, odeio, odeio!

– Não diga isso.

– Digo sim, porque é verdade.

– Mesmo quem tem motivos piores para odiar a vida, não a odeia.

– Porque são uns imbecis.

– Não, Giovanna, porque são sensatos.

Desde então ela se aquietou e Cirilo, junto ao motorista, começou a cantar, divertidamente, as canções mais populares da era de ouro do rádio no Brasil.

"Vai, vai, vai começar a brincadeira. Tem charanga tocando a noite inteira. Vem, vem, vem ver o circo de verdade. Tem, tem, tem picadeiro e qualidade".

Assim que o circo aportou na próxima cidade, Cirilo teve a oportunidade de apresentar Giovanna a todos.

– Ela vai morar aqui conosco, por um tempo – explicou ele animando a voz –, e nesse período, vai me ajudar no número dos palhaços.

Giovanna riu, chamando a atenção de todos novamente para ela.

– O que foi? – indagou Cirilo, olhando divertidamente para sua pessoa.

Ela, continuando a rir, respondeu:

– É que você disse que eu vou ajudá-lo no número dos palhaços.

– E vai, por que não?

– Como, se não sei fazer nada?

– Aprenderá! Ninguém nasceu sabendo. Eu mesmo nunca pensei em ser palhaço e, no entanto, sou um.

Ela, ainda achando graça da sugestão, respondeu:

– Só você mesmo, Cirilo, para achar que eu possa me vestir de palhaça para...

Ele deu um passo a frente e, sorrindo para ela, respondeu, com determinação:

– E pode.

– Nem pensar.

– Você precisa trabalhar, Giovanna. Aqui todos trabalham!

– Não como uma palhaça. Se alguém me vir assim, será a maior vergonha da minha vida.

– Há vergonhas piores, acredite. Além do mais, com a maquiagem de palhaço, ninguém vai reconhecê-la.

Ao perceber que não tinha escolha, ela engoliu em seco.

– Incrível, depois de tudo o que fui, acabar como palhaça de circo, é só mesmo o que me faltava. Alguém lá em cima realmente não vai com a minha cara. Não vai, mesmo!

– Larga de fazer drama, Giovanna. Para você, que é uma verdadeira atriz, interpretar um palhaço será moleza.

– E desde quando eu sou uma atriz, Cirilo?

277

– Pra quem representou uma cega, por anos, enganando toda uma cidade... Preciso dizer mais?

Ela se avermelhou.

Depois de alguns ensaios, Giovanna Marinelli, na opinião de Cirilo, Palerma e Fofureza, estava pronta para tomar parte do número de palhaços. Por fora, ela estava linda, trajando uma roupa colorida e exuberante, feita especialmente para ela, além da maquiagem aplicada primorosamente pelo próprio Cirilo. Por dentro, Giovanna queria morrer de ódio por estar se prestando àquele papel.

– Pense no seu filho, Giovanna – cochichou Cirilo, ao seu ouvido, quando percebeu seu mau humor no início do espetáculo. – Você precisa do dinheiro para pagar advogados e reavê-lo, lembra?

Aquilo a despertou da rabugice e fez com que ela se entregasse, um pouco mais, ao número circense.

Ao fim daquela noite, Cirilo encontrou Giovanna num canto longínquo do terreno onde o circo havia sido erguido, com o propósito bem definido de ficar só.

– E aí? – perguntou ele, achegando-se a ela. – Noite bonita essa, não?

– Nunca mais eu volto! – explodiu ela, assim que ele se sentou ao seu lado.

– Voltar?! Pra onde?

– Para o picadeiro.

– Ah, o picadeiro. Foi tão ruim assim?

– Foi péssimo. Horrível. Aquelas pessoas, olhando para mim, rindo de mim, escancaradamente.

– Elas riram por que vocês as fez rir. A função do palhaço é fazer o público rir.

Ela pareceu não ouvi-lo:

– Eu pude ler nos olhos delas, o que pensavam por me verem, eu, Giovanna Marinelli, nas condições em que me encontro.

– Você leu nos olhos dela?

– Li. Li, sim!

Ele riu:

– Ah, Giovanna, por favor! Ninguém desta cidade a conhece, mesmo se a conhecessem, não a reconheceriam por trás da maquiagem de palhaço.

Ela voltou os olhos esverdeados para ele e perguntou, aflita:

– Será mesmo, Cirilo?

– Pode crer. O importante é que trabalhando, você vai conseguir juntar uma quantia para se estabilizar novamente com o Igor. Você vai sair dessa, Giovanna. Acredite! Tenha fé!

– Você acredita mesmo nisso?

– Sim, Giovanna, piamente.

Ela passou a mão pela cabeleira desalinhada e sorriu, mas era um sorriso triste. Em seguida, carinhosamente falou:

– A vida é mesmo irônica, não? Eu fui tão injusta com você e agora, você é o único a me estender a mão. Mal posso acreditar que esteja sendo tão bom para mim.

O simples olhar dela para ele, perturbou-o, apertando seu coração até quase doer. Quem diria que uma mulher que tanto o desprezou e o humilhou fosse capaz de dobrar o próprio coração. Humilhações que começaram no primeiro encontro dos dois:

"Porque vou lhe dizer uma verdade, Cirilo: apesar de a minha mãe tê-lo chamado aqui, ela nunca gostou de você, só o adotou por não ter outra escolha. Se gostasse, realmente, não o teria devolvido ao orfanato como fez. E se fez, foi bem feito, a meu ver, porque ninguém merece criar o filho dos outros. Não, não e não! Minha mãe só o chamou aqui por medo de ser punida após a morte, por tê-lo adotado e mais tarde, devolvido você ao orfanato. Medo de Deus. De não ser bem recebida no céu. Mas não acho que Deus se revolte com isso, afinal, as pessoas têm o direito de mudar de ideia, não? Até mesmo em relação a uma adoção. Cada um que arque com a responsabilidade dos filhos que gera."

Humilhações que se repetiram quando ele a procurou para pedir emprestado dinheiro para reerguer o circo:

"E desde quando você acha que eu virei arrimo de família ou

muro da lamentação, Cirilo? Vá procurar um banco para fazer um empréstimo? Se não conseguir, vá ser gari, você e aquela cambada de artistas fracassados do seu circo malcheiroso e podre. Como lixeiros, vocês seriam muito mais úteis para a sociedade."

"Era só isso que me faltava... Esse palhaço aqui me enchendo novamente a paciência! Deveria é ter morrido no incêndio daquele maldito circo."

Dinheiro que ele lhe pediu para reerguer o circo que agora a abrigava. Incêndio que por sorte não matou Cirilo que agora lhe estendia a mão quando mais precisava. O único a se preocupar com ela.

Humilhações que se repetiram quando Giovanna e Cirilo se reencontraram na cidade de Arapanés.

"Você queria o quê, Cirilo? Que eu fosse ser faxineira para sustentar a mim e ao meu filho? Que eu me tornasse uma doméstica?"

Ao que ele lhe respondeu:

"Um trabalho digno como outro qualquer"

E ela retrucou:

"Para você, talvez, que escolheu essa vida miserável de circense."

Vida miserável que agora se tornara seu esteio.

E a humilhação mais forte de todas, vivida por Cirilo, feita por Giovanna:

"Se eu fosse filha dele (Ela se referia a Ariovaldo Bertazo, ao esconder do filho sua profissão de palhaço), eu mesma pediria para ele mentir, para não passar vergonha diante dos meus amigos. Um palhaço... Quer coisa mais insignificante do que ser um palhaço? Desculpe-me, Cirilo, mas sou sincera... Ser palhaço é tão medíocre, que deve ser por isso que você nunca se casou. Que mulher se interessaria por um? Só uma tola... Eu sempre odiei palhaços. Sempre os achei sem graça e feiosos."

E, no entanto, ela agora estava prestes a trabalhar como palhaça.

Cirilo nunca sentira tanta pena de alguém como sentia agora

de Giovanna. Por algum motivo, sentia vontade de protegê-la. Talvez, porque no fundo ele a tivesse mesmo como sua irmã, de criação, uma vez que ele fora adotado por Dorival e Alba Marinelli. Sim, era isso, ele a tinha como uma irmã de criação, quase uma irmã de sangue. Sendo assim, sentia-se compelido a protegê-la sob qualquer circunstância.

Nas semanas que se seguiram, Cirilo incorporou de vez o papel de irmão de Giovanna, como haveria de ter sido, se as circunstâncias não os tivessem afastado um do outro. Ele era o irmão sensato e de bom coração, perfeito para conduzir uma alma, muitas vezes, perdida, em meio ao mundo caótico chamado Terra.

– Você é mesmo um herói – Malena o elogiou, certo dia.
Lucinda concordou com ela:
– É, sim, Cirilo. Um herói.
– Ora, por quê?
– Por ter acolhido Giovanna neste circo, e na sua vida, mesmo depois de tudo que ela lhe fez.
– O passado é passado. Não podemos deixar de ajudar alguém somente porque esse alguém não foi legal conosco tempos atrás.
– Mas é tão difícil... – murmurou Malena.
– A maioria não consegue, mas você, Cirilo, ah, você pode, sempre pôde, porque seu coração é enorme, gigantesco. Mesmo depois das derrotas que levou do destino, você continua firme e forte. Sem esmorecer. É digno de admiração.
– Obrigado, Lucinda. Sou assim porque não me desapego de Deus jamais.
– Sua fé é o que mais me impressiona. E também o que mais me estimula a mantê-la em minha vida.
– Sem fé não somos nada, Lucinda, e fé, é sinônimo de otimismo.
Ele sorriu para as duas mulheres que faziam parte da família que o destino lhe deu, e da qual ele sentia orgulho. Elas também.

Semanas depois, após mais uma noite de circo lotado, para alegria de todos, a polícia apareceu ali.

– O que houve? – estranhou Zandor ao vê-los, chegando.

– Mandaram nos chamar – explicou o policial. – Por causa do roubo que houve esta noite.

– Roubo?!

Todos se surpreenderam. Savério Constanzo apareceu então para explicar:

– Roubaram todo o dinheiro que arrecadamos esta noite e mais o que ganhamos na matinê da tarde. O dia mais lotado do circo desde que aqui chegamos.

– Alguém viu algum estranho por aqui? – agitou-se Nilvan.

Todos negaram e foi Lúqueo quem respondeu:

– Bem... – ele gaguejou, parecendo incerto se deveria ou não prosseguir.

– Diga, Lúqueo – insistiu Cirilo. – Você viu alguém?

– Bem, Cirilo, não alguém de fora, um estranho...

– Diga logo, anãozinho – insistiu Nilvan, impaciente.

Lúqueo, lançando um olhar de desprezo para o atirador de facas, finalmente respondeu:

– Eu vi a Giovanna partindo há pouco com uma mala.

– Giovanna?!

– É, Cirilo. A vi também, saindo da bilheteria com uma bolsa e... Bem, não estou dizendo que...

Cirilo imediatamente correu até a barraca dela para confirmar a história. Sua primeira reação foi de cólera cega. Sem querer, um pensamento lhe veio à mente como um raio: "Eu mato aquela mulher! Eu mato!". Ele não se lembrava de ter experimentado antes um sentimento tão terrível como aquele, uma mistura cruel de ódio e revolta.

– Calma, Cirilo – pediu Malena assim que chegou ao local e o viu naquele estado.

– Ela não pode ter feito isso, Malena! Não depois de tudo o que eu fiz por ela. Não depois de tudo que vocês fizeram por ela.

– Cirilo...

— Eu vou atrás dela. Vou, sim. Ela não vai me escapar.

A tensão causada pelos atos cometidos há pouco, por Giovanna, lhe provocaram um estado de vertigem que logo, tudo mais a sua volta, parecia se afastar e se aproximar como as ondas do mar. Ao cambalear ligeiramente, Cirilo se escorou contra uma pilastra e procurou se recuperar.

Savério chegou a seguir:

— Saiba, Cirilo, que você terá de repor esse dinheiro roubado, se não quiser ir para a cadeia.

— Calma, Seu Savério.

— Calma, nada, Malena. Ele vai ter de pagar, sim! Se não quiser ir preso. Porque eu vou entregá-lo à polícia se ele não me devolver centavo por centavo.

Assim que o homem, furioso e impiedoso partiu, Cirilo voltou-se para amiga e admitiu:

— Eu nunca fui de sentir ódio de ninguém, Malena, mas dessa vez, Giovanna passou dos limites!

— Calma, Cirilo, não permita que o ódio se aloje no seu coração.

— Como evitar? Ela me traiu! Fui o único a lhe estender a mão e veja o que recebi em troca. Ela que não ouse cruzar meu caminho outra vez, porque, dessa vez, não me responsabilizo pelos meus atos.

Ele inspirou o ar como quem faz para se acalmar e completou:

— Ela conseguiu plantar de vez em minha alma a revolta e o ódio. Nunca senti tanta revolta e ódio ao mesmo tempo como sinto agora.

Consternada, Malena o fitou. Palavras afloraram a seus lábios, mas ela as reteve. Ele então disse:

— Você quer saber de uma coisa? Eu vou atrás dela. Ela não deve estar longe.

— Calma, meu amigo. Respire fundo.

Ele endireitou o corpo, ergueu a cabeça e pediu:

— Deseje-me boa sorte.

Sem mais, partiu, estugando os passos, enquanto Malena voltava até o local onde todos aguardavam por uma solução junto aos policiais.

– Houve um mal-entendido – mentiu ela a fim de tirar a polícia do caso. – O dinheiro já foi encontrado, podem ficar tranquilos.

A única a suspeitar que ela mentia, foi Lucinda que se manteve calada por acreditar que ela tinha um bom motivo para fazer o que fazia.

Próximo da estação de trem, ao ouvir o apito da locomotiva se aproximando, Cirilo apertou o passo. Logo estava a correr, com toda força, a fim de impedir que Giovanna partisse impune do que fez.

Ao pisar na estação, ele tirou a boina e coçou a nuca, enquanto seus olhos corriam, aflitos, pelos rostos das pessoas que ali estavam. Não demorou muito para localizar quem procurava. Giovanna estava sentada, sozinha, num dos bancos de madeira encostado à parede. Fumava um cigarro e tinha os olhos perdidos no infinito; parecia imersa em reflexões.

Ele se aproximou dela, cuidadosamente, parando a apenas um metro de distância de onde ela se encontrava.

– Como pode ter sido tão baixa, Giovanna? – foram suas primeiras palavras. – Como? Responda-me!

De leve, ela estremeceu ao ouvir sua voz. No entanto, olhou diretamente na sua direção, e quando respondeu, fez, de cabeça erguida:

– O desespero me levou a fazer o que fiz, Cirilo. Fui uma mulher rica e acabei como palhaça num circo chinfrim. Você acha isso certo? Você realmente acha isso digno para com a minha pessoa?

Sem perder a pose de superioridade, ela ajeitou seus cabelos castanhos viçosos, derramados para trás e completou:

– Responda-me você a pergunta que fiz, Cirilo. Você realmente acha isso digno para com a minha pessoa?

– Não, Giovanna, eu não posso responder... Tudo o que sei é que desta vez eu vou entregá-la à polícia. Não terei pena como da vez passada. Não, não e não! Dessa vez você vai pagar pelos seus atos escusos. Por chantagem e por ter roubado o circo, deixando à míngua todos ali que a ajudaram, quando você mais precisou.

Ela continuou desafiando-o pelo olhar.

– Você há de pagar pelo seu mau-caratismo, Giovanna... Há, sim!

Ela deu seu último trago no cigarro e o apagou no chão, com a sola de seu sapato.

Cirilo, balançando a cabeça, inconformado, completou, em tom de desabafo:

– Como pôde? Como pôde fazer isso conosco? Se você não devolver o dinheiro que roubou, eu terei de fazer. É exigência do Senhor Savério para que eu não vá para a prisão.

– Duvido que ele o entregue às autoridades. Ele precisa de você, como palhaço, para alegrar o público.

– Mesmo assim eu terei de pagar pelo prejuízo. Levei você para aquele circo, sob minha responsabilidade. Por isso, é meu dever repor o dinheiro roubado.

Livre da paralisia momentânea, ela atirou a cabeça para trás e riu:

– Você me diverte, Cirilo... Dá tanta importância a esse circo mequetrefe e a essa vida de palhaço medíocre que leva, que, ah, por favor... Você é simplório demais. Uma besta.

– Eu amo o circo tanto quanto amo ser palhaço, Giovanna. Algo que você nunca vai entender. Mas não importa, o que importa mesmo é o que eu sinto pelo meu trabalho e pelo lugar em que vivo e sou capaz de dar a minha vida por ele.

– Por um circo? – desenhou ela.

– Sim, Giovanna, por um circo!

– Ah, faça-me o favor, Cirilo. Quem em sã consciência sente orgulho de ser um palhaço? Se fosse um ator de Hollywood tudo bem, mas um palhaço? Ah, não seja ridículo.

– Só agora noto que você não mudou nada. Mesmo depois de todos os problemas que enfrentou, continua sendo a mesma garota mimada e rabugenta.

— Ah, Cirilo, por favor... Desde quando alguém muda sua personalidade?

— Muitos, sim, depois de uma tragédia.

— Depois de uma tragédia, muitos amargam ainda mais suas vidas, isso, sim!

Ele abaixou a cabeça, balançando negativamente, inconformado mais uma vez com a sua reação.

— Que pena que você não mudou... Que pena que muitos como você nunca mudam.

Pela primeira vez ela demonstrou certa fragilidade.

— Eu só queria o dinheiro para poder tirar o meu filho daquele lugar, pagar um advogado que acelere o processo para que eu possa ter novamente a guarda dele. Por isso peguei a quantia, não suportava mais ter de esperar. Mas tudo bem, se isso vai prejudicá-lo, aqui está ela.

Ela estendeu-lhe a bolsa com o dinheiro.

— Leve tudo e damos um basta nisso.

Ele tomou-a de sua mão bem no momento em que ela completou:

— Está tudo aí, pode conferir.

Ele voltou a encará-la e disse:

— Tudo bem. Só que você vai voltar comigo. Para o circo. Para pedir perdão a todos pelo que fez.

— O quê? Nem morta.

— Vai, sim. Além do mais você continua precisando de um lugar para morar, comer e trabalhar.

— Aquilo não é vida para mim, Cirilo. Sou Giovanna Marinelli, filha de Alba e Dorival Marinelli. Quantas vezes eu vou ter de repetir isso para você? Mil, cem mil?

Ele a puxou pelo braço, enquanto ela se debatia em protesto.

— Acho bom você me soltar senão vou dar um escândalo.

— Algo bem do seu feitio, não?

Ela emburrou.

Foi então que o trem chegou e com um safanão, ela se livrou do braço dele, pegou suas malas e se preparou para entrar no trem.

– Vou voltar para Arapanés. Preciso rever meu filho.

Ele achou melhor deixá-la fazer o que tanto queria.

– Está bem... Se é assim que você quer, que assim seja.

Sem mais, ele se afastou, voltando a olhar para ela que se preparava para entrar no vagão. Que ela fosse em paz, desejou intimamente. Se tiver de quebrar a cabeça mais uma vez que faça. Ele não mais se responsabilizaria por ela.

Ao descer a rampa que dava acesso à estação, o trem apitou anunciando sua partida.

– Se ela quis assim, assim será! – repetiu ele para si mesmo, na esperança de se conformar, de uma vez por todas, com a escolha que Giovanna fez de sua vida.

Mais uns passos e a voz dela ecoou novamente até seus ouvidos.

– Cirilo. Espere!

Ele mal pôde acreditar quando a viu vindo atrás dele.

– Pensei que...

– Eu mudei de ideia – respondeu ela rapidamente.

– O que a fez mudar de ideia, Giovanna, posso saber?

Ela mirou bem seu perfil e disse, secamente:

– Não!

Ele, mais uma vez surpreso com ela, riu:

– Não?

– Não! – ela enfatizou, voltando a olhar para frente, de cabeça erguida, estugando os passos. – Se aquele povo do circo não me aceitar de volta, eu mato você, Cirilo. Juro que mato! De vergonha!

Mas todos compreenderam mais uma vez os motivos que levaram Giovanna Marinelli a roubar o circo. Ela de fato, havia feito o que fez na esperança de reaver a guarda do filho que tanto amava, o mais rápido possível.

Com sua volta, Giovanna reassumiu seu papel de palhaça no número de palhaços, algo que continuava abominando totalmente. Mesmo fazendo a plateia rir, ela odiava aquilo, tanto quanto odiava a morte.

O que mais a deixava tiririca era levar tortas com glacê na cara para divertir as pessoas que simplesmente a adoravam. Algo que ela não se dava conta, por mais que lhe dissessem.

Foi na próxima cidade, num dos espetáculos mais lotados da temporada do circo, ali, que a mulher teve uma nova grande surpresa do destino. Ela, vestida de palhaça, fazia seu número quando avistou um sujeito na plateia que lhe lembrava e muito Evaristo Orciolo. No mesmo instante ela parou, estática, enquanto sua boca se abriu e se fechou de perplexidade. Imóvel, apenas seus olhos pareciam ter vida, concentrados no sujeito que tanto lembrava o seu grande amor.

E era ele de fato, que também passou a olhá-la com mais atenção, como se também a tivesse reconhecido. Foi o chamado de Cirilo, interpretando o palhaço João Balão que despertou Giovanna do transe temporário e a fez novamente incorporar a palhaça carismática que estava se tornando com o passar do tempo. Assim que o espetáculo terminou, Giovanna segurou Cirilo pelo braço e falou:

– O Evaristo, Cirilo... Ele está aqui!
– Evaristo?
– Sim, meu primeiro namorado, aquele com quem eu ia me casar e...
– E isso não é bom?
– É péssimo! Não quero que ele me veja nessas condições humilhantes. Não, por favor.

Rapidamente ela correu até seus colegas de trabalho, pedindo, encarecidamente, a cada um, que se um sujeito aparecesse perguntando por ela, que lhe dissessem que ali não existia nenhuma Giovanna Marinelli. E de fato, Evaristo Orciolo procurou saber, apesar de achar que seria impossível encontrar Giovanna, trabalhando num circo, ainda mais sabendo o quanto ela odiava um, ainda mais os palhaços. Ele havia parado na cidade em questão em busca do seu paradeiro, uma busca incansável, não desistiria enquanto não a encontrasse.

Capítulo 33
Uma alternativa para Giovanna Marinelli

Quando a *partner* de Nilvan, o atirador de facas, anunciou que não mais poderia tomar parte no número, pois sua mãe adoecera e precisava urgentemente de seus cuidados. Nilvan ficou tão desesperado quanto o Senhor Savério em busca de uma substituta. Ali mesmo, no circo, ninguém se prontificaria, pois todos abominavam o número, bem mais do que os leões quando famintos.

Ao saber do acontecido, Giovanna imediatamente se prontificou a ficar no lugar da mulher.

– Você?! – espantou-se Nilvan, crente de que Giovanna seria a última pessoa na face da Terra a querer tomar parte de um número como aquele.

– Eu mesma! – confirmou ela com certo orgulho. – Sou capaz de qualquer coisa para deixar de ser palhaça.

– É tão ruim assim?

– É péssimo, humilhante e degradante.

– Mas o número com as facas, bem, é preciso ter muita coragem para fazê-lo.

– Eu tenho. Se eu não tiver, aprendo a ter.

Nilvan ficou mais uma vez impressionado com a determinação da mulher e, sem delongas, começaram a ensaiar.

Quando Cirilo soube da decisão de Giovanna, correu imediatamente para o meio do picadeiro onde aconteciam os ensaios. Ao vê-la, diante da plataforma de madeira, esforçando-se para parecer segura do que fazia, quando, na verdade, tremia por inteira, ele imediatamente pediu a Nilvan que parasse o que estava fazendo.

– Cirilo, foi ela quem quis! – explicou Nilvan, rápido, a fim de evitar confusão. – Não a forcei a nada.

– Sei que não, meu bom amigo, mas...

Giovanna o interrompeu:

– Cirilo, você está atrapalhando o nosso ensaio, quer nos dar licença, por favor?

– E você, Giovanna, está tremendo por inteira, daqui a pouco terá um colapso nervoso.

Ela foi até ele, com o dedo em riste e disse, a toda voz:

– Nada vai me fazer abandonar esse número, Cirilo. Nada, está ouvindo?

Ela não disse mais nada do que pretendia, porque, simplesmente, desmaiou. Cirilo foi rápido em ampará-la nos braços e, com a ajuda de Nilvan, os dois logo a reanimaram. Quando ela voltou a si e se viu diante dos dois homens, olhando com preocupação para ela, resmungou:

– O que houve?

– Você desmaiou! – respondeu rápido o atirador de facas. – Acho que foi de medo pelo número.

– Que nada!

– Então foi de fome! – arriscou Cirilo um palpite. – Almoçou direito?

– É claro que sim!

– Então foi mesmo por medo...

Ela se sentou, ajeitou o cabelo e se fez clara mais uma vez:

– Nada no começo é fácil, mas eu vou me acostumar, vocês verão! O importante é que eu tome parte de um número que realmente signifique algo para todos, um número digno da minha pessoa e não o de palhaço, algo que qualquer um pode fazer, de tão insignificante e sem graça que é.

– Eu não o acho insignificante – opinou Nilvan, com sinceridade.

— Por que você não é um palhaço, meu caro. Se fosse...

— Eu também não o acho insignificante — opinou Cirilo também sendo muito sincero.

— Ah, Cirilo, por favor — retrucou Giovanna em meio a um risinho de escárnio. — Ser palhaço é tão insignificante quanto a sua vida.

Ele não se deixou impressionar por suas palavras, já havia se acostumado com o hábito de ela lhe dizer ofensas, quando irritada ou contrariada.

— É isso mesmo o que você ouviu, Cirilo. Tão insignificante quanto você! Prova é que o próprio dono dessa geringonça não quis seu casamento com a filha dele, por saber da insignificância de um palhaço. E ela, sua adorada, quando percebeu que o pai tinha razão, casou-se com outro, um cara decente, trabalhador e endinheirado. E pelo que soube, você concordou com ela, tanto que a deixou se casar com o tal moço, por perceber que ao lado dele, ela teria uma vida digna e feliz.

— Mas o palhaço é a alma do circo — opinou Nilvan, procurando defender o amigo.

— Que pensamento mais tacanha o de vocês, hein? — retrucou ela, novamente irritada. — Talvez por isso o circo seja tão pobre.

Os dois homens se entreolharam e logo voltaram a si quando Giovanna, batendo as mãos e erguendo a voz, despertou-os:

— Vamos voltar ao ensaio, Nilvan! Esse é um dos números mais importantes do espetáculo, sem ele, o público vai odiar o circo.

Nilvan, sem saber o que fazer, voltando-se para Cirilo, comunicou-se com ele pelo olhar. Cirilo, com face de quem lava as mãos diante de um fato, afastou-se.

Ao vê-lo se retirando, Giovanna se fez provocativa mais uma vez:

— Cirilo é mesmo um boboca! Falta-lhe pulso firme e determinação na vida para fazer grandes conquistas.

— Mas ele a ajudou tanto, Giovanna. Quando você mais precisou.

— Ah, tá, Nilvan, e só por isso eu vou ter de me calar diante de seus defeitos? Nunca! Nunquinha! E agora vamos ensaiar porque

291

quero transformar este número no melhor do espetáculo. O mais aplaudido!

E assim os dois retomaram o ensaio e logo Giovanna não mais tremia diante dos arremessos das facas.

Assim que Cirilo ganhou o ar, caminhou cabisbaixo até sua barraca, onde se fechou e chorou baixinho, suas mágoas. As palavras de Giovanna, ditas com tanta força e agressividade haviam realmente ferido sua pessoa, ele não podia negar. Logo, a voz de Lucinda soou no recinto:

– Não dê bola para ela, Cirilo.
– Em parte ela está certa, Lucinda. Muito certa.
– Ela só quer humilhar você, machucá-lo, não percebe?
– É o jeito dela.
– Que jeito mais infeliz de ser, hein? O que ela precisa mesmo é de uma boa sova. As que deveria ter levado dos pais quando menina e não levou.
– Chorei apenas por ter me lembrado da Wanderleia. As palavras de Giovanna me fizeram recordá-la. Bateu uma saudade forte aqui no meu peito, sabe?

Ele novamente abaixou o rosto e chorou. A anã, muito amorosamente, foi até ele e tentou confortá-lo.

– Você deveria ir atrás dela, Cirilo. Contar-lhe que ainda a ama e...
– Nunca! Ela está casada, esqueceu-se? E com dois filhos! Não nasci para destruir lares. Não, jamais! Casamento é para sempre e, meu amor por ela, é para a eternidade... Um dia, quem sabe...
– E se a eternidade não existir, Cirilo?
– Então, terei de me conformar com o meu destino, assim como todos têm de se conformar com o seu, pois assim é a vida.
– Alguns destinos podem ser mudados, meu amigo. Alguns, não, todos! Basta tomarmos atitudes mais eficazes para que mudanças felizes aconteçam para nós.
– Será mesmo, Lucinda?
– Acredito piamente.

Naquela tarde, pouco antes de o circo abrir as portas para o público, Giovanna reencontrou Cirilo se maquiando.

– Escuta aqui – foi dizendo ela sem reticências. – Não me arrependo não do que lhe disse esta tarde, ouviu? Se você se feriu com as minhas palavras é porque são verdadeiras, se fossem mentiras, não o afetariam tanto. Não pense também que, só porque me ajudou, vou me fazer de boazinha com você. Não vou, não sou assim. Se eu tiver de lhe dizer alguma coisa, ainda que o fira, farei! Esse é meu jeito de ser e, ponto final!

– Sim, Giovanna, você é assim mesmo. E talvez seja para não ter tempo de olhar e pensar nas suas próprias tristezas.

Ela não esperava por aquela resposta, que lhe causou grande impacto.

– Mas você está certa, Giovanna, devemos mesmo evitar olhar, pensar e repensar no que tanto nos entristeceu ou nos entristece, senão a tristeza vai ofuscar tudo mais que há de bom na vida. A tristeza é um sentimento egoísta, quando vem, vem para se sobressair a tudo mais que nos cerca.

– Bom – Giovanna bufou e fez bico. – Eu já vou indo, é minha noite de estreia e a partir de hoje, o meu número será o melhor de todos.

– Faço votos que sim.

Ela já ia saindo quando se voltou para ele e concluiu:

– A propósito, você não faz ideia do quanto você fica ridículo vestido de palhaço. Simplesmente, ridículo.

Dessa vez Cirilo não se aguentou, riu gostosamente.

– Está rindo de quê, palhaço? – irritou-se Giovanna, lançando um olhar ainda mais furioso para ele.

– De você – respondeu ele sem rodeio –, por insistir em se fazer de má. Todos sabem que o encanto do palhaço está no fato de ele ser ridículo. Ridículo tal como aquele ou aquela que quer ser o que não é.

– Você pensa mesmo quer suas palavras me ofendem?

– E você, por acaso, pensa também que suas palavras me

ofendem?

Ele riu e ela acabou rindo com ele. Segundos depois, ela admitia:

– Acho que este é o dia mais feliz da minha vida, depois de muitos...

– Aproveite então, Giovanna.

– É isso mesmo o que vou fazer.

De fato Giovanna estava radiante durante o número do arremesso de facas, e, a cada noite, o desafio de estar ali, diante do perigo de uma das facas acertarem seu corpo, sem querer, tornou sua vida mais excitante.

Capítulo 34
Cirilo e Wanderleia se reencontram

Semanas depois, numa nova cidade, Cirilo estava prestes a entrar no picadeiro, para fazer seu número do palhaço, quando Lucinda pensou em lhe contar que Wanderleia estava na plateia, sentada num dos camarotes ao lado do marido e dos filhos. A anã mudou de ideia ao perceber que se contasse, ele, talvez, se sentisse intimidado a fazer seu número naquela noite.

– Como é que é, criançada? Boa noite! – começou Cirilo vestido pomposamente como o palhaço João Balão. – Tá fraco! Boa noite! Hoje tem marmelada? Hoje tem goiabada? E o palhaço o que é?

– É ladrão de mulher! – o público respondeu em coro.

Foi então que ele avistou Wanderleia, linda, como se o tempo distante um do outro nada tivesse roubado de sua juventude tão encantadora. A visão o fez perder totalmente a fala. Levou alguns bons segundos até que ele se recuperasse e voltasse a alegrar todos.

– Pobre Cirilo – comentou Lucinda com Malena enquanto espiavam o espetáculo por um local propício. – Ele é ainda tão louco pela Wanderleia, tão apaixonado que perdeu a fala, ao revê-la.

– Pois é, minha querida – confessou a ex-mulher barbada. – E paixão como a deles dois, não acontece todo dia.

Ao término do espetáculo, Wanderleia foi até os bastidores do circo para cumprimentar seus velhos amigos. O marido e os dois filhos a acompanharam e apresentações foram feitas e, muitos abraços e beijos foram trocados. Savério C. estava tão orgulhoso de receber a filha ali, depois de tantos anos, e nas condições que ele tanto sonhou para ela, que nem se importou com o fato de ela rever Cirilo, por quem foi tão apaixonada.

Minutos depois, o neto mais jovem de Savério perguntou a ele:

– E o palhaço, vovô?

– Palhaço, meu neto? Você quer cumprimentá-los? Ali estão eles. Fofureza, venha cá. Meu neto quer lhe falar. Palerma, aproxime-se. Esses são meus netos.

– Onde está o outro palhaço, vovô?

Só então Savério se lembrou de Cirilo e tentou mudar de assunto.

– Papai, ele se refere ao Cirilo – explicou Wanderleia, rapidamente. – Onde está ele? Quero vê-lo também.

– Eu é que sei, Wanderleia? – irritou-se o pai, enviesando o cenho.

Como todos ali ficaram sem graça diante da situação, Wanderleia pediu licença e partiu em busca de Cirilo que encontrou em sua barraca, sentado na cama, cabisbaixo. Imediatamente ela tentou alegrá-lo:

– Já que as montanhas não vão a Maomé, Maomé vai até as montanhas, não é esse o ditado?

Ele procurou sorrir.

– Por que não veio me ver, Cirilo?

– Eu já estava indo...

– Mesmo?

Ele desconversou:

– Quanto tempo, não? Acho que a última vez em que nos vimos foi...

– Na estação.

– Sim, na estação.

Pausa enquanto os dois ficaram a se admirar por meio de olhares encabulados.

– Seus filhos já estão bem crescidos, hein?

– O tempo passa rápido, Cirilo.

— Verdade.
— Eles querem conhecê-lo.
— Opa, será um prazer!

Novamente ele sorriu forçado para ela, enquanto ela, detendo seus olhos bonitos sobre os seus, perguntou:

— E você, Cirilo, como vai? Casou-se? Tem uma garota, pelo menos?

Ele novamente mudou de assunto:

— Aconteceu tanta coisa nos últimos anos, Wanderleia... Ando tão ocupado que...

— Não vai me dar um abraço?

Ele perdeu a fala e já que não tomou a atitude, ela fez por ele. Deu-lhe um abraço apertado e quando ambos voltaram a se encarar, seus olhos lacrimejavam, espelhando o amor sincero de um pelo outro, algo que nunca morreu, mesmo depois de tantas tormentas vividas.

Foi então, com muita sinceridade que ela admitiu:

— O tempo passou, Cirilo, mas o meu amor por você, continua o mesmo.

Ele, rapidamente procurou mudar de assunto, outra vez:

— Como eu dizia: aconteceu tanta coisa nesse período...

E a seguir ele detalhou tudo o que viveu ao lado de Giovanna nos últimos tempos.

Em seguida foram se unir aos demais da trupe e quando Márcio e Cláudio, os filhos de Wanderleia e Danilo Demóstenes, conheceram Cirilo, vibraram de empolgação.

Foi nesse ínterim, que Wanderleia pôde trocar uma palavrinha com Giovanna.

— Cirilo me contou que você é a irmã... Desculpe-me, eu não sei como falar sem mencionar o fato de que vocês teriam sido irmãos...

— Tudo bem — Giovanna deu de ombros. — Mas como você pode perceber, de nada adiantou minha mãe devolvê-lo para o orfanato, não é mesmo? Acabamos ligados novamente pelas misteriosas e ordinárias mãos do destino.

Wanderleia riu e Giovanna logo se explicou:

– Esse meu jeito de falar do Cirilo pode até parecer que não o suporto, o que de fato aconteceu durante uma época de minha vida, mas agora, sabe... eu gosto daquele palhaço sem graça...

– Sem graça?

– É, não é? Acho que ele é o palhaço mais sem graça da face da Terra.

– Eu sempre pensei que ele fosse o mais engraçado.

– Devo achá-lo sem graça, porque na verdade, nunca gostei de palhaços. Também não acho justo que eles vivam escondendo o rosto por trás daquela pintura pavorosa. Pintar-se daquele modo só deveria ser regra para os feios, para os bonitos, nunca!

– Quer dizer então que você acha o Cirilo bonito.

– Feio ele não é. Mas de que adianta um rostinho atraente quando não se sabe ser outra coisa na vida, senão um palhaço sem graça?

E Wanderleia achou graça novamente do jeito rabugento de ser de Giovanna Marinelli.

Outro encontro emocionante aconteceu entre Wanderleia e Lúqueo, minutos depois.

– Olá, Luquinha.

Ele, muito timidamente, quase sem olhar para ela, respondeu:

– Olá, Wanderleia.

– Não vai me dar um beijo?

– E-eu? – ele engoliu em seco.

– Sim. Você sempre me tratou tão alegremente... Agora, no entanto, não me parece tão feliz por me rever.

– Que nada, estou felicíssimo por revê-la, é que sinto vergonha de você, por tudo que fiz no passado...

– Já dizia Cristo: quem nunca errou, que atire a primeira pedra!

– Mas eu prejudiquei a vida de todos aqui, não sei se sou digno de perdão, pelo menos da sua parte.

– Foi sim uma tremenda estupidez da sua parte, atear fogo

ao circo, mas com a graça de Deus nos reerguemos, acho que todos aqui, até mesmo os leões, tornaram-se mais fortes depois do incêndio. O que prova que é mesmo das adversidades da vida que o ser humano engrandece o espírito.

— Quer dizer então que você realmente me perdoou pelo que fiz?

— Sim, meu querido, perdoei-lhe. E agora me dê um beijo.

Em meio ao beijo e o abraço apertado, ambos derramaram lágrimas de saudade.

— Você é feliz, Wanderleia? Feliz como tanto sonhou? — perguntou-lhe o anão, a seguir.

— Eu tento ser, Luquinha. É assim que todos fazem, não é? Pelo menos a maioria que conheço.

— Então você não é feliz.

— Ninguém é totalmente, Lúqueo.

— Mas você me parecia bem feliz quando morava aqui conosco, no circo.

— Ah, sim, eu era mesmo. Eram outras épocas, e eu era diferente nesse período e, talvez, por isso, eu me sentia mais feliz.

— Fico triste por saber que não é feliz totalmente quando o que eu mais queria é que fosse.

— Como lhe disse, ninguém é totalmente feliz. Mas fale-me de você. Como se sente agora casado com Lucinda?

Ele riu e se avermelhou todo:

— Eu sempre a odiei, você sabe.

— Se sei.

— Mas depois de tudo que aprontei, ao vê-la me recebendo de braços abertos, me dando guarida e afeto, algo se acendeu dentro de mim. Era esse o afeto que eu buscava receber de uma mulher há anos e, bem, quando dei por mim, eu estava amando aquela danada de voz estridente e irritante, dona daqueles horríveis cabelos cor de abóbora. Hoje penso que fomos mesmo feito um para o outro, não sei mais me ver longe dela.

— É tão bom quando a vida nos surpreende com algo tão bonito assim, não é, Lúqueo?

– Se é. Quando duas pessoas se encaixam, é como se as peças de um quebra-cabeça tivessem se encaixado e formado um lindo desenho ou pintura ou foto de uma linda paisagem. Sentimo-nos então mais completos, mais presentes e pacíficos.

– É o amor...

– É, o amor... Mas isso não quer dizer que deixei de amar você, Wanderleia,

– Não?!

– Não. O meu amor por você ainda é o mesmo, só que noutra sintonia. Não poderia deixar de amá-la, não depois de tantos anos apaixonado por você. Acho que o meu amor por você hoje é um amor lúcido e é bom vivê-lo desta forma.

– Lúqueo, como é bom saber que você cresceu como espírito nesses últimos anos.

Rindo, ele respondeu:

– Eu só podia mesmo crescer como espírito, não é, Wanderleia? Por que de corpo, só se eu me transformasse no homem borracha.

Ambos gargalharam.

– Agora diga-me, Luquinha. Como é ser pai? Seu garoto é uma graça.

E o assunto seguiu em torno do pequeno e adorável Chaplin.

Assim que Lúqueo ficou a sós com Lucinda naquele dia, a anã, sem esconder o ciúme, perguntou:

– Vamos Lúqueo, admita, você ficou balançado por rever Wanderleia, não ficou?

– Lucinda!

– Não se faça de besta para cima de mim, seu anão uva-passa!

– Ficou enciumada, foi?

– Não caçoe de mim, Lúqueo.

– Ai ai ai!

– Lúqueo, eu estou falando!

E antes que ela se descabelasse toda por ciúmes, ele a abraçou e a beijou até fazê-la se derreter em seus braços.

– Safado. Se pensa que vai me acalmar com seus beijos...

Ele a impediu de continuar matraqueando, agarrando e a beijando novamente. A anã estava vermelha e esbaforida quando ele terminou seus mimos para com ela.

– Larga de ser ciumenta, mulher! – trovejou Lúqueo, bem humorado como nunca.

– É que... – ela chorou e desabafou: – Não quero perdê-lo, seu anão sem graça... Eu o amo.

– Eu sei! – alegrou-se ele. – E eu... bem, acho que também a amo.

– Acho? – a voz da anã atingiu o pico de sua agudez.

– Acho não, tenho quase certeza – corrigiu-se ele, cinicamente.

– Quase certeza?!

A anã se debulhou novamente em lágrimas enquanto ele, rindo dela, acolheu-a novamente em seus braços e falou, baixinho ao seu ouvido:

– Estou apenas brincando com você, sua bobona. É lógico que eu a amo, se eu não a amasse, não suportaria ficar ao seu lado, ouvindo você me dar ordens com sua voz de matraca. Só mesmo por amor um homem permaneceria ao seu lado, e esse homem sou eu, Lucinda. Eu!

– Você não é um homem, Lúqueo, é um anão!

– Um homem anão.

Ela se desvencilhou dos braços dele e se manifestou novamente, estridentemente:

– Para ser homem, você vai precisa comer ainda muito feijão com arroz.

– Ora, sua cabeça de abóbora.

Ela riu e quando ele foi para cima dela, ela correu e ele correu atrás dela e logo pareciam duas crianças brincando de pega-pega. Só pararam quando perceberam que a algazarra havia acordado o filho.

Quando Wanderleia foi rever o trailer onde morou por tanto

tempo, seu pai a seguiu. Ao perceber a tristeza que ela tentava ocultar de todos, a todo custo, Savério lhe perguntou:

— O que há, filha?

Ela tentou aparentar naturalidade e não conseguiu. O homem bufou:

— Foi Cirilo, não foi? Vocês não deveriam ter se encontrado.

— Não, papai...

— Minha mãe já dizia: o que os olhos não veem o coração não sente!

— Não se pode viver fugindo das verdades do coração, meu pai.

— Filha... Sente-se aqui e me ouça. Sabe a tal Giovanna? Aquela que Cirilo trouxe para morar no circo? Pois bem, os dois estão de namorico. Eles fingem que não, mas todos sabem que estão. Foi por amor que ele a trouxe para morar aqui. Ela não queria, mas ele insistiu, porque já estava perdidamente apaixonado por ela.

O rosto da moça mudou de expressão no mesmo instante:

— Então ele tem alguém...

— É claro que ele tem alguém, Wanderleia! Que homem viveria sem uma mulher? Ingenuidade da sua parte pensar que ele vive só... Pura ingenuidade,

E o pai se deu por satisfeito ao perceber que suas palavras surtiram o efeito desejado sobre a filha.

No carro, de volta do circo, o marido de Wanderleia lhe perguntou:

— Está tudo bem com você?

Ela tentou aparentar naturalidade:

— Sim, Danilo... É que me bateu uma saudade...

— Do circo?

— Sim, de todos.

— De todos mesmo ou de alguém em especial?

A pergunta a surpreendeu e quando ela pensou em respondê-la, o filho mais novo, sentado no assento traseiro do veículo, interrompeu-a:

– Mamãe, poderemos voltar amanhã? Quero rever os palhaços.

– Acho que sim, Cláudio. Se seu pai consentir.

– Por mim tudo bem.

– Eba! – entusiasmou-se o menino.

Foi então que Danilo pegou um lenço de dentro de seu bolso e estendeu para a esposa:

– Tome, está limpo. Enxugue suas lágrimas...

– Ah, obrigada.

Naquela noite, assim que todos se recolheram, Savério Constanzo chamou Cirilo até seu trailer para ter com ele uma conversa bem séria.

– Se você estragar o casamento da minha filha, eu jamais vou perdoar-lhe.

Cirilo pensou em dizer algo em sua defesa, mas não conseguiu. Tudo o que fez foi engolir em seco.

– Compreendeu? – tornou Savério, austero como sempre.

Cirilo assentiu, submisso como de hábito, o que deixou o dono do circo mais tranquilo desde então.

Capítulo 35
A verdade vem à tona

Foi entre um papo e outro com Lucinda e Malena, que Giovanna comentou com as duas a respeito da boa impressão que teve de Wanderleia Constanzo.

— Sendo filha do Seu Savério, achei que ela seria uma mulher sisuda e chata tal e qual o pai. Mas não, pareceu-me muito simpática.

— E é de fato.

— Agora entendo por que o Cirilo gostou dela. Ela é mesmo um doce de pessoa.

— É, sim – confirmou Lucinda. – E para mim ela ainda ama o Cirilo, da mesma forma que ele ainda a ama.

— Se ela o amasse mesmo, teria ficado com ele.

— Teria, sim – adiantou-se Lucinda. – Se o Seu Savério não tivesse aprontado com os dois.

— Aprontado, como assim?

— Ele nunca entregou à filha, as cartas que Cirilo escrevia para ela. Para fazê-la pensar que ele havia se esquecido dela. Com isso ela acabou se casando com outro e...

Malena resumiu a outra parte da história.

— Vocês tem certeza de que foi isso mesmo que os separou? – empertigou-se Giovanna, pensativa.

— Absoluta! Mas ela não sabe, nunca soube da verdade. Cirilo preferiu assim por achar que ela seria realmente mais feliz se casando com outro, um sujeito de posses, que poderia lhe proporcionar uma vida muito mais digna do que a que teria vivendo no circo, ao lado dele.

– Isso, sem dúvida, mas pelo que vocês me disseram ela não se importava com a vida que levava aqui, não é mesmo?

– Não, nunca se importou. Atrevo-me a dizer que Wanderleia amava o circo da mesma forma que sempre amou Cirilo.

Giovanna se sentiu tocada pela história e, para seu espanto, estava com pena de Cirilo.

– Lucinda – disse ela, voltando-se para anã. – Preciso de um favor seu. Quero que entre no trailer de Seu Savério e descubra para mim, o número do telefone da casa da Wanderleia.

– O número?!

– Sim, minha querida. Sendo você pequenina, conseguirá passar pela janela do trailer e fazer o que eu lhe peço.

– Eu, passar pela janela?

– Do trailer, sim, senhora. É por uma boa causa, acredite.

Lucinda e Malena se entreolharam e a anãzinha acabou concordando.

– Está bem.

Assim fez a anã, e com o número nas mãos, Giovanna foi até a central de telefonia fazer o que achava ser certo e necessário:

– Wanderleia? – perguntou Giovanna assim que ouviu a voz da moça do outro lado da linha. – É Giovanna Marinelli, do circo. Lembra-se de mim? Ótimo! Sim, estão todos bem, não se preocupe. Estou ligando para lhe falar sobre outro assunto, algo relacionado ao Cirilo, algo que você deve saber. Algo que na verdade, você já deveria ter sabido há muito tempo atrás. Diz respeito a você e ele, soube de tudo por intermédio da Lucinda e da Malena.

Num tom mais ponderado ela prosseguiu:

– Quando você partiu do circo e foi morar com sua tia, Cirilo lhe escrevia constantemente. Entregava as cartas para o seu pai levar para você, só que ele nunca lhe entregou coisa alguma, para que você pensasse que Cirilo havia se esquecido de você. Como deve se lembrar, seu pai nunca quis o casamento de vocês dois.

Nova pausa e ela prosseguiu:

– Por momento algum Cirilo se esqueceu de você, Wanderleia. Quando ele foi até sua casa, a que vivia com sua tia, poucos dias antes do seu casamento, ele foi para lhe falar do seu amor. Do amor imenso que ele sentia por você. Seu pai o pegou em frente a casa e o impediu. Cirilo também se sentiu constrangido diante da grandeza do lugar, acreditando que nunca poderia lhe propiciar algo do gênero.

– Mas ele não me disse nada quando o procurei na estação...

– Porque se achou mesmo incapaz de lhe dar conforto e luxo caso se casasse com ele.

– Deus meu... Eu jamais poderia imaginar que...

– Mas foi exatamente isso que aconteceu, Wanderleia...

Wanderleia se segurou para não chorar.

– Você ainda está aí? – indagou Giovanna, diante do silêncio repentino da mulher.

– S-sim, ainda estou.

Nova pausa e Wanderleia perguntou:

– E quanto a vocês dois? Soube pelo meu pai que ele a ama e que vocês...

Giovanna não a deixou terminar, interrompeu-a bruscamente:

– Isso é outra mentira do seu pai, minha amiga. Eu e Cirilo nunca tivemos nada, nem bons amigos podemos dizer que somos.

– Quer dizer... – murmurou Wanderleia, novamente chocada com o que ouviu.

– Sim. Eu e ele nunca tivemos nada, nem nunca teremos, pode estar certa disso. Achei que deveria saber de toda verdade, antes tarde do que nunca, porque sei que o ama da mesma forma que ele a ama. Vi claramente nos olhos de ambos quando se reencontraram. O Cirilo foi bom para mim, tem sido e achei que era meu dever esclarecer esse mal-entendido entre vocês dois. Se vocês realmente se amam devem ficar juntos. Em nome do amor!

— E-eu... Agradeço por ter me ligado.

— Wanderleia, aqui vai o conselho de quem já errou muito na vida. O maior erro de todos é continuar insistindo num erro. Pense no que lhe disse. Adeus.

Sem mais, Giovanna recolocou o aparelho no gancho enquanto Wanderleia, na sua casa, chorava sua desgraça. Por mais que tentasse, não conseguia deixar de pensar no pai, no quanto ele errou, ao pensar que a faria feliz, dando um rumo completamente diferente daquele que ditava o seu coração.

— Como papai pôde ter sido tão cruel comigo? Como...

Ela se recordou a seguir dos bons momentos que viveu ao lado de Cirilo e que tanto marcaram suas vidas.

Ao se encontrar com a tia, naquele mesmo dia, Wanderleia lhe foi sincera. Assim que ficou a sós com ela num aposento conveniente da mansão, contou-lhe tudo o que descobriu, tim-tim por tim-tim, deixando a mulher temporariamente sem palavras, em busca do que dizer a ela.

— Nunca reclamei da vida que eu levava no circo, minha tia.

— Eu... – Bernardina tentou falar.

Wanderleia se fez clara mais uma vez:

— Como meu pai poderia saber o que era melhor para mim se não estava na minha pele, titia? Como?

Ela chorou, causando pena na mulher que também decidiu ser sincera com ela, expondo-lhe todos os fatos que junto com Savério articulou para uni-la a Danilo Demóstenes e afastá-la, de vez, de Cirilo Salamandro. Ao término da narrativa, Wanderleia olhava horrorizada para a tia.

— A senhora também me traiu, titia?! Justo a senhora em quem eu tanto confiava?

A mulher abaixou a cabeça, parecendo envergonhada de si.

Sem mais uma palavra, Wanderleia levantou-se e se despediu.

— Espere, filha! – agitou-se Bernardina. – Você mal acabou de chegar.

– Só vim mesmo apurar os fatos, minha tia. Agora preciso ir, voltar para a vida que a senhora e meu pai criaram para mim. Adeus.

Wanderleia partiu com passos rápidos e determinados, deixando Bernardina Constanzo Tornaggi certa de que nunca mais a relação amigável entre as duas voltaria ser a mesma.

Pelo caminho até sua casa, ao ver-se presa àquele casamento infeliz com Danilo Demóstenes, para o resto de sua vida, Wanderleia novamente chorou sua desgraça. Assim que o marido a viu, percebeu de imediato que algo de errado havia acontecido.

– O que há, você está com um semblante tão triste. Aconteceu alguma coisa?

– Não, nada – mentiu ela, procurando se fazer de forte. – Apenas uma ligeira indisposição.

– Há quanto tempo não visita um médico? Deveria procurar por um, para fazer uma avaliação...

– Farei, sim. Obrigada por se preocupar comigo.

Ele a segurou pelos braços e mirando seus olhos bonitos, admitiu:

– É lógico que me preocupo com você, Wanderleia, é minha esposa e mãe dos meus filhos.

Ela procurou sorrir e ele a beijou, repetindo novamente palavras de amor ao seu ouvido. Palavras que já não tinham mais o poder de confortar o seu coração. Ela agora se sentia como um veleiro desgovernado em alto mar, indo de encontro às rochas.

Capítulo 36
O reencontro de Giovanna e Evaristo

Mais uma noite e o circo estava lotado, o que deixou a trupe do Esputinique extremamente feliz. Nilvan, o domador e também o atirador de facas, causou grande comoção no público ao domar seus leões obedientes e impressionantes de se verem. Como atirador de facas também deixou todos maravilhados. Giovanna, como sua parceira, já não mais tremia diante dos arremessos contra ela. Havia ganhado total confiança depois de tanto tempo, fazendo parte do número.

O mais assustador para todos era, sem dúvida alguma, o momento em que Nilvan vendava os olhos para arremessar as facas contra ela, diante da plataforma de madeira. Como ele podia fazer aquilo sem acertá-la? Era o que mais intrigava todos. O público ia abaixo com cada faca que passava quase que raspando pelo corpo da mulher.

Foi quando Nilvan e Giovanna, de mão dadas, circularam o picadeiro, para receber os aplausos do público, que ela avistou alguém na plateia, olhando surpreso e curiosamente na sua direção. Seu choque foi tanto que ela, sem perceber, soltou sua mão da de Nilvan e recuou um passo.

– Evaristo... – murmurou, também se dar conta do fato.

No mesmo instante, ele saltou da cadeira e exclamou:

– Giovanna!...

A plateia ainda batia palmas quando Giovanna, apressada, retirou-se do local. Ao reencontrá-la, Nilvan quis imediatamente saber o que houve.

– Eu... – gaguejou ela, respirando com dificuldade.

– O que foi? Até parece que você viu um fantasma.

– E acho que vi mesmo...

Ao notar que ela tremia, Nilvan fez sinal para que Malena lhe trouxesse um copo d'água.

– Meu Deus... Não pode ser... – murmurou ela, aflita.

– Acalme-se – pediu-lhe o domador. – Você está mais nervosa agora do que quando lhe arremesso as facas.

– É que...

Ela abaixou o rosto e chorou, enquanto ele, mais uma vez, tentou confortá-la com palavras. Malena chegou trazendo a água e ocupou o lugar de Nilvan que foi ajudar os demais nas apresentações seguintes.

– Giovanna, o que houve? – perguntou Malena, enfim. – O que foi que a deixou nesse estado?

– Ele...

– Ele quem, Giovanna?

– Evaristo. Eu o vi no meio do público e acho que ele também me reconheceu.

– E qual o problema?

– Ele não pode me ver aqui, Malena. Jamais!

– Quem é ele, Giovanna?

– Evaristo foi o grande amor da minha vida e...

Ela chorou novamente e Malena tentou confortá-la.

– Ele não pode saber que hoje eu vivo num circo. Seria uma vergonha, outra humilhação tamanha para mim. Diga a todos que se aparecer um homem procurando por mim... Que eu não sou eu. Por favor!

– Se ele é o grande amor da sua vida, por que se esconder?

– Porque vai ser humilhante demais para mim, ter de encará-lo, vendo-me nas condições em que me encontro agora.

– Acha mesmo que vale a pena se esconder de um homem que significou tanto na sua vida, por causa da vergonha?

– Sim, Malena, já não suporto mais passar por humilhações.

– Fazer parte da trupe de um circo é tão humilhante assim?

– Para uma pessoa que teve tudo que eu tive e acabou aqui, por não ter tido outra opção na vida, é sim!

– Eu penso que seria bem mais fácil para você, se encarasse seu destino de frente, ao invés de viver fugindo dele.

– Já estou cansada de ter de fazer isso, Malena. Sinceramente, cansada.

Ela enxugou suas lágrimas e concluiu:

– Pelo visto, alguém lá em cima não vai mesmo com a minha cara, sente prazer em me ver humilhada...

– Giovanna... – chamou Malena.

– É isso mesmo...

– Giovanna... – insistiu Malena.

Somente no segundo chamado é que Giovanna finalmente prestou atenção ao que a colega tinha a lhe dizer. Malena lhe fez um sinal discreto com os olhos, como quem faz para anunciar a presença de alguém nas proximidades. Ao voltar-se para lá, Giovanna por pouco não foi ao chão, Evaristo estava ali, olhando para ela, com lágrimas a rolar por seu rosto claro e sofrido.

– Por um minuto eu pensei em estar vendo coisas – admitiu ele, murmurante. – Mas é você mesma: Giovanna Marinelli.

Malena pediu licença para os dois e se retirou, deixando o casal, emudecido, encarando um ao outro, tomado pela forte emoção do reencontro.

– Meu Deus... – ele voltou a falar. – Quantos anos... Que surpresa mais deliciosa... Não faz ideia o quanto eu quis revê-la, Giovanna.

Finalmente ela conseguiu soltar a voz:

– Nessas condições humilhantes, Evaristo?

– Não, Giovanna, não há humilhação alguma...

– Para mim é humilhante, sim, reencontrá-lo nessa situação.

– O que houve? Como veio parar neste circo?

– É uma longa história... Sinto até vergonha de lhe contar a respeito.

– Por que, se fomos tão íntimos? Eu ainda sou o mesmo Evaristo de antes, Giovanna. Um pouco mais maduro e experiente com a vida, certamente, mas ainda o mesmo que um dia se apaixonou por você e ainda é apaixonado.

As palavras dele surpreenderam-na bem mais do que sua aparição.

– Calma... Está tudo bem.

– Evaristo... – balbuciou ela, comovida.

Com um único e hábil movimento, ele se aproximou dela, ajeitou os fios de cabelo que escondiam seu rosto e a elogiou:

– Você continua linda, Giovanna.

– Que nada!

– Continua, sim.

– E esses pés de galinha? É quase uma granja em torno dos meus olhos.

Ele riu e ela também acabou achando graça de suas próprias palavras. Ambos ficaram a se admirar por um longo e apreciável minuto, até ele perguntar:

– Diga-me, como veio parar neste circo?

– Ah, meu bom Evaristo, como eu lhe disse a princípio: é uma longa história.

E assim ela lhe contou tudo, resumidamente, porém sem deixar escapar nenhum detalhe importante.

– Quantas reviravoltas, Giovanna...

– Nem fale. E tudo o que eu mais quero, Evaristo, é ter meu filho de volta, morando juntinho de mim.

– Você o terá, acredite! Aprendi, com o passar dos anos, que o tempo é um mestre, capaz de realizar tudo o que nos parece impossível.

– Deus o ouça.

Nova pausa e quando uma catadupa de palavras amorosas jorrou dos lábios do homem que acabara de reencontrar o grande amor de sua vida, Giovanna se sentiu encorajada a expressar o que tanto guardava em seu coração há anos.

– Eu deveria ter me casado com você, Evaristo. Deveria ter esperado por sua volta. Eu o amava. Não deveria jamais ter desistido desse amor... Fui uma estúpida.

– Não se recrime, eu também meti os pés pelas mãos e, com isso, estraguei tudo. Eu deveria ter pensado e repensando umas cem mil vezes, antes de cometer aquela estupidez.

– Aí é que está. A maioria das nossas atitudes fazemos sem pensar. Pulamos de cabeça. Se bem que dizem também que se pensarmos muito, não fazemos nada.

– Mas uma boa dose de ponderação é sempre bom, Giovanna, foi isso que aprendi depois da maior estupidez que cometi na vida. Mas deixemos o passado de lado, o importante agora é estarmos juntos novamente, lado a lado, na alegria e na tristeza, na saúde e na doença e para sempre.

– Na alegria e na tristeza?... Taí, eu acho que essa é mesmo a maior prova de amor que alguém pode dar ao outro. Porque só mesmo quem ama ou está disposto a amar, de verdade, é capaz de se manter ao lado de quem tanto quer, na alegria e na tristeza, na saúde e na doença... Amando e respeitando até que a morte os separe.

– E será que ela os separa, Giovanna?

Giovanna recuou o rosto, lançando um olhar admirado para o seu interlocutor.

– Como assim, Evaristo?

– Bem... – respondeu ele, abrindo um sorriso de satisfação. – Na prisão havia tempo demais para eu me ocupar com as minhas lembranças e ressentimentos pelo que fiz ou deixei de fazer antes de chegar ali. Foi então que o carcereiro apareceu, oferecendo livros doados pela comunidade, para que os prisioneiros entretivessem seu tempo ocioso. Resolvi ler um e fui surpreendido pelo fascinante mundo da literatura. A maioria tratava de romances mediúnicos.

– Mediúnicos?!

– Sim, também chamados de romance espírita.

– Já ouvi falar.

– Pois bem, o primeiro que li era tão fascinante que me estimulou a ler outros e também conhecer a doutrina espírita. Foi aí que eu me deparei com uma das obras mais interessantes já escritas pelo homem: O Livro dos Espíritos, onde encontramos a mais sensata explicação sobre a realidade da vida. Nunca pensei que alguém pudesse ter ido tão a fundo para explicar o porquê de a vida ser assim para uns e diferente para outros. Desde então, comecei a pedir mais e mais livros para o carcereiro e para aqueles que doavam essas obras para o presídio. Meus amigos de cela, de tanto me verem interessado na leitura, começaram a ficar curiosos para saber o que havia de tão intrigante nos livros que eu mal podia parar de ler. Comecei a contar e eles acabaram estimulados a lê-los também, assim, passamos a dialogar sobre os temas abordados ali, tornando menos sofridas nossas vidas tediosas naquela cela. A doação desses livros nos deu a oportunidade de descobrir um universo a que muitos têm acesso, mas jamais se permitem conhecer.

– Nossa! – exclamou Giovanna. – Sinto-me arrepiar de emoção só de ouvi-lo falar.

– É de se arrepiar mesmo, Giovanna. Até hoje agradeço a Deus por ter me feito descobrir o mundo fascinante da literatura. Você acredita que outros presidiários, de tanto nos ouvir falar a respeito do que líamos, também começaram a se interessar pela leitura? Quando nos encontrávamos nas dependências de fora da prisão, para respirar ar puro e tomar sol, dividíamos opiniões do que líamos e, assim, suavizamos o marasmo dos dias que passávamos ali.

Ele tomou ar antes de acrescentar:

– É lógico que havia aqueles que caçoavam de nós por ler, chamando-nos de maricas e outros nomes piores. Mas aprendemos a ignorá-los, quem saía perdendo por não ler, eram eles, não nós.

– Quer dizer que o universo dos livros fez diferença na vida de vocês?

– Sim e, por isso, quando você me disse há pouco "...Amando e respeitando, até que a morte os separe...", eu respondi: "E será que ela os separa?"... Disse porque não acredito mais que a morte seja o fim. Tampouco um eterno paraíso, simplesmente. Penso hoje que a morte é uma passagem entre dois mundos, duas vidas, duas etapas. E que por amor, quem se ama pode voltar a se unir nessa nova fase da vida.

— Eu já ouvi muito falar disso também, mas nunca pus fé. Na verdade, fé é algo que nunca foi meu forte.

— Pois Giovanna, minha querida, eu aprendi a ter fé. Fé lúcida.

— Lúcida?!

— Sim. Quando percebi que estava guiando a minha fé para que eu e você voltássemos a ficar juntos, percebi que estava fazendo um mau uso dela.

— Mau uso?

— Sim. Não podemos pôr fé em algo que para acontecer é preciso que a vida do outro saia dos eixos.

— Não entendi, explique-se melhor.

— Eu quis, no íntimo, que estivéssemos juntos novamente, lado a lado. Só que para isso acontecer, você, uma mulher casada, teria de terminar seu casamento. Se fosse feliz, casada, como isso poderia acontecer? Não tenho o direito de estragar a felicidade alheia, ninguém tem. Além do mais, você já tinha um filho, que bondade seria a minha em querer ter você de volta ao meu lado, destruindo um lar? Portanto, nossa fé deve ir até onde a felicidade do outro permanece intacta. Tudo aquilo em que pomos fé e, para acontecer, prejudica a vida do próximo, é uma fé indevida. Das trevas. A fé tem de ser sempre em algo que favoreça todos, sem ferir ninguém.

— Acho que entendi.

— Jamais podemos realizar nossos sonhos, destruindo os dos outros. Sonhos bons são aqueles que se realizam sem destruir nenhum alheio. Sonhos profissionais e afetivos.

— Mas é tão difícil, não?

— Pode ser, o que importa mesmo é saber que, no final, somos, fomos e sempre seremos uma pessoa digna e de caráter... Que se respeita e respeita o próximo.

— Mesmo que o outro não o respeite?

— Mesmo assim. Porque se você perder a sua dignidade e caráter porque o outro não faz questão de ter, você se rebaixou ao mesmo nível dessa pessoa.

– Percebo que você aprendeu muito, Evaristo, e tem muito para me ensinar.

– Posso, sim, dizer que aprendi muito com os livros, mas é na prática que descobrimos se realmente aprendemos. Porque ler, falar e pregar são coisas completamente diferentes de agir. Assim como a oração que sem ação, também não surte efeito. Tanto que a palavra oração é a junção dos verbos orar e agir, o que significa que devemos orar, agindo em seguida.

– Nossa! Nunca havia me dado conta disso!

Ele sorriu, ela sorriu, apreciando, mais uma vez, face a face, o quanto era bom estarem novamente lado a lado, sentindo o mesmo amor que os unira no passado.

– Diga-me, Evaristo – perguntou ela, a seguir –, depois de tudo que leu, será que podemos realmente encontrar o perdão de Deus, após tantos erros cometidos ao longo da vida?

– Por que não, Giovanna?

– Espero mesmo que isso seja possível, porque cometi diversos pecados.

Foi então que Cirilo os encontrou.

– Giovanna – chamou ele, olhando curiosamente para o homem ao seu lado.

– Cirilo! – exclamou ela, verdadeiramente feliz por vê-lo. – Veja só quem o destino me fez reencontrar esta noite. Evaristo, aquele que foi meu namorado antes... bem... você o conheceu quando esteve em casa a pedido de minha mãe, lembra-se?

– Oh, sim... Como vai?

Os dois se cumprimentaram muito cordialmente.

– O circo é formidável, parabéns! – elogiou Evaristo com sinceridade.

– Obrigado. Em nome de todos, eu lhe agradeço.

– Estou impressionado também com Giovanna, por ter se tornado a vítima, entre aspas, do atirador de facas. Eu jamais teria coragem...

– O que prova que Giovanna é realmente uma mulher muito

corajosa. Admiravelmente corajosa.

— Sim, o que me deixa muito orgulhoso dela.

— Que nada – corou Giovanna, diante dos elogios.

— Verdade – reafirmou Evaristo. – Poucas teriam a sua coragem.

Ela fez uma careta gozada e respondeu:

— Quando não nos resta muito mais na vida, coragem para viver é o dom mais precioso que uma pessoa pode encontrar dentro de si.

Dali, Cirilo conduziu Evaristo para outras dependências do circo, apresentando os demais integrantes do espetáculo.

Mais tarde, naquele mesma noite, Evaristo e Giovanna voltavam a conversar a sós, descontraídos, ao luar.

— Pelo visto, o Espiritismo lhe fez bem.

— Sim, Giovanna. Estudando a espiritualidade tenho encontrado muitas respostas a minhas indagações mais íntimas. Hoje posso ver lados da vida que antes eu não via. Aprendi também a elevar meus pensamento e agradecer intimamente a Deus pelo simples direito de viver.

A mudança de Evaristo se devia à intervenção dos amigos espirituais que passou a confiar nos últimos tempos.

— A vida tem mesmo me ensinado muitas coisas, Giovanna – continuou ele, levemente emocionado. – Meus erros me ensinaram muito mais do que os acertos. Fizeram-me valorizar todas as coisas boas que a vida me deu e continua me oferecendo, tal como minha mãe, uma mulher maravilhosa, meu pai, um homem magnífico, minha família, composta de irmãos queridos, além dos amigos que contribuem também para a minha alegria de viver. Com tudo isso descobri que sou uma pessoa feliz. Ainda sou feliz, apesar do meu maior erro cometido.

Havia um entusiasmo juvenil em sua voz quando ele lhe perguntou:

— Poderíamos começar tudo de novo, o que acha?

A sugestão tomou-a de súbita euforia:

– Sim, seria ótimo!

Ele entrelaçou sua mão à dela e a beijou, inesperadamente.

– Ah, Evaristo, que bom termo-nos reencontrado. Foi uma surpresa do destino, uma boa surpresa, finalmente.

– Sim, uma surpresa maravilhosa, Giovanna... Uma surpresa que no fundo foi sempre muito almejada por mim.

– E por mim também.

– Então, tudo o que o destino fez foi realizar nossos mais íntimos desejos.

– É o que parece.

E novamente eles se beijaram e se abraçaram, sentindo-se completos lado a lado. Duas almas, um só destino, duas almas, numa só, dois versos num só verso do infinito. Em silêncio ficaram por quase dois, três minutos, até ele admitir:

– É tão bom poder abraçá-la novamente e beijá-la, saber que será minha outra vez, só minha...

Ela apreciou suas palavras, suspirando fundo e se agarrando ainda mais forte a ele. Somente quando o silêncio bastou é que ela, procurando firmar a voz, admitiu:

– Sabe, Evaristo, depois de tudo o que me aconteceu, não tenho mais casa para voltar... Este circo acabou se tornando a minha única morada. E devo tudo ao Cirilo por estar aqui, hoje. Se ele não tivesse insistido para eu vir com ele para cá, sei lá o que teria sido de mim. Sei lá onde eu estaria morando hoje. Provavelmente na sarjeta ou debaixo de uma ponte.

– Que bom que o ouviu!

– Sim. Ele foi formidável. Por isso lhe sou muito grata. Ainda custa-me a acreditar que, mesmo depois de eu ter pisado nele, tirado-lhe a herança que lhe cabia, ele continuou se mostrando solidário a mim, como um verdadeiro irmão amoroso e fiel.

– É tão bom quando as pessoas nos surpreendem com gestos bondosos, não?

– Sim, sem dúvida.

Pausa e ele disse:

– De qualquer modo, este circo seria o melhor lugar para

ficarmos, por enquanto. Afinal, acho que você não se sentiria bem, voltando para Laranjeiras, não depois de tudo o que passou por lá.

– Não, mesmo!

– Além do mais, minha mãe, minha família em geral, não a veria com bons olhos. Ela não lhe perdoa por não ter me esperado sair da prisão.

– Eu sei. E não os condeno, Evaristo. Fiquemos mesmo, por enquanto, morando no circo, até que tenhamos um rumo melhor para destinarmos nossas vidas.

– Isso, se o dono do circo me aceitar morando aqui.

– Se você se oferecer para fazer algum serviço, pode ser que ele o aceite.

– É, não custa tentar.

E assim foi decidido.

Sendo aquela cidade, uma boa praça, Savério Constanzo decidiu permanecer ali, com o circo, por um período mais longo do que o habitual, dando tempo suficiente para Evaristo, Giovanna e Cirilo participarem da audiência sobre a guarda do pequeno Igor, em Arapanés.

– Igor! – exclamou Giovanna ao rever o menino, abraçando-o e se derramando em lágrimas. – Filho, que saudades!

O garoto, também chorando, retribuiu o abraço caloroso.

– Você já está um homenzinho – Giovanna o elogiou, olhando-o com admiração.

E novamente repetiu o abraço. O reencontro de Cirilo com Igor também foi comovente. A seguir, apresentaram-no a Evaristo que também se mostrou muito simpático ao menino.

Giovanna fez uso de uma peruca e óculos diferentes das que usava, para evitar ser reconhecida pelos moradores da cidade, pelo menos de imediato. Temia ser expulsa dali, novamente, a pedradas. Do jeito que se vestira, ninguém ali suspeitaria que ela era a mesma mulher que se passou por cega, no passado, para viver da caridade alheia. Só mesmo um sujeito se mantinha atento a ela, e de forma muito discreta: era Célio dos Santos, irmão de Rocco, o jovem que fora violentamente acredito por Alcebíades Vilar no passado.

Durante a audiência, Cirilo defendeu Giovanna de todas as formas, responsabilizando-se por qualquer ato escuso que ela pudesse vir a cometer doravante. A audiência terminou com o juiz, devolvendo a guarda do filho para a mulher que tanto o amava. Giovanna não se conteve, explodiu de alegria e felicidade. Só mesmo uma mãe poderia compreender o que aquele momento significava em sua vida.

A chegada do menino ao circo foi recebida por todos com grande entusiasmo. Afinal, já o conheciam de outrora, quando sensibilizados pelo seu carisma. Para Igor, ver sua mãe tomando parte do espetáculo foi, sem dúvida alguma, o ponto mais eletrizante de sua ida para lá.

– Mamãe, a senhora estava fabulosa! – elogiou-lhe o garoto.

– Você gostou, meu filho? Muito obrigada. Faço o que faço por você. Para que sinta orgulho de mim.

E mãe e filho se abraçaram, felizes, mais uma vez, por estarem novamente juntos.

Enquanto isso, noutra cidade do país, Wanderleia seguia de carro para a casa de uma amiga, quando avistou o marido, entrando numa casa nas imediações. Imediatamente ela parou o carro em frente ao local e aguardou por sua saída. Chocou-se, ao avistá-lo se despedindo de uma moça, que lhe pareceu ser bem íntima sua. Logo após ele partir, sem se deixar ver, Wanderleia desceu do veículo e foi até casa da fulana tirar-lhe satisfações.

A moça, ao vê-la em frente ao portão de sua casa, entregou-se no mesmo instante pelo olhar. Tanto que Wanderleia voltou para o carro, sem precisar confirmar o que suspeitava. Ao contar ao marido o que descobriu, ele, depois de muito negar que estivesse tendo um caso extraconjugal com a moça, acabou admitindo que "sim", entre lágrimas:

– O que você queria, Wanderleia? – explodiu, chorando. – Que eu suportasse calado sua indiferença para com a minha pessoa? Você nunca me amou. Não como eu a amei. Chega um ponto que o homem cansa de devotar o seu amor e não recebê-lo em troca. Qualquer um cansa!

Ela permanecia calada, surpresa com a sua reação.

— Eu vou me afastar dela, Wanderleia. Se for isso o que você quer, para que sejamos felizes, finalmente felizes, afasto-me dela!

E ele lhe pareceu muito sincero, tão sincero que a deixou comovida e com pena de sua pessoa.

Dias depois, Wanderleia tinha novo choque com a realidade. Descobria que o marido tivera um filho com a amante. Algo que o manteria preso a ela para sempre. O choque foi demais, especialmente pela revolta que sentiu contra si mesma, por ter caído na lábia de seu pai e de sua tia para se casar com ele.

— Quero a separação, Danilo! — disse ela, sem rodeios, assim que se encontrou com ele, no mesmo dia em que descobriu tudo. — Eu já sei de tudo, sobre seu filho com a outra, não adianta negar. Dê-me a separação, é só o que eu exijo.

Ele, enfrentando-a pelo olhar, não se deixou intimidar. Respondeu com audácia:

— Você está se aproveitando desse meu pequeno deslize, Wanderleia, para me pedir a separação, que foi sempre sua intenção, há muito tempo.

— Pequeno deslize?

— É!

— Ora, por favor, Danilo. Não se faça de bobo, não para cima de mim. Posso ser de circo, mas palhaça eu nunca fui!

Ele novamente sustentou sua postura de vítima da situação.

— Se você quer tanto a separação, eu lhe darei, não se preocupe. Mas saiba, desde já, que vou usar todos os recursos para ficar com a guarda dos meus filhos. Não permitirei que morem num circo, jamais!

— Eu sei. Não vou me opor. Não tenho dinheiro para isso,

tampouco quero ver nossos filhos se submetendo a audiências e toda essa baboseira que permeia pais em desacordo, durante um processo de separação.

Ele, rindo, respondeu:

– Se bem que acho que nossos filhos jamais aceitariam morar num lugar tão sem conforto como aquele. Longe de todas as maravilhas que esta casa pode lhes oferecer.

– Seja como for... – foi tudo o que ela disse por saber que assim seria mais fácil para todos os quatro envolvidos naquela situação.

Danilo não esperava que ela fosse aceitar suas exigências tão de pronto, acreditou que pelos filhos, ela voltaria atrás na sua decisão de se separar dele, o que não fez, por estar determinada a ser feliz, verdadeiramente feliz de uma vez por todas.

A parte mais difícil para ela, em tudo aquilo, foi, sem dúvida alguma, ter de se despedir dos filhos.

– Vou voltar para o meu lugar de direito, meus amores – explicou ela para ambos, com lágrimas nos olhos.

– A senhora quer dizer... o circo? – indagou o filho mais novo.

– Sim, Cláudio. Lá estão minha gente, minhas raízes, meu pai, tudo mais que tanto amo na vida, além de vocês, é claro.

– Mas e o papai?

– Você e seu irmão ficarão com seu pai, como ele tanto quer, e poderão ir me ver sempre que puderem.

– Eu gostaria de ficar com a senhora.

– Meu querido, durante suas férias você ficará. E nos divertiremos um bocado por lá. Só não se esqueça de que a vida no circo não tem todos esses luxos e conforto a que você e seu irmão estão tão acostumados. Lá, dormimos em barracas de zinco ou trailers, e tomamos banho num banheiro improvisado. As refeições, fazemos juntamente com todos os demais que trabalham ali e, bem... Não sei se você se acostumaria a essa vida, estando acostumado à vida que leva aqui desde garoto. Eu me acostumo, porque nasci no circo, cresci ali, amo viver ali até hoje.

Novamente, mãe e filhos se abraçaram e muitas lágrimas rolaram diante daquele momento tão difícil para os três. O único a se manter de olhos secos, foi Danilo, que se esforçou ao máximo para não deixar transparecer fragilidade diante do que estava acontecendo.

Quando Savério Constanzo avistou a filha, chegando ao circo, levada por um carro de praça, chocou-se.

— Você aqui, Wanderleia? O que houve? — perguntou, assustado.

Ela, com lágrimas nos olhos, procurou encará-lo, ainda que fosse dolorido demais rever a face daquele que tanto a fez sofrer.

— Precisamos conversar, papai. No trailer, por favor.

Nem um da trupe que a viu chegar, ousou se aproximar dela, ao perceber seu estado.

— Essas malas, Wanderleia... — exaltou-se Savério Constanzo. — Para que essas malas? Cadê seu marido? E seus filhos? Você não cometeu nenhuma besteira, cometeu?

Assim que se fecharam no trailer, ela respondeu às suas perguntas:

— Não, papai, eu não cometi nenhuma besteira. Foi o senhor quem cometeu, anos atrás, ao negar-me o direito de ler as cartas que Cirilo me escrevia. Fazendo-me pensar, equivocadamente, que ele não mais me desejava como sua esposa.

— Ele não a merecia, filha. Nem você a ele.

— O senhor nunca esteve dentro de mim, alojado em meu coração, para saber o que seria melhor para mim. Para compreender o tamanho do meu amor por ele.

— Amor, Wanderleia? O que você poderia saber de amor sendo uma adolescente inconsequente?

— O senhor, na adolescência, poderia não saber o que era o amor, mas eu sempre soube, desde menininha, toda vez que me via diante de Cirilo.

— Eu quis uma vida farta para você, Wanderleia.

— E o senhor acha mesmo que conseguiu me dar fartura, fazendo-me casar com Danilo Demóstenes?

— Eu só queria vê-la feliz!

— E quando foi a última vez que o senhor me viu feliz, meu pai? Quando?!

Ela tomou ar antes de concluir:

— Ao lado de Danilo, eu nunca fui feliz, papai. Não como eu era, vivendo aqui, ao lado de todos que se tornaram a minha família. Especialmente junto de Cirilo que se tornou meu único e verdadeiro amor.

Forte emoção a fez tremer, ao se recordar da outra mentira que o pai e a tia inventaram para afastá-la do rapaz.

— O senhor e a titia foram capazes de inventar que o senhor estava muito mal de saúde para me convencerem a me casar com Danilo, só para agradá-lo.

Savério desconversou:

— Danilo foi um homem bom para você e é isso o que importa. Deu-lhe dois filhos maravilhosos e uma condição financeira invejável.

— Mas não me deu a felicidade e nem eu pude dar-lhe. Tanto que ele arranjou uma amante. E com ela chegou até a ter um filho.

— O quê?!

— É isso mesmo o que o senhor ouviu! Nem eu, nem ele fomos felizes. Por isso o nosso casamento acabou, nos separamos.

— Não, isso não.

— Sim, papai.

— E seus filhos, Wanderleia?

— Eles vão seguir o caminho deles quando crescerem, o que não leva muito tempo, e eu e Danilo logo seremos pessoas em suas vidas, que serão vistas esporadicamente.

O homem estava sem fala.

— Diga-me, papai, com sinceridade. A mamãe alguma vez lhe pediu mesmo para que me afastasse dessa vida de circo? Ou tudo isso foi mais uma invenção da sua cabeça?

O homem nem precisou responder, a resposta saltou-lhe aos

olhos, envergonhados, fugindo dos dela.

– Foi o que eu pensei.

Houve uma nova pausa até ele, rompendo-se em lágrimas, dizer, em tom de lamento:

– Você vai se arrepender amargamente do que está fazendo, Wanderleia. Ouça o que eu lhe digo.

– Se eu me arrepender, papai, eu me viro. Já sou bem crescidinha para isso.

Sem mais, ela ajeitou suas coisas num canto e deixou o trailer.

Assim que todos reviram Wanderleia, a alegria foi geral. Abraços e beijos foram trocados e, então, ela pôde finalmente contar a todos a respeito de sua volta para o circo. Ovação geral.

– Onde está o Cirilo? – perguntou ela, a seguir.

Foi Lúqueo quem respondeu:

– Ainda está na frente do circo, Wanderleia, tirando algumas fotos com a garotada.

Ela, sorrindo de ponta a ponta, respondeu:

– Eu vou até lá.

Nem bem ela deu um passo, Waldick Giordano a chamou:

– Wanderleia, espere! Tenho uma sugestão para você.

Ao seu ouvido, explicou. Adorando a ideia, ela foi compartilhada com os amigos que imediatamente se juntaram para pô-la em prática.

Cirilo terminava suas gentilezas para com o público, quando Lucinda, acompanhada de Lúqueo, apareceram, chamando por ele.

– Dê-me a mão, meu amigo – disse a anã, estendendo-lhe a mãozinha.

Cirilo, muito divertidamente, respondeu:

– Não sei se devo, seu marido pode não gostar.

Lúqueo tossiu, fazendo pose de zangado. Tudo encenação, só para diverti-los. Ao adentrarem o circo, Cirilo se espantou, ao ver toda a trupe reunida, sentada nos camarotes.

325

— Epa, o que está acontecendo aqui? – estranhou ele, olhando enviesado para todos.

Foi Waldick quem respondeu:

— É que hoje, meu amigo, eu vou fazer uma mágica muito especial para todos aqueles que acreditam que o amor, o verdadeiro amor, pode realmente triunfar no final.

— Uma mágica, é? Vocês estão tirando uma de mim, hein?

— É sério – continuou o mágico. – Sente-se aqui.

Para lá, os anões conduziram Cirilo, que ocupando uma das cadeiras, procurou entrar no clima, dizendo:

— Olha, aqui, Giordano. Se esse seu novo truque não for bom, eu vou lhe arremessar uma torta na cara, durante o meu número de palhaço.

— Combinado! – exclamou o mágico, abrindo um sorriso amistoso.

Voltando-se para a pequena e restrita plateia, Waldick Giordano deu início a sua apresentação:

— Senhoras e senhores, vou escolher um dentre todos vocês para me ajudar a realizar a mágica mais fantástica já vista pela humanidade. Nem Houdini foi capaz de fazer igual.

Todos aplaudiram e o mágico prosseguiu, relanceando os olhos para cada um dos presentes.

— Vamos ver... Quem vou escolher? – ele mirou o rosto de um por um até chegar ao de Cirilo. – Você!

Cirilo riu e Waldick insistiu, empolgado:

— Sim! Você, meu rapaz! Você foi o escolhido!

Cirilo tornou a rir.

— Diga-me, você acreditaria se eu lhe dissesse que nessa caixa preta se esconde a pessoa que você mais ama na vida?

Tratava-se de uma caixa retangular, feita de madeira, e pintada de preto, usada para o número de separar uma mulher em duas partes.

— Lá vem – riu Cirilo ainda mais.

— Não duvide do meu poder.

— Oh, não, grande mágico – zombou Cirilo com bom humor.

– Pois eu afirmo para você, que nesta caixa, está a pessoa que você mais ama na vida!

– Sei...

– Duvida? Que rufem os tambores!

Todos ali fizeram som com a boca e foi então que uma música romântica começou a tocar na vitrola que o circo usava para fazer a sonoplastia dos números. Cirilo, ainda se divertindo com tudo, mal podia imaginar o que estava prestes a acontecer.

Quando Waldick Giordano abriu a caixa e ele avistou Wanderleia dentro dela, Cirilo imediatamente saltou da cadeira, ficando em pé, em estado de alerta.

– Wan... – Ele não conseguiu terminar a frase. Não podia ser ela, só podia ser mesmo um truque.

– Ainda duvida do que seus olhos veem, meu rapaz? – tornou Waldick, pegando a mão da moça e a conduzindo para fora da caixa retangular.

Cirilo, frisando os olhos, como quem faz para enxergar melhor, exclamou, estupefato:

– Não pode ser... Não pode!

– Mas é! – retrucou Waldick, todo pomposo. – Eu lhe disse que minha mágica era boa, meu rapaz. A melhor que você já havia visto em toda a sua vida!

Uma salva de palmas ecoou a seguir, despertando Cirilo, de vez, para a realidade.

– Sou eu mesma, Cirilo – falou Wanderleia, finalmente. – Não é ilusão, tampouco um sonho. Sou eu mesma, em carne e osso.

Cirilo já não sabia mais se ria ou se chorava de emoção. Cada um dos presentes se retirou então do local, para deixar os dois mais à vontade.

Levou ainda alguns segundos, em absoluto silêncio, até que ele dissesse, quase sem perceber:

– Você aqui, Wanderleia?... Estou surpreso e sem palavras... O que está acontecendo? Que brincadeira é essa?

Lentamente eles se aproximaram um do outro e só depois de ficarem se admirando, por quase dois minutos, olhos nos olhos, ela o tocou e disse:

– Voltei, Cirilo. Voltei para o circo e para você, meu amor.

– Você, o quê?! Não pode ser, não faz sentido. E seu marido e seus filhos, Wanderleia? E eles?

– Eu e Danilo nos separamos. Eu não o amava. Pensei que o amaria, mas não consegui. Por isso ele arranjou outra mulher e com ela teve até um filho.

– Quer dizer que vocês realmente se separaram?

– Sim. Nossos filhos ficaram com ele. Será assim doravante. Achei melhor deixá-los com ele, talvez não se acostumassem a esta vida de circo, como eu e você tanto nos acostumamos.

– Então é mesmo verdade que você...

– Sim, Cirilo. Voltei para ficar.

Ela aproximou seu rosto do dele e com os lábios juntos ao seu ouvido direito, completou:

– Jamais, por momento algum dos anos em que passei longe de você, eu esqueci o nosso amor.

Ele, com lábios trêmulos também admitiu:

– Eu também, Wanderleia. Jamais deixei de pensar em você por um minuto sequer.

Ela com um sorriso de quem pede desculpas, disse:

– Desculpe-me por ter demorado.

Pela primeira vez ele sorriu, enquanto seus olhos pareciam duas cascatas a derramar lágrimas de amor e felicidade.

– Eu sabia que esse dia chegaria – admitiu ele, com voz embargada. – Sempre acreditei nesse momento. Só não esperava que demorasse tanto. Já estava desesperado. Parece até que levou séculos para que acontecesse.

– O importante é que estamos juntos, Cirilo, e, desta vez, para sempre.

Ele chorou ainda mais, enquanto ela, sorrindo, linda e comovida, estendeu-lhe a mão e disse:

– Dança comigo?

– Dançar?

– É. Sei que é geralmente o homem quem tira a mulher para

dançar, mas... Acho que não se importa que eu o faça esta noite.

– Não, não... em absoluto.

Assim que ele pegou a mão dela, ela o puxou para junto dela e o envolveu em seus braços.

– São dois pra lá, dois pra cá – sussurrou ao seu ouvido, procurando envolvê-lo no ritmo da canção.

– Sim, eu sei...

Então ele parou o que fazia, recuou o corpo, olhando assustado para ela e disse:

– Ei, espere um minuto! Se seu pai nos vê juntos...

Ela o calou, pondo delicadamente o dedo indicador sobre seus lábios bonitos:

– Shhh.

– E-eu...

– Acabou, Cirilo. Agora somos somente eu e você, nada mais...

E ele não conseguiu resistir a sua voz, ao seu tom, ao seu olhar bonito e concentrado no seu.

– Somente nós...

– Na alegria e na tristeza.

E novamente ele sorriu para ela, lindamente e a envolveu em seus braços, deixando-se ser levado novamente pelo ritmo da canção que ecoava pelo local.

– Agora somos só eu e você, Cirilo, nós dois e a felicidade. Nós dois e este circo maravilhoso, com cheiro de pipoca, algodão doce, cachorro-quente e maçã do amor.

Ele intensificou o abraço, como se sua vida dependesse dele. Depois de lhe contar resumidamente tudo que descobriu por meio de Giovanna Marinelli e do caso extraconjugal de Danilo, Cirilo quis saber:

– E quanto aos seus filhos, Wanderleia? Morando aqui, você vai sentir muita falta deles.

– E eles de mim. Mas terá de ser assim de agora em diante. Eu aqui e eles lá, com o pai deles. Nos veremos sempre que possível, certamente, mas... Que Deus proteja nós três, vivendo dessa forma.

Digo, a mim e aos dois.

– Ele há de protegê-los, Wanderleia. Sempre!

Suas palavras fizeram-na se agarrar ainda mais a ele, como se fosse seu porto seguro, sua âncora no mar turbulento da vida.

Assim que teve oportunidade, Wanderleia agradeceu Giovanna pelo que fez por ela e, consequentemente, por Cirilo.

– Vocês sempre se amaram – respondeu Giovanna com seu jeito direto de ser. – Não era certo se manterem separados por mentiras e interesses alheios.

Wanderleia sorriu e a abraçou, carinhosamente, verdadeiramente agradecida pelo seu ato corajoso em prol de sua união com Cirilo.

Um mês depois de Wanderleia voltar para o circo, Danilo Demóstenes apareceu no local.

– Danilo?! – surpreendeu-se ela, ao vê-lo com o filho mais novo ao seu lado. Imediatamente ela abraçou o menino e o cobriu de beijinhos calorosos.

– Eu tive de trazê-lo, Wanderleia – explicou-se Danilo sem meandros. – Nosso filho não comia mais, não dormia mais, só falava de você. Então, antes que eu o perdesse, para a tristeza que devastava o seu interior, decidi trazê-lo para cá. É ao seu lado que ele quer ficar, não do meu. Cansei de lhe dizer o quanto a vida aqui é diferente da que levamos na cidade, mas ele parece não se importar. Vamos ver até quando ele aguenta ficar morando com você aqui.

– Quer dizer que ele vai ficar comigo?

– É isso mesmo.

Ela, de tão feliz, abraçou Danilo e lhe deu um beijo na bochecha.

– Obrigada, muito obrigada.

Ele, muito secamente, respondeu:

– Só fiz isso pelo bem-estar do menino. Por ser meu filho, quero o bem dele.

– Sim, eu sei. De qualquer modo, obrigada.

Logo depois de ela obter informações sobre o filho mais velho, ambos se despediram. Ela já ia se afastando, enlaçada ao pequeno Cláudio, quando Danilo, muito seriamente lhe perguntou:

– Você está feliz, Wanderleia? Digo, finalmente feliz por ter voltado para este lugar?

O sorriso dela, de ponta a ponta, respondeu mais do que mil palavras.

E foi assim que Cláudio Constanzo Demóstenes foi morar com a mãe no Esputinique. Ao saber que o neto optara por aquela vida, Savério Constanzo, pela primeira vez começou a pensar que a vida ali não era de todo má. Nem sempre o que é ruim para uns é visto como ruim pelos outros. Foi mais uma das lições que a vida lhe ensinou.

Logo, Cláudio Demóstenes se tornou amigo de Igor e juntos brincavam pelo circo e adoravam os palhaços, especialmente Cirilo como João Balão.

Capítulo 37
Causa e efeito

Ao chegarem a uma nova cidade, Evaristo começou a ficar incomodado com a estranha sensação de que algo de ruim iria lhes acontecer. Sentia, e a cada momento, com maior intensidade, o mal se aproximando deles, porque já o conhecia de outrora. O que fazer? Alguém, em alguma parte, estava em perigo. Mas, quem?

– Você anda tenso, meu amor. O que há? – perguntou Giovanna, percebendo sua inquietação.

– Ando mesmo, Giovanna... Com uma sensação esquisita aqui no peito, sabe?

– Deve ser cansaço. Você não era acostumado a essa vida circense antes.

– É, pode ser.

Os dois se beijaram e cada um voltou a se ocupar com os preparativos para o espetáculo da noite.

Foi enquanto todos se maquiavam e vestiam suas roupas e fantasias coloridas para seus números performáticos de logo mais, que uma figura misteriosa invadiu discretamente as dependências do circo, sem que ninguém a notasse. Já estivera ali antes, nas imediações, espionando de longe e também de perto, as dependências do Esputinique, por isso sabia bem que direção tomar para chegar rapidamente à cabana onde Nilvan se preparava para o espetáculo de cada noite.

Quando o domador e também atirador de facas, foi surpreendido pela chegada do estranho, ele demorou a perceber que se tratava de um sujeito hostil e perigoso. Quando deu por si, o intruso já o havia golpeado na altura da nuca, o que o deixou, certamente, desacordado por alguns minutos. Ao voltar a si, encontrava-se amordaçado e de braços atados às costas. Por mais que se agitasse não conseguia se soltar.

O sujeito, vestindo suas roupas, máscara e tudo mais que fazia parte da sua indumentária de atirador de facas, voltou-se novamente para ele e sorriu.

– Justiça será feita essa noite – declarou, parecendo muito orgulhoso do que dizia.

– Hum-hum... – resmungou Nilvan, querendo muito gritar por socorro.

– Não se preocupe – arrematou o sujeito. – Eu só quero fazer justiça. Só isso, nada mais!

E diante dos olhos horrorizados do atirador de facas, aquele que se passaria por ele naquela noite, deixou a barraca.

O que pretendia aquele mau-caráter?, perguntou-se Nilvan, enquanto tentava se soltar. Ninguém suspeitaria que por trás da roupa de atirador de facas, havia um maluco, um provável delinquente. Foi então que ele se lembrou de Giovanna, do perigo que ela estava correndo nas mãos de um impostor que sem ter experiência com o arremesso das lâminas, certamente acabaria ferindo-a, podendo até mesmo matá-la.

Só então Nilvan percebeu que o sujeito só poderia estar mesmo atrás de sua partner. E enquanto todos socorressem Giovanna, o farsante fugiria rapidamente do picadeiro, tirando a roupa usurpada em algum lugar estratégico, pois sem ela, ninguém o ligaria ao que acabara de acontecer.

Nilvan se desesperou ainda mais ao chegar a essas conclusões. Sendo assim, ele tinha de fazer alguma coisa para avisar Giovanna, a tempo de salvar sua vida. Para isso, ele continuou tentando soltar suas amarras e mordaça.

Enquanto isso, o sujeito seguiu para trás da cortina do picadeiro, aguardando o momento propício para dar início ao seu número. Diante da agitação de todos ali, sempre num corre-corre danado, ninguém se ateve à imagem de Nilvan, para perceber que ele não era ele, e, sim, um estranho se passando por ele.

Giovanna, como sempre, estava tão entusiasmada com o número que também não se ateve ao parceiro. Cada qual tomou sua posição no picadeiro enquanto a plateia assistia a tudo com olhos vidrados.

Foi Lucinda quem percebeu que havia algo de errado na barraca de Nilvan, ao passar por lá. Um estranho gemido ecoava pelo interior do local, o que fez ir ver o que era. Ao avistar o atirador de facas e também domador, amarrado e amordaçado, estremeceu.

– Nilvan, o que é isso?

Rapidamente ela correu atrás de Lúqueo que correu para lá, seguido de Palerma. Assim que tiraram a mordaça da boca de Nilvan, ele, desesperado, falou:

– Um louco me prendeu aqui!

– Um louco?! – espantaram-se todos.

– Sim!

– Mas se você está aqui, Nilvan – perguntou Palerma a seguir –, quem está lá no picadeiro ocupando o seu lugar?

– O louco, oras!

Ele levantou-se num salto e correu até Cirilo.

– Nilvan?! – espantou-se Cirilo ao vê-lo. – Se você está aqui...

–Um louco está lá no picadeiro se passando por mim, Cirilo. Isso significa que Giovanna está em perigo.

– Giovanna?! – exclamou Cirilo, horrorizado.

Evaristo, ao percebeu o que realmente estava se passando ali, concluiu:

– É ela que o maluco quer, Cirilo! Quer Giovanna!

Imediatamente os três homens correram para lá.

Nesse ínterim, o impostor já havia arremessado sua primeira faca, não acertando Giovanna por pouco. A próxima novamente passou raspando por ela, e a seguinte, por pouco não acertou sua orelha, causando finalmente preocupação na mulher.

– Nilvan – murmurou Giovanna, prestando melhor atenção a ele.

Nova faca.

– Nilvan – chamou ela, erguendo um pouco mais a voz.

Outra faca.

– Nilvan! – gritou ela, percebendo finalmente que ele não era ele. Tomada de espanto e horror ela tentou gritar por socorro, mas, dessa vez, o desespero travou-lhe a voz.

Nova faca e outra e mais outra... O desespero era cada vez pior.

Mais uma e mais outra e o perigo se tornava cada vez mais evidente. Ela queria se soltar dali, berrar, gritar por socorro, mas...

Finalmente Evaristo, Cirilo e Nilvan chegaram ao picadeiro. Bem no momento em que o estranho atirava nova faca contra Giovanna, dessa vez, acertando seu alvo como tanto queria: no peito, pouco abaixo do coração. Quando ela se viu se derramando em sangue, o horror se estampou na sua face.

– Giovanna – gritou Cirilo, correndo para ampará-la em seus braços. – Calma! Chamem um médico! Urgente! – berrou.

A plateia saltou da cadeira, horrorizada. Enquanto isso, Evaristo correu atrás do maluco que se passava por Nilvan, que ao se ver encurralado, começou a subir a escada que levava ao trapézio. Evaristo imediatamente o seguiu, sob os olhos atentos da plateia, cujo coração parecia que ia saltar pela boca.

Enquanto isso, Giovanna, estirada ao chão, com Cirilo ao seu lado, chorando, dizia:

– Cirilo...

– Não diga nada, Giovanna, não se esforce.

– Ouça-me, Cirilo, por favor. Não tenho muito tempo.

– Acalme-se. Nós vamos levá-la para o hospital.

– Cirilo, ouça-me.

– Você vai sair dessa, Giovanna. Não se preocupe.

– Não, Cirilo, dessa vez, não! Por isso ouça o que eu tenho a lhe dizer. Tenho um pedido muito sério a lhe fazer.

Ele, penalizado por vê-la naquelas condições tão deploráveis, finalmente lhe deu a atenção devida:

– Diga, o que é? Sou todo ouvidos.

Ela, com muito esforço, respondeu:

– Cuida do Igor para mim, Cirilo, por favor! Ele jamais poderá contar com o pai dele, para nada. O qual nem sei se ainda está vivo. Mas você... Ah, sim, você é como um pai para ele... Portanto...

Ela gemeu de dor.

– Giovanna...

– Promete que vai cuidar dele, Cirilo... Por tudo que há de mais sagrado, promete, por favor!

Ele mordeu os lábios, enquanto seus olhos transbordavam ainda mais de lágrimas.

– Cirilo, por favor...

Ele tomou ar e atendeu ao seu pedido, antes que fosse tarde:

– Está bem, Giovanna... Eu prometo. Por tudo que há de mais sagrado, eu lhe prometo!

– Obrigada. Com você eu sei que ele estará sempre em segurança.

Nisso, um grito irrompeu das alturas do trapézio. Evaristo havia finalmente agarrado o maluco e quando seus olhos se prenderam um ao outro, o mundo girou ao redor dos dois e ambos caíram dali. As mães taparam os olhos dos filhos, diante da cena triste e chocante que se via no meio do picadeiro, dois corpos mortos, esvaindo-se em sangue. Giovanna, então se arrastou até Evaristo, beijou-lhe o rosto já sem vida e declarou, mais uma vez, todo o amor que sentia por ele:

– Eu vou te amar para sempre, meu querido... Mesmo na eternidade, mesmo no infinito, eu estarei sempre te amando. Você foi o homem da minha vida, o único que eu amei de verdade... De quem eu jamais quis me separar...

Sem mais, ela deu seu último suspiro, tal como Evaristo Orciolo e Célio dos Santos, que fora até o circo para se vingar de Giovanna, por ela ter se calado diante da desgraça que aconteceu a seu irmão no passado.

Cirilo chorou ao ver que sua quase irmã, também havia morrido e, de forma tão estúpida e triste como Evaristo e aquele que tentara assassiná-la.

– Está aí um espetáculo a que eu jamais quis ter assistido – comentou com aqueles que se juntaram a ele naquele instante.

– De uma tragédia nasceu outra tragédia – observou Malena, tristemente.

Os homens tiraram o chapéu e colocaram sobre o coração e a trupe do circo chorou tanto quanto no dia em que o incêndio acabou com o circo.

Os corpos de Evaristo e Giovanna foram levados para Laranjeiras, onde foram sepultados no túmulo da família Orciolo. A família só aceitou sepultar Giovanna ali, junto a Evaristo, em respeito ao amor que os uniu de forma tão impressionante e verdadeira.

No cemitério, diante do túmulo, Cirilo pousou seu braço por sobre os ombros do pequeno Igor e disse, carinhosamente:

– Eu vou cuidar de você de agora em diante, Igor. Prometi a sua mãe que estaria sempre seu lado. Como pai e filho. E nós seremos muito felizes juntos. O que acha?

O menino, retribuindo o gesto carinhoso, respondeu, com lágrimas nos olhos:

– Quer dizer que eu vou mesmo continuar morando no circo com você?

– Vai. Até que cresça e decida o que fazer da sua vida. Quando tiver mais idade para isso.

O menino voltou os olhos para o céu e perguntou:

– A mamãe agora está no céu, Cirilo?

– É lógico que está, Igor.

– Um dia eu poderei reencontrá-la?

– Sim, Igor. Um dia...

O moço abraçou o garoto e completou:

– Agora precisamos voltar para o circo, meu amiguinho. Pois o show não pode parar. Porque a vida não pode parar.

Nesse ínterim, na cidade de Arapanés, a população se mantinha chocada com a morte trágica de Célio dos Santos. Sua mãe estava um caco diante do que o filho fora capaz de fazer para vingar seu irmão, agredido anos antes, por ter sido confundido com um traficante de drogas. Uma vingança que acabou resultando na sua própria morte.

– Célio não podia ter feito isso – desabafou sua mãe, mais uma vez, devastada por dentro e por fora. – Aquela mulher que se fingia de cega, não merecia a morte por ter se calado diante do que testemunhou. Quem merecia morrer era Alcebíades Vilar. Ele, sim!

– Mamãe... – tentou falar Rocco, mal conseguindo articular direito as palavras diante de tão forte emoção.

– O que é Rocco?

– Estou pensando em ir falar com o ex-prefeito.

– Aquele demônio? Que destruiu nossas vidas?

– O próprio.

– Por que, Rocco? Por quê?

– Porque depois de tudo que aconteceu ao Célio, à mulher que se fingia de cega e a ele próprio, bem, eu tenho de lhe pedir desculpas.

– Desculpas? Àquele monstro?

O rapazinho fechou os olhos, espremendo-os até doer. Com força da alma, acabou dizendo o que muito precisava:

– Eu tentei dizer ao Célio, por tantas vezes, mas ele nunca me deu oportunidade...

– Dizer, o quê, Rocco? Dizer o quê?! – a mãe se exaltou.

– Dizer-lhe a verdade, mãe. Que não houve engano algum da parte do ex-prefeito. Era eu mesmo quem traficava droga para o filho dele e outros mais.

Os olhos da mulher saltaram.

– O quê?!

– É isso mesmo o que a senhora ouviu. Eu era mesmo o traficante, o "aviãozinho" como muitos chamam àqueles que levam e trazem drogas para todos.

— Você está querendo me dizer que você... Você, o filho que eu criei com tanto amor, por quem eu e seu pai tanto nos sacrificamos para lhe dar do bom e do melhor, acabou se tornando um traficante? Você?!

O rapaz engoliu em seco, enquanto a mãe, arrasada, concluía o seu raciocínio:

— Quando foi que lhe faltou algum dinheiro nessa casa, Rocco? Comida e dignidade? Quando?

Ela tomou ar, exasperada:

— Você destruiu três vidas, Rocco. Três vidas! Matou seu irmão, por ele querer fazer justiça a você, matou a mulher que se fazia de cega, ainda que tivesse agido errado para conosco, e, consequentemente, matou o segundo marido dela, ao tentar defendê-la. E, não foi só isso. Você, por pouco, não se matou ao se envolver com o tráfico de drogas e destruiu de vez, o ex-prefeito, por tentar proteger seu filho desse mundo insano!

E tem mais, Rocco. Você destruiu a mim e ao seu pai. Não sabe a dor que sentimos pela perda do Célio, nunca poderá saber. Não faz ideia também do quanto sofremos por vê-lo em coma, por meses, entre a vida e a morte.

Ela enxugou os olhos e completou:

— Só agora percebo que foi você, pela sua estupidez, o único culpado pela desgraça de todos os envolvidos nestes tristes episódios.

— Me perdoa, mãe. Eu era tão imaturo nessa época. Tão...

— Não, Rocco, eu não lhe perdoo. Depois que inventaram essa história de pedir perdão e ser perdoado, ninguém mais pensa antes de cometer uma besteira que pode prejudicar o próximo e a si mesmo.

O jovem chorou, exasperado, enquanto a mãe, descontrolando-se totalmente, começou a quebrar todos os objetos que havia pela sala.

Como Malena havia dito: de tragédias nascem outras tragédias.

Nesse ínterim, na casa de Alcebíades Vilar, o homem também chorava a sua desgraça, lembrando-se de tudo o que passou por causa de Rocco dos Santos e de Giovanna Marinelli.

– Pai... – chamou-lhe o filho já com 25 anos nessa data.

– Sim, meu querido, o que é?

– Preciso lhe falar, papai.

– Diga.

Levou quase dois minutos até que o mocinho conseguisse realmente dizer o que acreditava ser necessário em respeito ao pai que tanto amor lhe devotava.

– Sabe, o jovem que o senhor agrediu naquela noite? Pois bem, era ele mesmo o traficante.

Alcebíades pensou estar ouvindo coisas.

– O quê?!

– Sim, pai. Era ele próprio quem me vendia drogas. Não lhe disse nada, na ocasião, por medo. Medo de que ele ou outro traficante fizessem alguma coisa contra mim.

– Quer dizer... – o homem estava em choque. – Que durante esse tempo todo eu carreguei indevidamente a culpa pelo que fiz?...

– De qualquer modo o senhor errou ao agredi-lo daquela forma.

– Errei?

– Sim, pai.

– Fiz o que fiz para defendê-lo e protegê-lo! – a frase de Alcebíades saiu num berro. – Por sua culpa, eu quase matei um adolescente e morri na prisão. Por sua culpa minha carreira de político foi destruída. Por sua...

Ele não conseguiu completar a frase, chorou, desesperado.

– Tantas vezes eu aconselhei você a dizer não às drogas. Que aquilo é um caminho sem volta e, no entanto...

– Desculpa, pai...

– Desculpá-lo?

– Sim, eu me deixei levar pelos outros... Por más

companhias.

– Mesmo com seu pai aconselhando-o dia e noite, noite e dia, a evitar as más companhias?

O rapazinho calou-se e abaixou a cabeça, vertendo-se em lágrimas.

– Que decepção, meu filho. Quanta decepção. Por causa do seu ato impensado, tantas vidas foram sacrificadas. Isso não se faz.

Desde então, pai e filho se uniram para fazerem palestras por escolas e demais locais que procuravam conscientizar os jovens a respeito dos danos nocivos das drogas na vida dos jovens e de todos mais envolvidos pelo tráfico.

Para a família do moço assassinado por Evaristo Orciolo, Evaristo morreu daquela forma estúpida como punição pelo crime que cometeu e devastou uma família de boa índole e bom coração. Só mesmo o tempo poderia lhes revelar se aquilo era realmente verdade ou não.

Ao chegar a Nosso Lar, lugar que já tivera conhecimento por meio dos livros psicografados por Francisco Cândido Xavier, Evaristo se viu maravilhado com os prédios do ministério da regeneração, elevação, da união divina, dentre outros, partes da colônia que foram construídas no século dezesseis, onde tudo ali tinha um sentido de existir.

Ali reviu parentes e amigos que haviam desencarnado antes dele e novidades aprendeu para pôr em prática na sua próxima reencarnação rumo à sua evolução espiritual.

Estranhando a demora de Giovanna, Evaristo perguntou a um dos espíritos que organizavam o local, por que ela ainda não havia chegado ali. A resposta o surpreendeu. Giovanna se revoltara com o que lhe aconteceu e, por isso se recusava a abandonar uma dimensão chamada umbral, uma espécie de purgatório. Foi então, com a permissão dos espíritos dirigentes do lugar que Evaristo foi atrás dela para socorrê-la de sua revolta interior que a prendia àquele lugar tão deprimente.

Capítulo 38
O show não pode parar

Tempos depois, enquanto erguiam novamente a lona do circo, numa nova cidade, um mal súbito levou Savério Constanzo ao chão.

– Papai! – gritou Wanderleia, correndo para acudi-lo.

Imediatamente puseram o homem na caminhonete do circo e o levaram para o hospital. Quando lá, enquanto aguardavam pelo laudo médico, Cirilo tentou confortar sua esposa:

– Ele vai sair dessa, meu amor. Tenhamos fé em Deus.

Wanderleia, muito admirada, respondeu:

– Só você mesmo, Cirilo, para se preocupar com meu pai, mesmo depois de ele ter sido sempre tão impiedoso com você. Outros, no seu lugar, o odiariam.

– Mas eu não o odeio, Wanderleia. Odiar o próximo é bem mais fácil, do que amá-lo, sabia? Porque o amor exige cuidados, carinho, atenção e dedicação, da mesma forma que precisamos fazer com um jardim para mantê-lo sempre verde e viçoso. Para muitos, senão para a maioria, é muito mais fácil deixar um jardim ser sufocado pelo mato e pelas ervas daninhas do que cuidar dele devidamente, para mantê-lo sempre belo e verdejante.

– Você tem razão, meu amor. Toda razão.

Minutos depois, o médico encontrava os dois para lhes apresentar o quadro clínico do Senhor Savério. Algo nada satisfatório, extremamente preocupante. A seguir, permitiu que os dois fossem vê-lo na UTI. Foi então que Savério abriu os olhos e ao ver Wanderleia ao lado de Cirilo, olhando consternados para ele, o homem lhes disse algumas palavras:

— Sempre invejei você, Cirilo. Todos sempre o adoraram como pessoa e também por ser um palhaço carismático. Eu tentei ser um palhaço e não consegui. Era meu sonho, sabe? Por isso construí o circo, para poder brilhar como palhaço. No entanto, acabei sendo o apresentador, mas é do palhaço que todos gostam mais.

Cirilo, deveras surpreso com as palavras do sogro, respondeu:

— Sem o senhor no comando, o Esputinique não teria nascido, tampouco sobrevivido diante de todos os altos e baixos pelos quais passou.

O homem assentiu, enquanto seus olhos transbordavam de lágrimas.

— Agora, Cirilo – admitiu, emocionado –, eu passo essa missão para você. O Esputinique agora é todo seu e de Wanderleia. De todos que fazem dele um dos melhores circos do Brasil.

— Nós continuaremos honrando o título de um dos melhores circos do Brasil, senão o melhor, ainda por muito, muito tempo.

— Você foi sempre formidável comigo e com o circo... – continuou Savério, pausadamente. – Mesmo assim eu não fui leal nem honesto contigo. Fui apenas um pai preocupado com a sua filha, em querer dar o melhor para ela, sem perceber que ela já vivia esse melhor.

Voltando-se para Wanderleia, Savério fez uso da franqueza mais uma vez:

— Desculpe, filha. Por todo mal que lhe causei.

Dessa vez, ela não conseguiu conter as lágrimas, curvou-se sobre o pai e lhe beijou a testa.

— Não lastimemos mais pelos erros do passado, papai. O que passou, passou. Vivamos o presente, atentos ao presente.

Ela novamente o beijou, emocionada, enquanto Savério despedia-se desse mundo, para viver uma nova etapa de vida na escala da evolução. Diante do seu desencarne, Wanderleia lançou-se sobre Cirilo, abrigando-se em seus braços, como se ainda fosse uma menininha.

– Eu o amava tanto, nunca pude lhe dizer o quanto.

Cirilo tristemente opinou:

– Nem todos conseguem declarar todo o amor que sentem a quem tanto amam. Você não foi a única. Mas tenho certeza de que ele sabe, sim, sempre soube, do seu amor imenso por ele.

Em seguida ele a abraçou mais forte e carinhosamente.

A morte de Savério mobilizou todos no circo de forma tão triste quanto o incêndio que um dia levou o circo às cinzas.

– O show não pode parar! – lembrou Cirilo a todos. – É isso o que Seu Savério nos diria mais uma vez diante dos obstáculos que enfrentamos. Não importam os contratempos, o show não pode parar. Não importam os adeuses, o show não pode parar. Porque a vida não para.

Por isso todos se mantiveram fortes e unidos para manter o Esputinique alegrando todos por onde passava.

– Respeitável público! – começou Cirilo Salamadro como apresentador do circo após a morte de Savério Constanzo. – Como é que é, criançada? Boa noite!

As crianças aplaudiram e urraram.

– Está fraco! Boa noite!

Os aplausos e urros se repetiram, dessa vez, mais fortes.

– Sejam bem-vindos ao maravilhoso Circo Esputinique, que tem a honra de lhes apresentar o maior espetáculo da Terra!

Mais vibração e mais palmas.

– Esta noite teremos Zandor, o grande malabarista e trapezista, Waldick Giordano, o mágico de mil e um truques, Nilvan, o atirador de facas e também domador dos nossos leões ferozes, os formidáveis anões Lúqueo e Lucinda, além dos palhaços mais engraçados do mundo. Para encerrar, teremos o assustador e desafiador Globo da Morte; e para começar, o número performático com a surpreendente Malena, a mulher barbada!

E assim o espetáculo teve início e a cada atração apresentada, mais e mais o público delirava. Na vez dos palhaços, quem apresentou o número foi Wanderleia, para que Cirilo pudesse interpretar João Balão, um dos palhaços mais carismáticos do Brasil na época.

— Criançada, com vocês, os melhores palhaços do mundo! Os palhaços Esputinique!

A criançada vibrou quando os três invadiram o picadeiro, andando desengonçadamente sobre triciclos.

— Hoje tem marmelada? — perguntou João Balão com seu carisma insuperável.

— Hoje tem goiabada? — arrematou Palerma, a toda voz.

E o palhaço o que é? — completou Fofureza ressoante.

E o circo respondeu em coro:

— É ladrão de mulher!

Assim o Esputinique continuou entusiasmando o público pelas cidades por onde passava, vendendo alegria para dissipar a tristeza que, volta e meia, insiste em atormentar o ser humano. Assim o tempo seguiu seu curso, menos triste do que seria, se não existissem as alegrias circenses espalhadas pelo mundo.

Com a popularização da televisão no Brasil, os espetáculos de circo foram perdendo cada dia mais seu público. Era bem mais cômodo, para a maioria das pessoas, ficarem em suas casas, sentadas ao sofá, assistindo a programas de TV, de graça, do que terem de sair, irem a um circo se divertir.

O avanço da tecnologia trouxe maravilhas para a humanidade, mas, também, infelizmente, muitas perdas como a alegria dos circos que contagiavam todos, quando chegavam às cidades do mundo inteiro.

Quando o Esputinique não dava mais lucro, Cirilo teve de encarar a triste realidade de que o circo chegara ao fim e, dessa vez, não por um incêndio, mas pelas consequências inevitáveis dos tempos modernos.

— É o fim – admitiu ele, com mais de cinquenta anos de idade nesta data. – Acabou!

Wanderleia, eternamente ao seu lado, argumentou:

– Em todo fim há sempre um começo ou um recomeço, Cirilo... Vejamos dessa forma!

Ele, com lágrima nos olhos, respondeu:

– Eu dei a vida por esse lugar, Wanderleia, ter de me separar dele agora, é dolorido demais. Todos nós demos a vida por ele: Nilvan, Waldick, Malena, Lúqueo, Lucinda, Palerma, Fofureza, Horácio, Zandor e, especialmente, seu pai.

– Eu também me sinto triste, meu amor. Nasci no circo, vi meu pai passar poucas e boas para mantê-lo de pé, mas mudanças e renovações fazem parte da vida de todos nesse planeta. O que importa é que estamos juntos na alegria e na tristeza, na saúde e na doença, porque nos amamos. Todos nós! Somos uma família, unida pela alma circense.

Ela o abraçou enquanto ele se deixou chorar no seu ombro.

Diante do fim do circo, Zandor, ao completar seus 63 anos de idade, achou por bem escolher dentre as muitas mulheres que seduzia, uma para se casar e se assentar no final da vida.

Nilvan, que nos últimos anos havia reatado seu relacionamento com sua parceira do número de arremesso de facas, foi com ela trabalhar num dos zoológicos do país.

Waldick Giordano e sua partner continuaram fazendo seus números de mágica, dessa vez, em escolas, festas e eventos.

Fofureza voltou para sua cidade natal, onde ficou às boas com Regina, mãe de seu filho e com Acácio que, depois de casado, lhe deu netos que muito alegraram sua vida.

Horácio Leal morreu no asilo onde foi muito feliz, a ponto de conhecer uma das residentes dali, com quem viveu um romance por quase vinte anos.

Malena continuou lendo as mãos e o tarô para sustentar a família, enquanto Palerma trabalhava com empregos diversos. O filho do casal também cresceu e se tornou um excelente rapaz.

Lúqueo e Lucinda também viveram na mesma cidade em que Wanderleia e Cirilo foram morar, onde educaram Chaplin que se tornou um garoto talentoso tal qual os pais.

Cláudio e Igor se tornaram grandes amigos e cursaram a mesma faculdade, onde se formaram e seguiram suas vidas ao lado de suas mulheres adoradas que logo lhe deram filhos amorosos e simpáticos.

Márcio, o filho mais velho de Wanderleia e Danilo Demóstenes, jamais se distanciou de seu pai. Também se formou, casou e sempre que podia, visitava a mãe e o irmão.

Cirilo também continuou se apresentando como palhaço em festas infantis, eventos e outras comemorações. Wanderleia, sempre ao seu lado, auxiliava-o em tudo que precisava. Muitas vezes, faziam o número junto com os anões aos quais tanto queriam bem.

E assim seguiu a vida de todos, depois que o circo fechou. Por entre alegrias e tristezas, mortes, nascimentos e renascimentos.

Só mesmo quando na despedida dessa vida é que Cirilo percebeu que a vida é também como um picadeiro de um circo, onde todos exercem o seu papel, mostram seus talentos, brilham sob a bênção de Deus e quando o espetáculo termina, termina só por aquela tarde ou noite, pois cada um que saiu de cena, logo mais estará de volta ali para executar novamente seus talentos. Tal como o espírito do homem que deixa o picadeiro da vida, por meio da morte, e retorna numa nova encarnação para viver o que não teve chance e pode levá-lo a uma fraterna evolução espiritual.

No coração de todos que tanto o amavam, ficou para sempre registrado sua seguinte frase:

"Se me perguntarem o que penso da vida, bem... Eu direi que ela é mesmo cheia de altos e baixos, temporais e fogaréu, amigos ingratos e desilusões; porém, de mãos dadas com Deus, com os amigos e parentes, seremos sempre fortes para superar esses períodos e brilharmos ao raiar de novos dias, novas etapas, novos recomeços. Não percamos a fé, deixemos que ela continue triunfando dentro de nós, eternamente sobre a maldade daqueles que ainda se deixam ser dominados pelo seu lado bestial. Pois só assim seremos realmente motivos de orgulho para Aquele que tudo fez para nos possibilitar essa experiência chamada VIDA!"

Uma palavrinha do Autor

A minha paixão pelo circo nasceu quando eu era ainda muito criança. Por volta dos três anos de idade, eu já ficava fascinado pela imponência dos circos. Confesso, que de todos os números do espetáculo, o que mais me chamava a atenção era o mágico, depois, os malabaristas, por último, os palhaços. Nunca vi muita graça neles, não. Quanto ao Globo da Morte, eu simplesmente detestava. Até hoje, quando vou ao circo, e tem esse número, eu espero acabar do lado de fora, onde geralmente vendem comes e bebes e só volto para dentro, quando o número terminou.

No primeiro dia do ano de 1974, eu, e praticamente minha família toda, por parte de pai, fomos ao circo Tihany em São Paulo. Em meio ao espetáculo caiu uma tempestade horrível, obrigando os artistas a interromperem o show, para correrem para as laterais do circo, a fim de segurarem a lona que subia e descia como se fosse um desentupidor de pia. O próprio Tihany tentou acalmar o público, sendo que meu tio, inocentemente, foi ao picadeiro pedir garantias de que nada nos aconteceria.

A matinê estava lotada. Eu me mantive sentado ao lado do meu outro tio, que sempre conseguia se manter calmo em ocasiões difíceis como essa, comendo um algodão doce, sem noção do verdadeiro perigo que estávamos correndo.

Quando a tempestade diminuiu sua intensidade, o show recomeçou de onde havia parado, terminando com o glamour de sempre. Lá fora, no entanto, carros e mais carros haviam sido amassados por causa dos outdoors que despencaram e voaram com o vento para cima dos veículos.

Tudo isso para dizer que mesmo assim meu fascínio pelo circo permaneceu. Tanto que meu sonho continuou sendo o de fazer parte de uma trupe circense, algo que sempre deixou meus pais de cabelo em pé. Constantemente me vigiavam quando havia um circo na cidade, porque eu sempre dava um jeito de ficar amigo dos filhos daqueles que ali moravam, na esperança, talvez, de tomar parte do espetáculo.

Um dia minha mãe me confessou que ela também, quando criança, desejou ir embora com um circo. E eu que pensei que só eu havia tido essa brilhante ideia. Rss.

Aos 14 anos de idade eu vi um show musical na TV, tendo como pano de fundo o circo, algo que me deixou ainda mais maravilhado por terem juntado música, que nessa época eu já gostava muito, com a arte circense que sempre fora minha paixão.

Mesmo adolescente eu nunca deixei de ir ao circo. Até hoje vou quando chega um na cidade em que me encontro. Por sorte, já faz muito tempo que os circos não precisam mais fazer uso de animais para entreterem o público, o que muitas vezes era sofrido para algumas criaturas.

O Cirque du Soleil, um dos mais famosos da atualidade, é mestre em usar outros recursos para entreter a plateia, sem perder a essência do circo, o que é sensacional.

Quando esse livro chegou até mim, a princípio eu sabia que haveria uma deficiente visual, nada mais. Pensei que a história giraria somente em torno dessa mulher. Surpreendi-me ao perceber que boa parte da história se passaria praticamente num circo. Talvez, por isso, eu tenha um carinho especial por esta obra.

Outra surpresa a vida me fez, ao me tornar amigo de Norma Rocha e descobrir, tempos depois, que ela e sua família tinham um circo que cruzou o nosso Brasil por inúmeros anos. O famoso Circo Bibi. Então, para ela e toda sua família talentosa, e também para todos os demais que fizeram parte dos milhares de circo que já existiram e ainda existem pelo mundo, dedicamos este livro, com todo carinho e respeito à arte circense.

LANÇAMENTOS DE AMÉRICO SIMÕES 2016/2017:

POR AMOR, SOMOS MAIS FORTES

Por meio do olhar ela tentou fazer sua mãe compreender seu desespero. Quando não conseguiu, fugiu de casa, mudou-se de cidade, na esperança de esquecer, por completo, seu passado assustador.

O destino a levou até um homem que pôde compreender suas amarguras e mudar o curso de sua história. Mas as feridas abertas no passado, não se cicatrizam facilmente, só mesmo com coragem podemos nos libertar do que tanto nos impede de sermos felizes totalmente.

QUEM EU TANTO AMEI

Ela poderia ter ficado ótima se tivesse conseguido esquecer o passado que tanto a traumatizara. Mas ela não tinha maturidade suficiente para esquecer tudo ou fingir que nada de tão grave havia lhe acontecido. Era preciso lhe dar mais tempo, tempo necessário para se tornar mais forte e superar de vez o que tanto a ferira e mudou para sempre o curso de sua vida.

HORA DE RECOMEÇAR
DEPOIS DE TER VOCÊ (2017)
AS DUAS FACES DE EVA (2017)

OUTRAS OBRAS DE AMÉRICO SIMÕES GARRIDO FH

1. A OUTRA FACE DO AMOR
2. A VIDA SEMPRE CONTINUA
3. A SOLIDÃO DO ESPINHO
4. A LÁGRIMA NÃO É SÓ DE QUEM CHORA

5. FALSO BRILHANTE, DIAMANTE VERDADEIRO
6. DEUS NUNCA NOS DEIXA SÓS
7. DEPOIS DE TUDO, SER FELIZ
8. E O AMOR RESISTIU AO TEMPO
9. NENHUM AMOR É EM VÃO
10. NINGUÉM DESVIA O DESTINO
11. NEM QUE O MUNDO CAIA SOBRE MIM
12. O QUE RESTOU DE NÓS DOIS
13. PAIXÃO NÃO SE APAGA COM A DOR
14. POR ENTRE AS FLORES DO PERDÃO
15. QUANDO E INVERNO EM NOSSO CORAÇÃO
16. QUANDO O CORAÇÃO ESCOLHE
17. SE NÃO AMÁSSEMOS TANTO ASSIM
18. SÓ O CORAÇÃO PODE ENTENDER
19. SUAS VERDADES O TEMPO NÃO APAGA
20. SEM AMOR EU NADA SERIA
21. PAIXÕES QUE FEREM – TRILÔGIA PAIXÕES/VOLUME 1
22. O LADO OCULTO DAS PAIXÕES – TRILÔGIA PAIXÕES/VOL. 2
23. A ETERNIDADE DAS PAIXÕES - TRILÔGIA PAIXÕES/V. 3
24. VIDAS QUE NOS COMPLETAM
25. MULHERES FÊNIX
26. O AMIGO QUE VEIO DAS ESTRELAS
27. O DOCE AMARGO DA INVEJA
28. AMANDO EM SILÊNCIO
29. POR UM BEIJO ETERNO
30. DÍVIDAS DE AMOR
31. AS APARÊNCIAS ENGANAM

Maiores informações: www.barbaraeditora.com.br
Facebook: Américo Simões - Livros

Para adquirir um dos livros ou obter informações sobre os próximos lançamentos da Editora Barbara, visite nosso site:

www.barbaraeditora.com.br
E-mail: editorabarbara@gmail.com

ou escreva para:
BARBARA EDITORA
Rua Primeiro de Janeiro, 396 – 81
Vila Clementino – São Paulo – SP
CEP 04044-060
(11) 2615 8082

Contato c/ autor: americo.simoes@uol.com.br
Facebook: Américo Simões - Romances
Blog: http://americosimoes.blogspot.com.br